JN017197

インボイス・
改正電子帳簿保存法に対応！

増補改訂

個人事業主の
事務処理が
ぜんぶ自分でできる本

税理士 北川知明

フリーランスの人にも！

ソシム

税金の税率や社会保険・労働保険の料率は毎年変更されるので、実務に当たっては必ず最新のものを使用するようにお願いします。

はじめに

　今までは、1つの企業にできるだけ長く、かつ、専念して勤めることがよいことと考えられてきました。しかし、最近では企業に勤めながらも、得意を活かしてフリーランスや副業として働くことが広く受け入れられるようになってきました。もちろん、企業を退職して個人で独立開業というスタイルもあります。これら個人事業主の方にとって、自分の事業に関して、帳簿の作成、各種提出書類の作成など事務処理をすることは避けて通れません。

　しかし、過去に経理部や総務部などの管理業務を経験してきた方ならともかく、これらの事務処理をはじめて行う方にとっては、戸惑いの連続と思います。その原因の一つとして、実務上の取扱いや、どこがポイントになるのかは、ある程度、経験を積まなければわからないためです。

　そこで、本書でははじめて個人事業の経理や総務に取り組む方にとって、教科書的な解説にとどまらず、実務の観点から理解していただきたい点と、実務上はずせないポイントとなる点を中心にまとめました。これらを知ることで、各作業が何のために必要なのか、何をしなければいけないのかなど、大きくとらえることができます。

　本書を利用するにあたり、最初からすべて読みこなそうとするのは、ボリュームもあり、あまりおすすめできません。何か作業をする前に、必要な箇所を読んでいただき、何となくポイントをつかみ、また作業を進めてみて、読み返していただくような使い方が良いと思います。また、管理業務の経験がある方にとっても、あらためて各業務の必要性やポイントを再確認いただけるものと思います。

　本書を読んで、個人事業に必要な事務を効率よく処理していただき、その分本業へ時間を割くことで売上や利益が伸びる好循環へ、少しでも役にたてばこれ以上の幸せはありません。

2023年9月　著者

本書の使い方

●まずは基本の営業事務と経理事務からスタート！

本書は、フリーランスや個人事業主の方が事業を行っていくにあたって、
- ・やらないと事業（お金）が回らない事務処理
- ・税務署や市町村役場などから提出を求められる書類のために必要な事務処理

のやり方を解説しています。

上記の典型が、「見積書や請求書発行、売掛金の管理といった営業事務」「青色申告決算書の作成に必要な会計帳簿を作成するための経理事務」で、これらの基本的な業務は、ほとんどのフリーランスや個人事業主の方にとって「やらないといけない事務処理」になります（お金が最初からあれば外部に頼むこともできますが、それでも全くノータッチというわけにはいかないでしょう）。

本書ではこれらの営業事務や経理事務のやり方について、典型的な実行のスケジュール付きで解説しているので、初めて取り組む方でも段取りを踏んでいけば事務処理をこなしていけるようになるはずです。

●あとは自分に必要な事務処理を選択すればOK！

本書では、できるだけ数多くのフリーランスや個人事業主の方が対象となる事務処理を収録することを目指しました。ただ、これらの事務処理を「やらなければならない」のか「やらなくていい」のかは運営している事業の業種・業態に応じて変わってきます。言い方を変えると、本書で解説している事務処理をすべて行わなければならないわけではありません。

各事務処理の最初に、どのような業種・業態が対象になるかを解説しているので、そこで自分がやるべき事務処理かどうかを判断してください。

> 本書があれば、いきなり「○○の書類が
> 欲しい」と言われても大丈夫なのです。

●本書の構成

本書は次の6つの章から構成されています。

章	章名	概要
1	個人事業の事務の基本	個人事業主自身が一般的な事務処理を行うときに必要となる基礎的な知識、知っておくと得する知識を解説しています。
2	日常的に行う売上と仕入の事務	本業と密接にかかわる売上と仕入れに関する事務処理のやり方を解説します。
3	日常的に行う経理関連の事務	経理に関するさまざまな事務処理を解説します。
4	年に1回行う事務	決算をはじめとする、年に1回は必ず発生する事務処理のやり方を解説します。
5	人を雇ったときの事務	人手が足りなくなって、アルバイトやパートタイマーを雇うときの事務処理、給与計算や年末調整などについて解説します。
6	発生のつど対応する事務	ルーチンワークでない事務処理も数多くあります。発生の都度対応しなければならない事務処理をまとめています。

また、巻末には「個人事業主のためのよく使う勘定科目リスト」を掲載しています。このリストを活用すれば、経理の仕訳を起こすときに悩むことなく、適切な勘定科目を選択できるようになります。

本書の水先案内人

本書のいろいろなところで左のキャラクターが登場します。個人事業主の事務処理に精通していて、「事務処理のポイント」「作業上注意したいところ」「ちょっとした効率化のアイディア」「無駄話」などをつぶやいています。たまに乱暴な言葉遣いもあるかもしれませんが、耳を傾けてみてください。

●本書の紙面構成

本書では、さまざまな業務を解説するために、次のように2種類の紙面を用意しています。

業務の流れをつかもう ➡ **どんな業務で必要なものや何日かかるかが把握できる！**

個人事業主の事務処理の中には、決算、給与計算などの一連の流れに沿ったものが数多くあります。これらの事務処理の概要やスケジュールを確認できます。細かい個別の作業にとりかかる前に、その事務処理が何日ぐらい必要で、大まかにどのような処理が必要なのかを把握するのに便利です。

業務をくわしく知ろう ➡ **具体的な書類の書き方や提出先や注意点がわかる！**

書類の作成や様々な手続きなど、細かい作業の詳細を1セクション1テーマで詳しく解説します。原則1テーマ1見開きで解説しています。

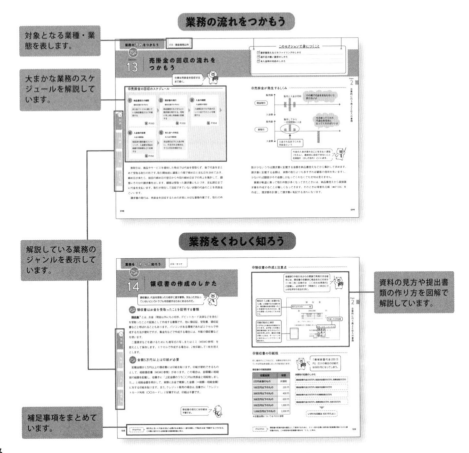

対象となる業種・業態を表します。

大まかな業務のスケジュールを解説しています。

解説している業務のジャンルを表示しています。

補足事項をまとめています。

業務の流れをつかもう

業務をくわしく知ろう

資料の見方や提出書類の作り方を図解で解説しています。

●ダウンロードデータについて

　本書の解説の中で「書類名^{DL}」の表記がある書類は、下記のサイトからダウンロードして使用することができます。ファイルはエクセルもしくはワードで作成されているので、ご使用にあたってはこれらのソフトとソフトが稼働するパソコンが必要となります。

ダウンロードのURL

https://www.socym.co.jp/book/1428/

　なお、ダウンロードを行う際は、上記のURLのWebページの記述に従ってください。

Contents

Chapter 1 | 個人事業の 事務の基本

Chapter 2 | 日常的に行う 売上と仕入の事務

Chapter 3 | 日常的に行う 経理関連の事務

Chapter 5 | 人を雇ったときの事務

Chapter

1

個人事業の
事務の基本

Keyword

営業事務 / 経理事務 / 総務事務 / 印鑑 / 契約書 /
書類の保存 / マイナンバー / 所得税 / 住民税 / 事業税 /
消費税 / 社会保険 / 中小企業倒産防止共済 /
小規模企業共済 / 会計ソフト

事務処理の種類

やるべきことは思っ
ているより多いのだ。

やってくれる人がいなければ事務は自分でやるしかない

　個人事業をはじめるときは、商品やサービスをたくさんの人に使ってもらい
たい、よりよいものを提供したいと情熱に燃えていることと思います。その夢
を実現するためには、材料を仕入れ、外注を依頼し、従業員へ給料を支払い、
家賃を支払うなど、多くの事務処理が発生します。しかし最初から、これらを
すべて任せられる事務員を雇えるケースはほとんどなく、個人事業主自身がす
べて引き受けることになります。

　事務処理がスムーズにいかないと、商品やサービスがうまく提供できないな
ど売上にも悪影響がでます。かといって、事務処理ばかりに時間を取られてい
ると、ライバルとの競争に勝てません。そこで、少しでも商品やサービスの開
発・販売に専念できるよう、これらの事務処理の全体像を理解し、必要なこと
を無駄なく行う必要があります。

営業事務、経理事務、総務事務の3つに分かれる

　主要な事務は、一般的には**営業事務**、**経理事務**、**総務事務**に分かれます。営
業事務には、お客様へ最終的に商品やサービスを販売するまでに必要な、見積
書・納品書・請求書などの作成や契約書の作成などがあります。経理事務には、
日々のお金の出入れ、帳簿の作成、青色申告決算書の作成などがあります。総
務事務には、従業員の採用と退職の手続き、給与の支払いなどがあります。

見積書、納品書、請求書などの作成は、飲
食業や小売業などの一部の業種では通常は
ありません。

● 事務処理の概要

営業事務

お客様とのやり取りに関する事務
・見積書、発注請書、納品書、請求書などの作成
・契約書の作成

売上に関する一
連の処理のため
の書類なのだ。

経理事務

お金の出入れの管理やそれを集計する事務
・日々のお金の出入れ
・振込み処理
・未収金の回収チェック
・借入れ
・会計ソフトへの入力
・青色申告決算書の作成

一言でいうと支払いと青色
申告のための処理だけど、
それだけではないのだ。

総務事務

従業員の管理や各種手続きに関する事務
・仕入や発注に関する手続き
・マイナンバーの取り扱い
・法定調書の作成
・従業員の採用や退職の手続き
・給与の支払い

パート・アルバイトの雇用や給
与計算に関する処理や、報酬を
支払ったときの処理なのです。

たいていの取引にはイヤでも
書類がからむのです。

○仕事のさまざまな条件を確認するための業務

消費者相手の飲食店やサービス業では、お店で提供した商品やサービスの代金を支払ってもらうだけで取引が済み、見積書や請求書などの書類を取り交わすこともありません。これが事業者同士の取引きとなると、1回あたりの取引金額が大きくなるだけでなく、納品場所（取りに来てくれるのか、先方へ運ばなければいけないのか）やその他の条件で見積金額も大きく変わります。そのため、**取引きの段階を踏んで、ひとつひとつ確認しながら進めていきます**。

○大切なのはやり取りの履歴を残すこと

1つの取引で下図にあるような書類を引渡します。最近では「紙の」書類に限らず、PDF をメールで送信することも増えてきました。いずれにしても大切なことは、相手とこれらの書類のやり取りをした事実をしっかり残すことです。

具体的には、①相手に引渡した書類と同じ内容のものを控えとして保存する、②メールで送信した場合には、送信履歴を残すためにメール本文を削除せずに保存することが重要です。

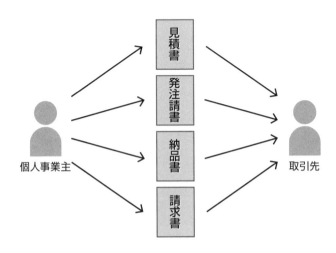

営業

経理

人事

総務・他

●経理事務の内容

税金の計算に絶対必要な作業だけど、
それだけではもったいないのだ。

○一言でいえばお金の出入りを記録する仕事

　事業を続けていくと、日常的にお金の出入りがたくさん発生します。「お金の入り」は売上代金がほとんどですが、「お金の出」は家賃、水道光熱費、材料、消耗品、給与などさまざまです。これらのお金の入りと出のタイミングを正確に管理して、支払いを期日どおりに行う必要があります。

　お金の出入りを管理するためには、常に1か月～数か月先のお金がいくらあるかを把握しなければなりません。具体的には、現在の手元にあるお金をもとに、今月の売上を予測して、そこから今月の支払い見込みを計算して、支払時期にお金が足りることを確認しますが、このような**事業のお金の状況を管理する**ために行うのが経理事務です。経理事務というと税金を計算するためだけの作業と思うかもしれませんが、事業の活動の中で必須の機能なのです。

○経理事務は迷わず会計ソフトにお任せ

　経理事務では、取引をしたら会計ソフトへ取引金額、取引先など必要事項を入力していきます。会計ソフトへ入力することで、お金がいくら残っているのか、未収金がいくらあるのか、借入金はいくら残っているのかなど、事業の財産の状況がわかります。また、いくら売上て、それに仕入と経費がいくらかかり、差引いくらもうけたのかもわかります。毎年税務署へ提出する確定申告書も、基本はこの会計ソフトへ入力した内容にもとづいて作成していくことになります。

●総務事務の内容

○パート・アルバイトを雇うと事務量が増加する

　パート・アルバイト（以下、従業員）を採用するには、事業主と従業員との間で雇用契約という契約を結びます。そこでは、勤務時間、勤務場所、給料の支払額、支払時期など、従業員に安心して働いてもらうための取決めがあり、それにもとづいて給料を計算して支払います。また雇用契約以外にも、従業員が万一、不正を犯して事業主に損害を負わせるような場合に備えて、身元保証人を立てさせます。勤務が始まってからは、出勤日と出勤時間を記録しなければなりません。

　これらのことをいい加減にすましていると、従業員から過大な残業代の支払いを要求されたり、現金を持ち逃げされる可能性もあります。従業員を採用することは、**従業員を管理監督する責任**が伴います。面倒でも、きちんと必要な書類を作成することが必要です。

○書類の整理も重要な仕事

　お客様に商品やサービスを提供するには、材料の納入業者や外注先など多くの取引先とのやり取りが必要です。その場合には、事業主は発注書や検収書などを引渡し、相手からは見積書、発注請書、納品書、請求書などを受取ります。

　これらの書類を作成するとともに、相手から受取る書類を**スムーズにファイリング**していくことが必要になります。やり取りは取引先だけではなく、税務署や役所など公的な機関もあり、法定調書、許認可申請書など各種書類を期限に間に合うように作成します。

営業

経理

人事

総務・他

●営業事務、経理事務、総務事務の関係

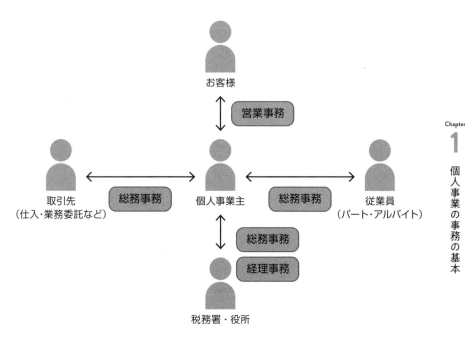

お客様

営業事務

取引先
(仕入・業務委託など)

総務事務

個人事業主

総務事務

従業員
(パート・アルバイト)

総務事務

経理事務

税務署・役所

Column

契約書も大事な書類のひとつ

　事業者同士の取引きでは、必ずと言ってよいほど契約書を結びます。それは、取引きの当事者がお互いの義務を明確にするためです。たとえば、発注した材料が決められた日に手元に届かなかったら、予定していた商品が作れず、お客様へ商品を約束の日に届けることができずに信用を失います。このように、一方が約束を破ると他方が多大な損害を受けることになることから、きちんと契約書を結び、万一、約束を破った場合のペナルティーなども決めます。

　一般的には、取引きの当事者のいずれかから契約書案が出され、それを相手が確認して、必要があれば修正案が出され、それをまた確認して、それをお互いが納得するまで続け、契約内容をまとめていきます。

●事務作業の概算スケジュール

期限・目途など		基本的な流れ		
		作業	書類の提出、支払い	
1月	4日〜19日頃	所得税徴収高計算書兼納付書の作成		
	14日〜27日	法定調書の作成 償却資産申告書の作成		
	20日		源泉所得税の支払い（7月〜12月分）	
	31日		法定調書の提出 償却資産申告書の提出	
2月	1日〜28日	決算作業		
	28日		償却資産税の支払い（第4回・前年分）	
3月	1日〜10日	所得税の確定申告書の作成 消費税の確定申告書の作成		
	15日		所得税の確定申告書の提出、支払い	
	31日		消費税の確定申告書の提出、支払い	
4月	1日			
	15日	前年の書類をファイルボックスへ保存		
5月	月末頃			
6月	給与支払日			
	20日			
	30日		償却資産税の支払い（第1回）	
7月	9日	所得税徴収高計算書兼納付書の作成		
	10日		源泉所得税の支払い（1月〜6月分）	
	31日		所得税の予定納税の支払い（第1回）	
8月	31日			
9月	30日		償却資産税の支払い（第2回）	
10月	31日			
11月	給与支払日			
	30日		所得税の予定納税の支払い（第2回）	
12月	給与締日〜 給与支払日			
	年内最終 営業日	棚卸表の作成（数量）		
	31日		償却資産税の支払い（第3回）	
毎月	10日			

注意 色のついた字は原則としてすべての事業主に必要なもの、黒い字は事業主によっては必要となるもの。
　　　住民税の支払いや償却資産税の支払い時期は、市区町村により多少異なります。
　　　労働保険料の支払いは年1回（全期）としています。

営業

経理

人事

総務・他

人を雇った場合に追加されるもの	
作業	書類の提出、支払い
	住民税の支払い（第 4 期・前年分）
新たな雇用保険料率の確認	
特別徴収税額の通知を受取り	
新たな特別徴収税額を給与から差引き	
労働保険申告書の作成	
	住民税の支払い（第 1 期）
	労働保険申告書の提出、支払い
	住民税の支払い（第 2 期）
	住民税の支払い（第 3 期）
扶養控除等申告書などを従業員へ配る	
年末調整	
	給与から差引いた特別徴収税額の支払い

Section 02 ｜ 印鑑の種類と使い方

> 印鑑といっても用途によっていろんな種類・押し方があるのだ。

印鑑は自分が書類を作成・承認したしるし

印鑑とは一般的にハンコと呼ばれるもの、**印影**（いんえい）とは印鑑に朱肉をつけて文書に押した跡のことで、押印（印鑑を押すこと）時に本人が文書に自分の姓名を書くことを**自署**といい、他人が書いたり印刷したりゴム印を押したりして姓名をしるすことを**記名**といいます。

契約書などの文書に印鑑を押すのは、誰かが勝手に作成したものではなく、本人が作成（もしくは内容を承諾）したことを示すためです。しかし、最近では役所の手続きでも押印が廃止される方向にあるように、契約の成立においても押印だけではなく署名でさえも契約者がお互いに省略することに同意すれば、記名だけの契約書であっても、契約成立の証拠となります。その場合、「署名や押印が無い契約書」と一緒に、契約にいたるまでのメールのやり取りや郵便などを一緒に保存しておけば、契約が成立したことの証拠となります。契約当事者が双方納得して契約したことを示す証拠を残すことが重要です。

印鑑の種類と使いかた

印鑑は用途に応じて実印、銀行印、角印、認印、ゴム印などがあります（右ページ参照）。実印は重要な契約をするときに使い、連帯保証など特に重要な場合には、**印鑑登録証明書**も提出するように指定されることがあります。実印だけだと本人の意思とは関係なく、他人に勝手に押された可能性も考えられますが、印鑑登録証明書は本人しか取れないため、契約が本人の意思でされたことがより明確になります。

> **memo** 印鑑登録証明書は印影が住所地の市区町村に登録してある印鑑（実印）と相違ないことを証明する書類。原則として本人しか発行できないため、実印を押すのが本人であることの確認に使われる。

● 印鑑の種類

使い道によりさまざまな印鑑があります。

● 実印
・不動産契約やローン契約など重要な契約に使用

● 角印
・見積書の発行に使用
・請求書の発行に使用

● 銀行印
・銀行の口座開設や各種手続きに使用

屋号入り　　個人名

● 認印
・一般的な契約に使用

屋号入り　　個人名

● ゴム印
・住所や電話番号などを手書きするかわりに押す

〒169-85XX
東京都新宿区北新宿 5-5-5
スタジオ蔵吹倶
代表　出差員　太郎
電話番号　03-52XX-41XX

● 割印・契印・捨印・消印

単に署名の横に押すだけではなく、特別な役割をもった押印のしかたがあります。

● 領収書の割印

領収書とミミが1つの組み合わせであることを示す

● 契約書の契印（袋とじでない場合）

綴じられた契約書がひと続きであることを示す

● 契約書の契印（袋とじの場合）

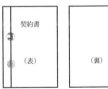

● 割印

2通の契約書が同じ内容であることを示す

● 捨印

あとの訂正のために押す
（契約書、申込書など）

● 消印

使用済みであることを示す
（印紙）

Section

03 契約書の基本

> 信頼は契約を確実に守るところから。受けられない内容の契約は避けるのが大原則。

 ## 契約書は責任を負うとともに自分を守るもの

　事業を始めると、お客様をはじめ、取引先、外注業者その他多くの関係者と取引の内容を記載した契約書を交わします。その理由は、取引には責任が付きまとうからです。契約書は**責任を負うことが明確**になるという厳しさがある反面、**自分の権利を守るもの**にもなります。納品したのに料金を払ってくれない、後から追加の業務が付け加えられたというようなことを防いでもくれます。習慣的に契約書を作成しないような場合には、契約にいたった（相手と合意した）経緯を記録しておきます。

 ## 契約書を作成するときはひな形の過信は禁物

　契約書を作成する際、一般的なひな形をもとに、作成することが多いと思います。このとき、実際の契約内容をしっかりと反映させることが重要です。トラブルが発生したときには、まずは契約書の記載内容が重要になります。自分に不利になるような記載は削除・修正し、自分を守るための記載を追加するようにします。

●主な契約

契約書の種類	取引の内容
業務委託契約書	相手から記載された内容の業務を請け負う契約。基本的には行った作業に応じて報酬が収入となる。
代理店契約書	相手の商品の販売代理店となって取引の取次や仲介を行う契約。基本的には販売した商品代金に対する販売手数料が収入となる。
事務所賃貸借契約書	事務所を借りるときに結ぶ契約。
金銭消費貸借契約書	お金を借りるときに結ぶ契約。

memo ▷ 契約書の作成やトラブルに関しての相談は、通常は弁護士。

営業
経理
人事
総務・他

●契約書の例（業務委託契約）

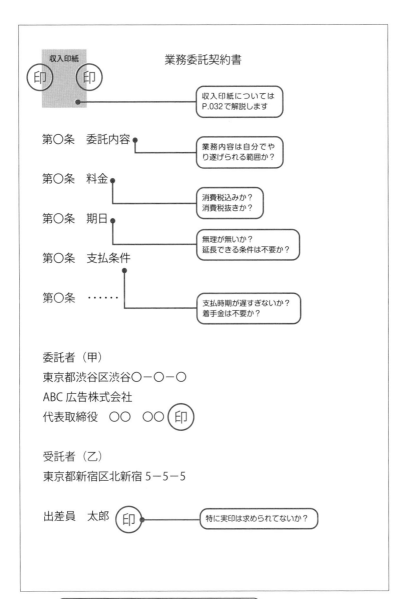

業務委託契約書

収入印紙
印　印

収入印紙については
P.032で解説します

第○条　委託内容
業務内容は自分でや
り遂げられる範囲か？

第○条　料金
消費税込みか？
消費税抜きか？

第○条　期日
無理が無いか？
延長できる条件は不要か？

第○条　支払条件

第○条　……
支払時期が遅すぎないか？
着手金は不要か？

委託者（甲）
東京都渋谷区渋谷○－○－○
ABC広告株式会社
代表取締役　○○　○○　印

受託者（乙）
東京都新宿区北新宿5－5－5

出差員　太郎　印
特に実印は求められてないか？

相手が作成した契約書の内容を確認せずに押
印するのは厳禁。自分が負うこととなる義務
と相手の義務をきちんと確認するのだ。

memo ＞ 契約金額は消費税抜きで記載する。消費税率が上がった場合に不利にならないため。

029

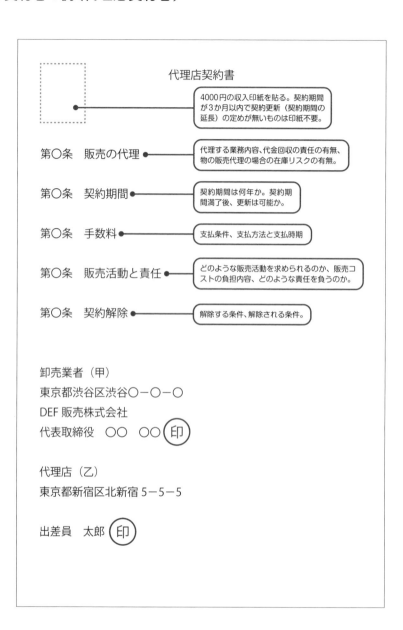

代理店契約書

4000円の収入印紙を貼る。契約期間が3か月以内で契約更新（契約期間の延長）の定めが無いものは印紙不要。

第○条　販売の代理

代理する業務内容、代金回収の責任の有無、物の販売代理の場合の在庫リスクの有無。

第○条　契約期間

契約期間は何年か。契約期間満了後、更新は可能か。

第○条　手数料

支払条件、支払方法と支払時期

第○条　販売活動と責任

どのような販売活動を求められるのか、販売コストの負担内容、どのような責任を負うのか。

第○条　契約解除

解除する条件、解除される条件。

卸売業者（甲）
東京都渋谷区渋谷○－○－○
DEF販売株式会社
代表取締役　○○　○○　印

代理店（乙）
東京都新宿区北新宿5－5－5

出差員　太郎　印

営業

経理

人事

総務・他

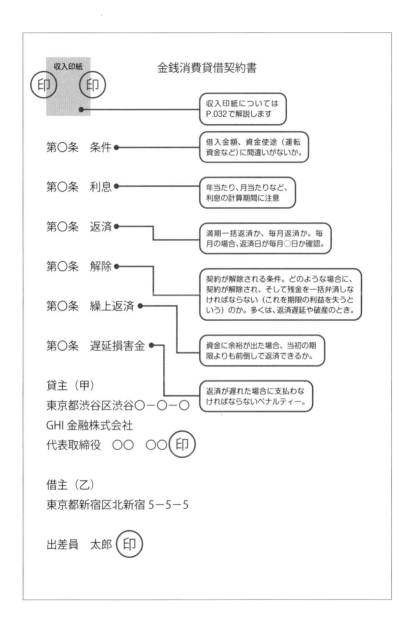

金銭消費貸借契約書

収入印紙

収入印紙については
P.032で解説します

第○条　条件
借入金額、資金使途（運転
資金など）に間違いがないか。

第○条　利息
年当たり、月当たりなど、
利息の計算期間に注意

第○条　返済
満期一括返済か、毎月返済か。毎
月の場合、返済日が毎月○日か確認。

第○条　解除

第○条　繰上返済
契約が解除される条件。どのような場合に、
契約が解除され、そして残金を一括弁済しな
ければならない（これを期限の利益を失うと
いう）のか。多くは、返済遅延や破産のとき。

第○条　遅延損害金
資金に余裕が出た場合、当初の期
限よりも前倒しして返済できるか。

貸主（甲）
東京都渋谷区渋谷〇−〇−〇
GHI金融株式会社
代表取締役　○○　○○ 印

返済が遅れた場合に支払わな
ければならないペナルティー。

借主（乙）
東京都新宿区北新宿5−5−5

出差員　太郎 印

Section

04 | 収入印紙の取扱い

> 書類を作成することにかかる税金なのだ。

印紙税は契約書や領収書を作るときにかかる

たとえば請負契約書、金銭消費貸借契約書、領収書など、法律で決められた書類を作成すると、印紙税という税金がかかります。このような書類を作成する者は、事業を行っているなど、税金を負担することができると考えられるからです。

印紙税の納め方は独特で、まず郵便局やコンビニなどで、必要な金額の印紙を買ってきます。これを作成した契約書などに貼付け、**印鑑を押して再び使えないようにすること（消印）**で納めたことになります。印紙を貼り、消印をするのは、契約書であれば契約当事者が押印した時、領収書であればそれを発行した時です。通常、契約書は各当事者が、領収書は発行者が印紙代を負担します。

郵送で相手から契約書が2部送られてきたときは、そのうちの1部に印紙が貼ってあることを確認します。印紙が貼っていない契約書に自分の印紙を貼った後で両方の契約書に押印をします。先方には自分の印紙を貼った契約書を返送し、もう1部を自分の控えとします。

消印は印紙の再利用を防止するために行う

通常、消印は書類と印紙にまたがるように契約当事者全員が契約で使った印鑑を押します。しかし、法律では契約当事者の誰か1人が押せば十分で、また印鑑でなくても署名でも問題ありません。

印紙が経費となるのは、本来であればその消印をした時ですが、毎月使う分を前月に買っている場合には、買ったときに経費とすることも認められます。大量に買いだめしているような場合には、消印をした分だけが経費となります。

営業

経理

人事

総務・他

memo > 消費税の申告をする事業者の場合、金券ショップで買うと、お得に買えるだけでなく消費税を減らすことができる。

● 領収書に印紙を貼る

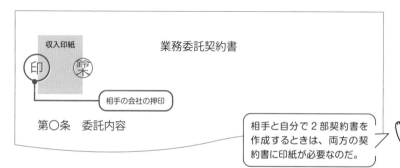

領収書

渡辺　様

20xx/xx/xx

¥56,280—

但　A商品代として

上記正に領収いたしました

収入印紙

内訳

税抜き金額　　¥51,164

消費税額(10%)　¥5,116

東京都○○区xx1-1-1

鈴木 ○○

登録番号T○○○○○○○○○○○○○

● 契約書に印紙を貼る

収入印紙

印

業務委託契約書

相手の会社の押印

第○条　委託内容

相手と自分で2部契約書を
作成するときは、両方の契
約書に印紙が必要なのだ。

Column

印紙を安くするには

　領収書（売上代金）や請負契約書などは、記載した金額に応じて収入印紙の金額が
決まります。税込み金額だけ記載すると、その税込み金額で判断されますが、税込み
金額と消費税額を一緒に記載したり、税込み金額と税抜き金額を合わせて記載すると、
税抜き金額で判断できるため収入印紙が安くできます。

●領収書の場合（但書きなどに記載）

金110万円 ➡ 収入印紙400円

金110万円（税抜き100万円）➡ 収入印紙200円

金110万円（うち消費税10万円）➡ 収入印紙200円

金110万円（税抜き100万円、消費税10万円）➡ 収入印紙200円

※この取扱いは、消費税を申告する個人事業主のみ。申告しない個人事業主の場合、消費税をやり取りするこ
とがないため、たとえ消費税を別に記載しても、この取扱いはありません。

●収入印紙が必要な文書（領収書）

書類の種類	書類記載の額面	印紙代
領収書（売上代金） 内容　お金を受取った者がお金を支払った者 　　　に渡す文書 例　　領収証、受取書など 備考　売上代金とは、商品を販売したり、設備 　　　を貸付けたり、サービスを提供して受け 　　　取る代金のこと。	受取った金額が 5 万円未満 5 万円以上　100 万円以下 100 万円超　200 万円以下 200 万円超　300 万円以下 300 万円超　500 万円以下 500 万円超　1 千万円以下 1 千万円超　2 千万円以下 2 千万円超　3 千万円以下 3 千万円超　5 千万円以下	不要 200 円 400 円 600 円 1 千円 2 千円 4 千円 6 千円 1 万円
領収書（売上代金以外） 内容　お金を受取った者がお金を支払った者 　　　に渡す文書 例　　領収証、受取書など 備考　売上代金以外とは、損害賠償金の受取 　　　書、借入金の受取書、保証金の預り書 　　　など。	受取った金額が 5 万円未満 5 万円以上	不要 200 円

> 印紙は時代とともにデザインが変わります。後で貼ろうとすると、契約時点には存在しないデザインのものを貼ったことが明らかです。

Column

印紙を貼り忘れた場合

　税務調査で印紙を貼り忘れていることが明らかになると、原則として本来の金額の3倍が徴収されます。また、貼ってあっても消印をしていない場合は、本来の金額と同額を追加で徴収されます。これらは全額が経費となりません。

---

memo　印紙税は書類に印紙を貼ることからもわかるように、PDF やメール本文で作成した契約書データには印紙は不要。

●収入印紙が必要な文書（契約書）

書類の種類	書類記載の額面	印紙代
金銭消費貸借契約書 内容　お金を借りるときに結ぶ契約 例　　借用書、借入書など	借りたお金の金額が 1万円未満 1万円以上 10万円以下 10万円超 50万円以下 50万円超 100万円以下 100万円超 500万円以下 500万円超 1千万円以下 1千万円超 5千万円以下	不要 200円 400円 1千円 2千円 1万円 2万円
請負契約書 内容　業務を完了させることで代金がもらえる契約 例　　保守契約書、修理契約書など 備考　単なる事務作業の請負のように、作業量や作業時間で代金が決まるものは請負契約書ではないため収入印紙は不要。	請負った代金の金額が 1万円未満 1万円以上 100万円以下 100万円超 200万円以下 200万円超 300万円以下 300万円超 500万円以下 500万円超 1千万円以下 1千万円超 5千万円以下	不要 200円 400円 1千円 2千円 1万円 2万円
工事請負契約書 内容　工事を完成させることで代金がもらえる契約 例　　建築請負契約書など 備考　同じ金額でも建設工事の請負に関する契約書は、それ以外の請負契約書よりも収入印紙の金額は安い。	請負った代金の金額が 1万円未満 1万円以上 200万円以下 200万円超 300万円以下 300万円超 500万円以下 500万円超 1千万円以下 1千万円超 5千万円以下	不要 200円 500円 1千円 5千円 1万円
取引基本契約書 内容　商品の売上先や仕入先と基本的な条件を結ぶ契約 例　　請負基本契約書、特約店契約書、代理店契約書など 備考　個々の取引ではなく、取引に共通する条件（商品の種類、取扱数量、単価、支払方法など）を決める契約書。		4千円

●請負契約書と委任契約書

請負契約書には印紙を貼りますが、委任契約書には印紙は不要です。

請負	請負った**仕事の完成**に対して報酬が支払われるもの。**印紙必要** 　例　システム開発➡システムを完成して納品することで初めて報酬を請求できる

委任	請負った**仕事を行うこと**で報酬が支払われるもの。**印紙不要** 　例　事務処理➡契約で取決めた事務を行うことで報酬を請求できる

実際には、請負と委任のいずれか判断が難しい契約もあります。その場合には、契約書をもとに税務署へ相談します。

Section 05 ｜ 書類の整理のしかた

> 目的の書類をすぐに取り出せることが重要。ポイントはためないことと、ルーチンワークにすること。

効率的な書類整理が事務作業の効率化を実現する

　多種多様な書類をきちんと整理し、いつでも取り出せるようにしておくと、事務作業が効率化します。事務の書類は、増えるたびに順番に上にファイリングしていくので、基本的に古い日付のものがより下になります。

　ファイリングの作業は暇なときに書類を整理しようとしても、結局はできません。書類の量に応じて、頻度は毎日、3日おき、毎週など、時間帯は朝一、昼食後など、一度決めたタイミングで**ルーチンワーク**にします。忙しくても月に一回は処理するようにします。

確定申告後は基本的にファイルボックスで保存する

　確定申告後、前年のファイルは基本的に**ファイルボックス**（➡P.038）に入れて保存します。ただし、申告書ファイル（➡P.037）、契約書ファイル（➡P.037）、領収書（税、社会保険、労働保険関係）（➡P.039）、従業員ファイル（➡P.255）、源泉徴収簿ファイル（➡P.255）、社会保険・労働保険ファイル（➡P.255）は今年も続けて同じファイルに綴じていきます。

　ちなみに、書類を保存することは法律で決められています。単にスキャンしてデータで保存していても、保存期間（➡P.040）は紙の書類を廃棄してはいけません。ただし、電子帳簿保存制度（➡P.042）のルールに従ってスキャンしたデータを保存することで、紙の書類を廃棄することができます。

営業

経理

人事

総務・他

● 効率的な書類管理のためのファイルの種類（総務系・営業系）

ファイル名	解説
申告書ファイル	開業時などに届出た税務届出書や申請書、毎年の確定申告書などを、2 穴パンチで穴をあけパイプ式ファイルに綴じます。
契約書ファイル	取引先と締結した契約書を、取引先ごとにインデックスを付けてクリアポケットファイルに入れて保管します。
未払ファイル 支払済みファイル	買掛金の管理（➡ P.113）
未入金ファイル 入金済みファイル	請求書の作成のしかた（➡ P.101） 売掛金の管理（➡ P.105）

● 申告書ファイルの管理方法

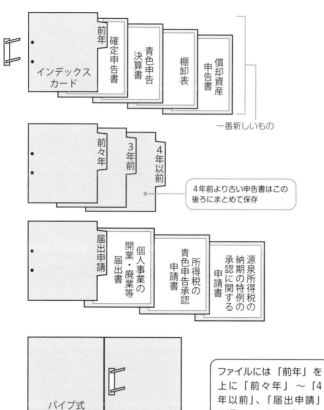

インデックスカード

前年 確定申告書
青色申告決算書
棚卸表
償却資産申告書

一番新しいもの

前々年
3 年前
4 年以前

4 年前より古い申告書はこの後ろにまとめて保存

届出申請
個人事業の開業・廃業等届出書
青色申告承認申請書
所得税の青色申告承認申請書
源泉所得税の納期の特例の承認に関する申請書

パイプ式ファイル

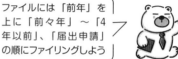

ファイルには「前年」を上に「前々年」〜「4年以前」、「届出申請」の順にファイリングしよう

●効率的な書類管理のためのファイルの種類（経理系）

ファイル名	解説
会計帳簿	会計ソフトで作成した場合であっても、確定申告後には、会計帳簿を印刷して保存しておく必要があります（➡ P.042、電子帳簿保存制度）。 複式簿記※の場合：仕訳帳、総勘定元帳 　複式簿記以外※の場合：現金出納帳、売掛帳、買掛帳、経費帳など 2穴パンチで穴をあけて厚さに応じたファイルに綴じます。仕訳帳や総勘定元帳など帳簿ごとにインデックスを付けますが、総勘定元帳の勘定科目ごとにインデックスは不要です。
現金売上・レジ売上	見積書控、請求書控、領収書控などを日付の古いものを下にして綴じます。必要に応じて取引先別に分ける。レジのジャーナル（ロール紙）はビニール袋（後から探せるように、月ごと、3か月ごとなど小分けにする）に保存します。
現金仕入	請求書、領収書などを日付の古いものが下になるように綴じる。必要に応じて取引先別に分ける。材料の仕入や外注費以外の事務用品の購入などは「領収書（税、社会保険、労働保険以外）」を参照。
領収書（税、社会保険、労働保険以外）	ものにより大きさがバラバラのため、スクラップブックにのり付けするか、A4用紙にのり付けして2穴パンチで左側に穴をあけて紐で綴じることが基本です。のり付けする際は、古いものを下から順に少し重ねて貼ります。
領収書（税、社会保険、労働保険）	税や社会保険関係は、年をまたいで後で見返すことがあるため、これ以外の領収書とは区別してスクラップブックにのり付けして保管します。 主な書類：所得税徴収高計算書兼納付書、住民税税額決定通知書、個人事業税納税通知書、自動車税納税通知書兼領収証書（右側にある納税証明書は車検証などと一緒に保管）など

※複式簿記とは、会計ソフトに仕訳（借方と貸方）として登録していくやり方です。複式簿記以外とは、現金の出入りを現金出納帳に、掛け売りを売掛帳に、掛け仕入を買掛帳に、経費の支払いを経費帳に登録していくやり方です。本書のやり方で会計ソフトに登録すると複式簿記になります。

 領収書（税、社会保険、労働保険以外）の枚数がそれほど多くない場合は、月ごとに日付の古いものが下になるように重ねて、それをホッチキスやクリップ止めして1年間分を封筒に入れるだけでもよい。でも、紛失には要注意。

●書類の整理に使うアイテム

フラットファイル	フラットファイルとはパンチで穴をあけた書類をプラスチックや金属でできた留め足（ひも状のもの）に通して順番に綴じるファイルのこと。
パイプ式ファイル	パイプ式ファイルとは、パンチで穴をあけた書類をパイプ状の留め足と留め具を組み合わせて綴じるファイルのこと。留め具を利用すれば比較的自由に書類の出し入れが可能。
リングファイル	リングファイルとはパンチで穴をあけた書類をリング状の留め具に綴じるファイルのこと。リングの開閉で自由に書類の出入れが可能。
ファイルボックス	ファイルボックスとはA4ファイルがちょうど収まる大きさの箱で、幅は10cmぐらい。蓋のあるなしも選べる。1年分の書類を保管するのにファイルボックスでは厚すぎる場合は、中を仕切る個別のフォルダーなども販売されている。

営業

経理

人事

総務・他

●領収書の管理方法

大きさがまちまちな領収書ですが、右端をそろえて貼ると見やすくなります。

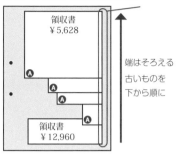

● 税・社会保険・労働保険関係以外

領収書
¥5,628

Ⓐ
Ⓐ
Ⓐ
Ⓐ

領収書
¥12,960

端はそろえる
古いものを
下から順に

Ⓐ日付が同じならば
一度にまとめて貼る

● 税・社会保険・労働保険関係
・1ページ目から順番に貼る
・枚数が多くなければ重ねて貼らなくてよい

領収済通知書

領収証書

スクラップブック

領収書を A4 用紙に貼る際は、右下から右上にかけてまっすぐに貼り付けよう。小さい領収書を A4 用紙に2列に渡り貼る際は、2列目は1列目の領収書にかからないように、左下から左上にかけてまっすぐに貼り付けるんだ。列が曲がっていたり、多くを詰め込んで貼り付けたりすると後で探しにくくなってしまうぞ！

●のり付けを速くする方法

のり付けする際は、1枚1枚
貼り付けるのではなく、
次のようにまとめて貼り付け
ます。

❶最初に5〜6枚領収書
　を取り
❷すべて裏向きにし
❸のり付け部分だけずらし
　て縦に並べる。
❹一気にのり付けし
❺そのまま表に返して
❻まとめて貼り付ける。

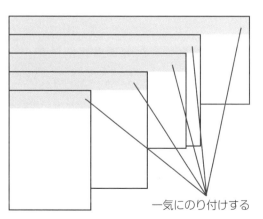

一気にのり付けする

Section

06 | 書類の保存期間

書類は勝手に捨ててはイカンのだ。

 書類の保存期間は法律で決まっていて勝手に処分できない

書類ごとに法律で保存期間が決められていて、その保存期間を守らなくてはなりません。大まかには、税金関係は7年、社会保険・労働保険関係は2〜5年となります。

これらの書類は長く保存する分には構わないので、申告書ファイルのうち税務届出書申請書は**永久保存**、確定申告書など税務届出書申請書以外は**直近7年分**を残します。会計帳簿（➡P.120）その他の書類は**7年間**を基本とします。

書類の保存は次のようにします。

①申告までは書類の整理のしかた（➡P.037）のとおり、各書類をファイリングします。

②申告後、ファイルボックスに入れて保存（➡P.036）します。

③保存期間が過ぎたことを確認して廃棄します。

 マイナンバーが記載された書類は期間後に必ず廃棄

マイナンバー（➡P.048）が記載された書類（扶養控除等申告書など）は、「長め」に保存することは禁止されています。これらの書類は、「原則的な保存期間の一覧」にある保存期間が過ぎたら廃棄します。

営業

経理

人事

総務・他

memo > 電子帳簿保存制度のルールに従えば、PDFにした紙の書類を廃棄したり、会計帳簿をデータで保存できる。

●原則的な保存期間の一覧

保存期間	書類の名称		保存開始日
10年	会計帳簿（➡ P.120）		その年の帳簿の作成が終わった日
7年	確定申告書、青色申告決算書、領収書、契約書、請求書、見積書、発注請書、納品書、検収書控え、請求書控え、見積書控え、発注書、納品書控え、検収書、源泉徴収簿、預金通帳、固定資産台帳、棚卸表など		基本的には申告書の提出期限
	扶養控除等申告書、保険料控除申告書、基礎控除申告書兼配偶者控除等申告書兼所得金額調整控除申告書		従業員から受領した翌年の1月11日
5年	身元保証書、一般健康診断個人票、面接指導結果報告書（ストレスチェック含）		作成日から
	労働基準法関係 ※当面は経過措置により3年	労働者名簿、労働条件通知書控え、雇用契約書、退職届、解雇通知書控え、出勤簿、賃金台帳、年次有給休暇管理台帳	
4年	雇用保険被保険者資格取得等確認通知書（事業主控）、雇用保険被保険者資格喪失確認通知書、被保険者離職証明書（事業主控）、被保険者休業開始時賃金月額証明書（事業主控）（育児・介護）、育児休業給付受給資格確認票・（初回）育児休業給付金支給申請書、介護休業給付金支給申請書		
3年	雇用・労災保険関係	労働保険保険関係成立届、労働保険概算・確定保険料申告書	退職・解雇の日など
	労働者災害補償保険関係	労働者災害補償保険特別加入申請書、療養補償給付たる療養の給付請求書、療養補償給付たる療養の費用請求書	
2年	健康保険・厚生年金保険関係	被保険者資格取得等確認通知書、被保険者資格喪失確認通知書、標準報酬月額決定通知書	
	雇用保険関係	適用事業所設置届、事業主事務所各種変更届、被保険者関係届出事務等代理人選任・解任届	

●実務からみた基本的な保存期間

保存期間	名称	保存開始日等
永久	申告書ファイル（税務届出書申請書部分）	
7年	申告書ファイル（税務届出書申請書部分以外）、会計帳簿（➡ P.120）	申告書の提出期限から
	従業員ファイル（退職者・解雇者分）	退職、解雇の日などから
	契約書ファイル（契約終了分）	契約が終了したときから
	支払済みファイル	書類を発行（受領）した事業年度に関する申告書の提出期限から
	入金済みファイル	
	社会保険・労働保険ファイル	毎年の1月10日（納期の特例は20日）に所得税を納付した後に7年経過した分を廃棄
	源泉徴収簿ファイル	
	領収書（税、社会保険、労働保険関係以外）現金売上・レジ売上 現金仕入	書類を発行（受領）した事業年度に関する申告書の提出期限から
	領収書（税、社会保険、労働保険関係）	ノートのすべてのページに貼り終えたときから
	出勤簿、賃金台帳	1冊の記載が終わってから7年経過後（ルーズリーフ式の場合には各用紙ごとに記載してから7年経過後）から廃棄
	一般健康診断個人票	書類を受領した事業年度に関する申告書の提出期限から

memo ▷ たとえ少額の領収書であっても基本的に7年間保存が必要。

Section 07 | 税金に関する 書類の保存

> 税金に関する書類には、ほかとは違うルールがあるのです。結構面倒。

税金関連の電子的な書類の保存方法が変更に

　請求書や領収書などの取引に関して交わされる書類を、紙ではなくPDFなどのファイルでやり取りすることが増えています。具体的には、メールの添付ファイルの送受信や、インターネット上のウェブサイトからダウンロードする方法などがあります。このように電子ファイルで取引関係書類をやり取りする取引を、電子取引といいます。2024（令和6）年1月1日以降は、電子取引に関するファイル（相手から受け取ったファイルと相手に渡したファイルの両方）は、印刷した紙での保存が認められなくなり、**原則としてファイルのまま保存することが義務付け**られました。保存方法についてはルールが決められています。個人事業主でも取組みやすい方法としては右ページのようなものがあります。

紙の書類の電子保存も可能だがルールが細かいので注意

　上記は「電子帳簿保存法（電帳法）」という法律で決められています。電帳法では、紙で保存している税務関係の書類を電子的に保存する方法も定めています。大きくは会計ソフトのデータが対象の「電子帳簿保存」と、取引先からの請求書や領収書などの紙の書類をスキャナで読み込んで保存する「スキャナ保存」があります。

　どちらも、使用する機材の基準、マニュアルの整備、検索機能などの細かい要件が決められていて、それに則した管理が必要です（➡ P.044）。

●2024年以降の電子取引データの保存の概要

対象となる取引	取引先とやり取りする、契約書、見積書、発注書、発注請書、納品書、物品受領書、請求書、領収書などのデータ
保存ファイルの内容	メールの添付ファイル、ウェブサイトからのダウンロード、ウェブサイトのスクリーンショットなど
ファイル形式	PDF、エクセル、ワード、画像など
ファイルの保存方法	ファイル名に検索項目を入れる、エクセルでの検索簿作成（大規模な場合にはシステムの導入もあり。➡ P.044）

●小規模の個人事業主における管理方法の例

①訂正および削除の防止に関する事務処理規程を作成する

ファイルの訂正や削除を原則としてしないことと、やむをえず訂正や削除をしなければならないときの手続きを規程としてまとめます。
規程のひな形が国税庁ホームページよりダウンロードできるため、これに個人事業主の名前などを入力して保存します。

②取引年月日、取引先名、取引金額が検索できる状態で保存する

PDFなどのファイル名を「20241231_A商事_1,100,000」のように「取引年月日_取引先名_取引金額」とすることで、最低限の検索は可能になります（下図参照）。

③装置の設置、マニュアル等の保存

税務調査官が使うパソコン、ディスプレイ、プリンタ、ソフトウェア、これらの操作説明書の備付け。
ファイルの税務調査はパソコンで行います。

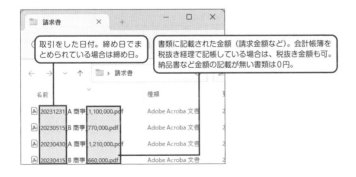

●電子取引データの保存の要件

前ページで取り上げた電子取引データの保存に求められる要件は下記のとおりです。

項目	要件
装置の設置、マニュアル等の保存	**PDF 閲覧ソフトなどをインストールしたパソコン、プリンタの設置、これらの操作説明書の保存** 操作説明書は PDF などデータやインターネット上で閲覧できる状態でも可
電子取引事務処理規程	**電子取引事務処理規程を作成する** 国税庁ホームページより「電子取引データの訂正及び削除の防止に関する事務処理規程」をダウンロードし、個人事業の現状に合わせて修正すれば OK（下コラム参照）
検索	**取引年月日、取引先、取引金額で検索できる** 会計ソフトの保存機能を使えば、通常は問題ない。証憑管理システムでは、検索項目を設定する コストをかけたくない場合には、P.043 のようにファイル名を「取引年月日_取引先_取引金額」にする方法、別途エクセルで取引年月日、取引先、取引金額の検索簿を作成し、ファイルと紐付ける方法もある 備考：前々年の売上高が 1,000 万円以下（令和 6 年からは 5,000 万円以下）の場合は検索要件は不要。データの保存は必要なので注意
税務調査	**調査官に求められたらデータを見せたり渡す**

> 2023 年 12 月 31 日までの取引は、紙に印刷しての保存も認められるが、2024 年以降の取引は原則としてデータでの保存が必要になる。

Column

規程などのひな形のダウンロード

「電子帳簿保存法」では、各種書類の電子保存について規程の整備を実施の要件としています。本セクションで取り上げている「電子取引データの訂正及び削除の防止に関する事務処理規程」「国税関係帳簿に係る電子計算機処理に関する事務手続を明らかにした書類」「スキャナによる電子化保存規程」の各規程のひな形は下記のホームページからダウンロードが可能です。

○参考資料（各種規程等のサンプル）
https://www.nta.go.jp/law/joho-zeikaishaku/sonota/jirei/0021006-031.htm

営業

経理

人事

総務・他

●会計帳簿の電子保存の要件

　会計帳簿は紙に印刷しての保存が求められますが、下記の要件をすべて満たすことができれば電子データでの保存が認められています。

対象となる帳簿	仕訳帳、総勘定元帳、固定資産台帳、補助元帳など、会計ソフトで作成している会計帳簿（複式簿記に限る）
データの保存方法	次の2つの方法のいずれか ● 会計ソフトのデータでの保存 ● PDF ＋ CSV など出力したデータでの保存　（会計ソフトを乗換える場合などのため、PDF のほかに検索性のある CSV も合わせて保存が必要）

会計ソフトをきちんと使って、データを管理できれば、比較的取組みやすいかな。

①装置の設置、マニュアル等の保存

会計ソフトをインストールしたパソコン、プリンタの設置、これらの操作説明書の保存
　操作説明書の保存は PDF などデータやオンラインマニュアルやオンラインヘルプ機能でも可。会計ソフトによっては、電帳法に対応するための解説をオンラインで公開しているものもあるため、それも参考にする

②事務手続きをまとめた書類の整備

会計ソフトの操作に関する事務手続き（入力処理やデータの保存手順など）をまとめた書類の作成
　国税庁ホームページより「国税関係帳簿に係る電子計算機処理に関する事務手続を明らかにした書類」をダウンロードし、個人事業の現状に合わせて修正すれば OK（左ページコラム参照）
　会計事務所へ記帳を外注している場合には、委託契約書と、会計ソフトデータの備付けおよび保存に関する事務手続きをまとめた書類

③税務調査時の対応

調査官に求められたら会計帳簿のデータを見せたり渡す

●スキャナ保存の要件

　取引関連の書類も基本は紙での保存ですが、下記の要件をすべて満たすことができれば電子データでの保存が認められています。ただし、要件を満たすためには、何らかのシステムが必要になります。

　システム導入の検討の際には、「紙で保存」と「スキャンデータを保存」の手間やコストの比較、将来的にシステムを乗り換える際にデータのダウンロードが可能かどうかなどを確認しておく必要があります。

対象となる書類	取引先から紙で受取った請求書、領収書、契約書、納品書、検収書など。取引先へ渡す請求書、領収書、契約書、納品書、検収書などの紙の控え
データの保存方法	●手軽に始められる：領収書やレシートなどのスキャンデータを保存する機能をもつ会計ソフト ●本格的に始める：証憑管理システム

紙の書類は減らしたいけど、満たすべき要件が多いので、かえって手間が増えるかも

①スキャナ

スキャナのスペックは解像度 200dpi 以上、階調フルカラー（赤緑青 256 色）
※ 2023 年 12 月までは以下の 2 つの要件も必要。2024 年 1 月からは不要
　●解像度と階調と読み取り面の大きさに関する情報（情報がスキャンデータに記録されない場合、原則として解像度は 200dpi、階調はフルカラー、大きさは A4 とすることを規程に記載し、それ以外は個別に記録する）
　●スキャナをした担当者か、監督者を記録（個人事業主を監督者として規程に記載）
2024 年から要件が緩和されるため、それから始めるのがオススメ

②タイムスタンプ

データを保存する際、次の要件を満たすタイムスタンプを押す
書類の保存期間（➡ P.040）を通じ、データの訂正・削除が無いことが確認できる。また、上記確認を一年度内の期間を指定して一括で検証できる
タイムスタンプが電帳法の要件を満たすかは、タイムスタンプ業者などに確認

③スキャナ保存規程

スキャナ保存規程を作成する
国税庁ホームページより「スキャナによる電子化保存規程」をダウンロードし、現状に合わせて修正する。

memo ▶ 「証憑管理システム」には株式会社 NTT データビジネスブレインズ「ClimberCloud」など）がある。

営業

経理

人事

総務・他

④作業期限

書類のスキャンとタイムスタンプ付与は規程に定めた期限から7営業日までに行う

「規程に定めた期限」は書類を受取ってから内部承認を取るまでの期限で、事務の状況に応じて「スキャナ保存規程」で自由に決められるが、最長で書類を受取ってから2か月以内とする。書類を受取ってから2か月以内に内部承認をとり、それから7営業日までにスキャンしてタイムスタンプを押す。

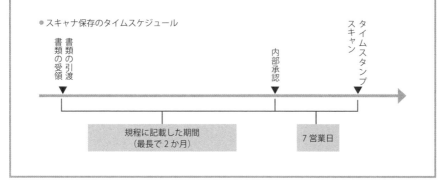

●スキャナ保存のタイムスケジュール

⑤帳簿との紐付け

● データから対応する帳簿の記載部分へ、また帳簿の記載部分から対応するデータへ相互にたどれるよう、データと帳簿との紐付けを行う

　例　スキャンデータを保存する機能をもつ会計ソフトの保存機能を使う

　　　証憑管理システムでは、データの検索項目に伝票番号を加える（この場合は、先に会計ソフトに登録を行い、伝票番号を先に決める）

● データを訂正した削除した場合には訂正や削除をした事実とその内容が確認できるか、または訂正や削除自体できないシステムであることが必要

⑥マニュアル等の保存

データの保存ソフト（会計ソフト、証憑管理システム）をインストールしたパソコン（14インチ（モニタ径35cm）以上のカラーディスプレイ）、カラープリンタの設置、これらの操作説明書の保存

● 画像を拡大や縮小して表示したり、印刷できる
● 4ポイントの大きさの文字が認識できる

⑦検索

取引年月日、取引先、取引金額で検索できる

　会計ソフトに検索機能があれば通常は問題ない。証憑管理システムでは、検索項目を設定する。

⑧税務調査

調査官に求められたらデータを見せたり渡す

---

memo　なお、2024年以降は見積書、注文書、検収書など（契約書、納品書、請求書、領収書、レシートは除く）は帳簿との紐付けが不要になる。

Section 08 | 自分（個人事業主）の マイナンバーの提供

> マイナンバーの提供は法律で決められているのです。

提供が求められるのは社会保障、税、災害対策のとき

マイナンバー（個人番号）が利用されるのは、社会保障、税、災害対策の分野に限られます。個人事業主が提供を求められるのは、主に税の分野のうち法定調書（➡P.198）に記載するためです。

マイナンバーを提供するときは、次のいずれかを対面で提示するか、コピーを提出します。

①個人番号カード（マイナンバーカード）
②マイナンバーの記載のある住民票の写し＋身分証明書
③通知カード（本ページ下部参照）＋身分証明書

> 身分証明書では、運転免許証、パスポート、健康保険証、年金手帳が使えるのだ。

提供を拒否しても罰則は無いが取引先の印象は悪くなる

マイナンバーの提供は、法律による義務のため必ず提供しなければいけません。仮に提供を拒否しても、いまのところ、罰則を受けることは無いと言われています。しかし拒否した場合、取引先に、コンプライアンス意識に乏しいというマイナスイメージを持たれる可能性があります。

※通知カードは令和2年5月25日に廃止されましたが、通知カードに記載された氏名や住所などが住民票に記載されたものと一致していれば、同日以降もマイナンバーを確認する書類として使用できます。
　また、同日以降に生まれた人などへのマイナンバーの通知は、個人番号通知書に代わります。個人番号通知書は、マイナンバーを確認する書類としては使えません。したがって、個人番号通知書でマイナンバーの通知を受けた人や、現住所や氏名が通知カードと異なる人は、マイナンバーの記載のある住民票の写しか個人番号カードを用意する必要があります。

memo マイナンバーは「行政手続における特定の個人を識別するための番号の利用等に関する法律（マイナンバー法）」で定められている。

●個人番号カード

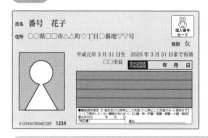

表面

裏面

> 表が身分証明書、裏がマイナンバーの確認書です。

●通知カード

表面

```
通知カード

個人番号  1234  5678  9012

氏名    番号 花子

住所    ○○県□□市△△町◇丁目○番地▽▽号

平成元年3月31日生  性別 女
発行日 平成27年10月NN日
```

裏面

> 現在は発行が廃止されていますが、氏名や住所などに変更がなければ引き続きマイナンバーを確認する書類として使えます。

Column

個人番号カードを取得しよう

　個人番号カードはマイナンバーを確認したり、身分証明書として使えるほか、カードについている電子証明書を使って、確定申告を e-Tax（➡ P.240）を使って電子申告したり、コンビニで住民票の写しや印鑑登録証明書などを取得することもできます。また、マイナポータルという政府が運用するオンラインサービスを利用することもでき、給付金の申請などもできます。

　個人番号カードは申請してから交付されるまで2〜3か月かかることもあり、早めに申請した方がよいでしょう。

---

memo ＞ 写真付きで「ない」身分証明書は、2種類以上の提出が求められることがある。

Section

09 | 相手のマイナンバーの取得

> 他人のマイナンバーを管理しな
> ければならないこともあるのだ。

個人事業主でもマイナンバーの取得・管理が必要な場合がある

　個人事業主でもマイナンバーを取得し、管理することが求められることがあります。具体的には「税務署へ支払調書を提出する必要がある取引が行われたとき」と「従業員（パート・アルバイトを含む）を雇い、社会保険や税金（源泉所得税）などの処理が必要になったとき」です（それぞれ例外はあり）。前者は取引先から、後者は従業員からマイナンバーを取得することが必要になります。それぞれの処理の詳細はP.051とP.254を参照してください。

マイナンバーの取得・利用・保管・廃棄

　マイナンバーを取得する際は、相手にマイナンバーが記載された書類と身分証明書（➡ P.048）を提出してもらいます。取得の際には、事前に**マイナンバーの利用目的**^{DL}（➡ P.053）を相手に伝える必要があります。

　マイナンバーは、税務署へ支払調書を提出するためや、ハローワークに届出を行うためなど、法律で定められた範囲で利用する場合にのみ、保管することができます。たとえば、「事務所を引越して賃貸借契約が終了した場合」「報酬の支払先と今後取引を行わない場合」などマイナンバーの管理が必要とされる取引が終了したときや、従業員が退職したときには、マイナンバーが記載された書類を廃棄します。ただし、その書類の法定保存期間（➡ P.041）が経過していないときは、経過してから廃棄します。

営業

経理

人事

総務・他

memo > マイナンバーの取得は書類の提出ではなく、提示してもらう形でも問題ありませんが、書き間違いに注意。

マイナンバーの取得が必要な取引の発生 （➡ P.052）
・報酬の支払い
・従業員の雇入れ など

マイナンバーの取得
「マイナンバーの利用目的」（➡ P.053）を相手に渡して、次のコピーを
取得する。
・住民票の写し（マイナンバーの記載ありのもの）など
・身分証明書（本人であることを確認したら廃棄してもよい）

マイナンバーの利用
各書類にマイナンバーを記入する。
・給与所得者の源泉徴収票
・報酬、料金、契約金及び賞金の支払調書
・雇用保険被保険者資格取得届　など

マイナンバーの保管
住民票の写しなど、マイナンバーの記載された書類を保管する場合は、
鍵付きの引出しなどに保管する。

マイナンバーの廃棄
取引が終了したり、従業員が退職したら、マイナンバーを保管していた
ファイルから、該当する部分を抜取り廃棄する。また、マイナンバーを
記載した書類で保存しているもの（例　扶養控除等申告書など）は、保
存期間が終了するのを待ってから廃棄する。

Chapter

1

個人事業の事務の基本

●マイナンバーの記載が必要となる主な書類

マイナンバーが 必要になる取引	説明
報酬を支払った	**マイナンバーが必要な書類**：報酬、料金、契約金及び賞金の支払調書 **取得先**：税理士、司法書士、カメラマン、デザイナー、講師、通訳など 年間の支払金額が5万円以下の場合は、支払調書の提出が不要のためマイナンバーも取得不要（➡ P.198）
従業員を雇った	**マイナンバーが必要な書類**：扶養控除等申告書（➡ P.300） **取得先**：従業員（パート・アルバイトを含む） 従業員自身のほか、配偶者や扶養親族のマイナンバーも、従業員に記載してもらう。
	マイナンバーが必要な書類：給与所得の源泉徴収票（➡ P.310） **取得先**：従業員（パート・アルバイトを含む） 扶養控除等申告書の提出を受けていない場合で、年間の支払金額が50万円超のとき、本書類のためにマイナンバーを取得する
	マイナンバーが必要な書類：給与支払報告書（➡ P.210） **取得先**：従業員（パート・アルバイトを含む） 扶養控除等申告書の提出を受けていない場合、本書類のためにマイナンバーを取得する
	マイナンバーが必要な書類：雇用保険被保険者資格取得届（➡ P.260） **取得先**：従業員（パート・アルバイトを含む） 雇用保険の対象者は➡ P.260 参照
	マイナンバーが必要な書類：健康保険厚生年金保険被保険者資格取得届 **取得先**：従業員（パート・アルバイトを含む） マイナンバーに代えて基礎年金番号で代用することが可能で、その場合には記載不要
	マイナンバーが必要な書類：健康保険被扶養者届 **取得先**：従業員（パート・アルバイトを含む） マイナンバーに代えて基礎年金番号で代用することが可能で、その場合には記載不要

※同一人物からは1回取得するだけでよい。

Column

マイナンバーの提供依頼とそれが拒否された場合

　マイナンバーは相手から提供されなければ知ることができません。したがって、新たな取引をはじめる際に、マイナンバーが必要になるのであれば最初に依頼して、取得しておくことがスムーズです。

　マイナンバーの提供を拒否された場合には、依頼したが拒否された経緯（「○月○日 支払調書作成のためにマイナンバーの提供を依頼したが拒否された」など）を記録しておけば、事業主側に責任は無いものとされています。

営業

経理

人事

総務・他

● マイナンバーの利用目的

マイナンバーの取得先に利用目的を提示する書類です。

税務署へ提出する支払調書の作成のために、マイナンバーを取得する場合には、1．利用目的のうち（7）が該当します。従業員を雇用する場合には、（1）から（6）が該当します。書式に決まりは無いため、他の様式でも構いません。

なお、身元確認書類は本人であることを確認したら、廃棄して構いません。番号確認書類を保管する義務はありませんが、来年以降も必要な場合には、保管しても構いません。その場合、番号確認書類だけを専用のファイルに綴じて紛失などしないように管理します。

マイナンバーの利用目的の通知書

1．利用目的
（1）所得税法に規定する源泉徴収票の作成に関する事務
（2）地方税法に規定する個人住民税に関する事務
（3）雇用保険法に規定する雇用保険に関する事務
（4）労働者災害補償保険法に基づく労災保険給付に関する事務
（5）健康保険法に規定する健康保険に関する事務
（6）厚生年金保険法に規定する厚生年金保険に関する事務
（7）所得税法に規定する法定調書の作成に関する事務
（8）その他前各号に関連する事務

2．マイナンバーの提供方法
　次の書類を提出して下さい。
（1）番号確認書類（次のいずれか）
　・個人番号カードのコピー
　　　※この場合、次の身元確認書類は不要
　・個人番号通知カードのコピー
　　　※カードに記載されている住所や氏名に変更がある場合は不可
　・マイナンバーの記載のある住民票の写しのコピー

（2）身元確認書類（次のいずれか）
　・運転免許証のコピー
　・パスポートのコピー
　・年金手帳と健康保険証のそれぞれのコピー

以上

マイナンバーの取得時に役立つ「マイナンバーの利用目的」の書類がダウンロードできるのだ。

Section

10 | 青色申告の手続きと 税金関連の書類

開業したとき、はじめて人を雇ったときなど、タイミングに応じて書類を出さないと損することが多いのだ。

青色申告承認申請書は必ず提出する

　個人事業をはじめると、もうけを計算するために、年間の売上と仕入と経費を集計する必要があります。確定申告を行うだけであれば、それでもいいのですが、より正確な帳簿の作成を行う青色申告（➡P.068）という制度があります。**青色申告をすると、さまざまな特典が受けられます。**所得税の青色申告承認申請書を提出して、できるだけこの特典を受けるようにしましょう。

提出書類と提出先

　個人事業を開始した場合、まず「個人事業の開業・廃業等届出書」と「所得税の青色申告承認申請書」を税務署へ、「事業開始等申告書」を都道府県税事務所へ提出します。また、従業員を雇う場合は、「源泉所得税の納期の特例の承認に関する申請書」を税務署へ併せて提出します。

　右ページにある主な届出書・申請書の概要のうち、事業開始等申告書は都道府県税事務所に提出しますが、それ以外は税務署へ提出します。原則として、書類を提出する税務署は自宅の住所、都道府県税事務所は店舗や事務所の所在地（なければ自宅住所）の所轄（➡P.246）になります。

税務署へ各種書類を提出する以外にも、許認可などが必要となる業種もあります。

memo ＞ 提出期限はそれぞれ異なるが、開業日から1か月以内に税務署へ「個人事業の開業・廃業等届出書」と「所得税の青色申告承認申請書」を同時に提出するようにする。

書類の名称	概要
個人事業の開業・廃業等届出書（➡ P.056） **必ず提出**	**新たに事業を開始した場合、事業所の増設、移転などをした場合に提出。** 提出期限：開業日、増設日などから1か月以内
事業開始等申告書（東京都の場合） **必ず提出**	新たに事業を開始した場合などに提出。 提出期限：開業日から15日以内など ※書類名や提出期限などは、都道府県により異なります。
所得税の青色申告承認申請書（➡ P.057） **必ず提出**	青色申告の承認を受けようとする場合に提出。 【ポイント】青色申告は、いろいろな特例が適用できるため、必ず提出。 提出期限：承認を受けようとする年の3月15日 ※あらたに個人事業を開始した場合には開業日から2か月以内でも可
源泉所得税の納期の特例の承認に関する申請書（➡ P.284） **従業員を雇う場合**	**給与、退職金、報酬などの源泉所得税（➡ P.166、280）を年2回（7月10日と翌年1月20日）にまとめて納付できる。** 【ポイント】特例は提出月の「翌月」から適用になります。提出月に支払った給与などの源泉所得税は原則どおり、翌月10日に納付します。開業後、最初に支払う給与に注意します。 提出期限：無し ※従業員が10人以上の場合は提出できません
所得税の棚卸資産の評価方法・減価償却資産の償却方法の届出書 **提出しなくても可**	**商品などの棚卸資産の評価方法（➡ P.228）を選択したい場合、器具備品などの減価償却方法（➡ P.182）を選択したい場合に提出。** 【ポイント】減価償却方法は、届出をしない場合、基本的に定額法になります。届出をして定率法を選択すると、設備投資の当初の減価償却費が多くなり、有利になるケースもあります。開業当初はあまり利益が見込めないのであれば、あえて提出することはありません。 提出期限：開業年度の確定申告書の提出期限まで
青色事業専従者給与に関する届出書 **家族に給与を払う場合**	**配偶者など家族に給与を支払う場合に提出（下のmemo参照）。** 【ポイント】家族に給与を支払う場合、個人事業の経費となりますが、その家族にとっては給与収入となります。実態に見合った支給が必要ですが、個人事業主と家族に所得が分散するので、税金上有利になることがあります。事業が軌道に乗ってから考えてもよいです。 提出期限：給与を支払う年の3月15日 ※あらたに個人事業を開始した場合やあらたに家族に給与を払う場合には、開業日や雇入日から2か月以内でも可
適格請求書発行事業者の登録申請書 **インボイスを発行する場合**	**適格請求書発行事業者の登録を受ける手続き** 申請を行い登録が行われると税務署から登録日が通知され、その日から適格請求書発行事業者になります。令和5年9月30日までに申請を行えばインボイス制度開始の令和5年10月1日から登録が受けられます。新規開業者は、特例で開業した年の末日までの申請で、さかのぼって登録が受けられます。インボイスの発行に必要な手続きのため、できるだけ早く提出します。
消費税課税事業者届出書 **課税売上高※が1,000万円を超えた場合** ※消費税がかかる売上や設備の売却収入などのこと	**課税売上高が1,000万円を超えたため、翌々年から消費税の課税事業者となる場合に提出する。** 【ポイント】適格請求書発行事業者の登録申請書を併せて提出するかを検討。 提出期限：課税売上高が1,000万円を超えた年の確定申告書を提出してから、すみやかに。

memo > 青色事業専従者給与について
https://www.nta.go.jp/taxes/shiraberu/taxanswer/shotoku/2075.htm

●個人事業の開業・廃業等届出書・記入例

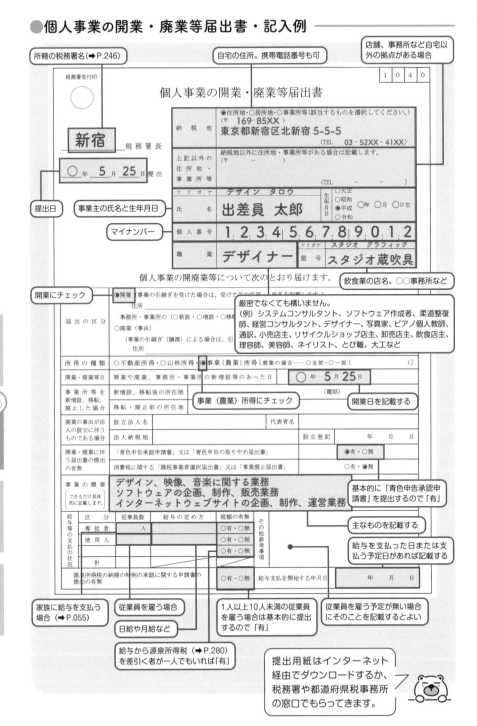

所轄の税務署名（➡P.246）

自宅の住所。携帯電話番号も可

店舗、事務所など自宅以外の拠点がある場合

税務署受付印

個人事業の開業・廃業等届出書

1040

新宿 税務署長

○ 年 5 月 25 日提出

提出日

事業主の氏名と生年月日

マイナンバー

納税地	◉住所地・○居所地・○事業所等(該当するものを選択してください。) （〒 169-85XX ） 東京都新宿区北新宿 5-5-5 （TEL 03 - 52XX - 41XX ）
上記以外の住所地・事業所等	納税地以外に住所地・事業所等がある場合は記載します。 （〒 － ） （TEL － － ）
フリガナ 氏 名	デザイン タロウ 出差員 太郎	生年月日	○大正 ○昭和 ◉平成 ○令和 ○年 ○月 ○日生
個人番号	1 2 3 4 5 6 7 8 9 0 1 2
職 業	デザイナー	フリガナ スタジオ グラフィック 屋号 スタジオ蔵吹具

個人事業の開廃業等について次のとおり届けます。

飲食業の店名、○○事務所など

開業にチェック

| 届出の区分 | ◉開業（事業の引継ぎを受けた場合は、受けた先の住所・氏名を記載します。）
住所＿＿＿＿＿＿＿＿＿＿＿
事務所・事業所の（○新設・○増設・○移転
○廃業（事由）
（事業の引継ぎ（譲渡）による場合は、引
住所 |

厳密でなくても構いません。
（例）システムコンサルタント、ソフトウェア作成者、柔道整復師、経営コンサルタント、デザイナー、写真家、ピアノ個人教師、通訳、小売店主、リサイクルショップ店主、卸売店主、飲食店主、理容師、美容師、ネイリスト、とび職、大工など

所得の種類	○不動産所得・○山林所得・◉事業（農業）所得〔廃業の場合……○全部・○一部（ ）〕
開業・廃業等日	開業や廃業、事務所・事業所の新増設等のあった日 ◉ 年 5 月 25 日
事業所等を新増設、移転、廃止した場合	新増設、移転後の所在地 （電話） 移転・廃止前の所在地
廃業の事由が法人の設立に伴うものである場合	設立法人名 代表者名 法人納税地 設立登記 年 月 日
開業・廃業に伴う届出書の提出の有無	「青色申告承認申請書」又は「青色申告の取りやめ届出書」 ◉有・○無 消費税に関する「課税事業者選択届出書」又は「事業廃止届出書」 ○有・◉無
事業の概要 できるだけ具体的に記載します。	デザイン、映像、音楽に関する業務 ソフトウェアの企画、制作、販売業務 インターネットウェブサイトの企画、制作、運営業務

所得税（農業）所得にチェック

事業（農業）所得にチェック

開業日を記載する

基本的に「青色申告承認申請書」を提出するので「有」

主なものを記載する

給与を支払った日または支払う予定日があれば記載する

給与等の支払の状況	区 分	従事者数	給与の定め方	税額の有無	その他参考事項
	専従者	人		○有・○無	
	使用人			○有・○無	
	計			○有・○無	
源泉所得税の納期の特例の承認に関する申請書の提出の有無		○有・○無	給与支払を開始する年月日		年 月 日

家族に給与を支払う場合（➡P.055）

従業員を雇う場合

日給や月給など

給与から源泉所得税（➡P.280）を差引く者が一人でもいれば「有」

1人以上10人未満の従業員を雇う場合は基本的に提出するので「有」

従業員を雇う予定が無い場合にそのことを記載するとよい

提出用紙はインターネット経由でダウンロードするか、税務署や都道府県税事務所の窓口でもらってきます。

営業

経理

人事

総務・他

所轄の税務署名（➡P.246）

自宅の住所。携帯電話番号も可

店舗、事務所など自宅以外の拠点がある場合

税務署受付印

提出日。3月15日まで、もしくは開業日から2か月以内。

| 1 | 0 | 9 | 0 |

所得税の青色申告承認申請書

新宿 税務署長

○ 年 **5** 月 **25** 日 提出

提出期限に遅れなければ提出年を記載（提出期限に遅れた場合には翌年）

事業主の氏名と生年月日

納税地	●住所地・○居所地・○事業所等（該当するものを選択してください。） （〒 169 – 85XX ） 東京都新宿区北新宿 5-5-5 (TEL 03 - 52XX - 41XX)
上記以外の 住 所 地 ・ 事 業 所 等	納税地以外に住所地・事業所等がある場合は記載します。 （〒 － ） (TEL － －)

左ページ参照

	フリガナ	デザイン タロウ	生年月日	○大正 ○昭和 ●平成 ○令和 ○年○月○日生
	氏 名	**出差員 太郎**		
	職 業	**デザイナー**	フリガナ スタジオ グラフィック 屋 号 **スタジオ蔵吹具**	

飲食業の店名、○○事務所など

令和 ○ 年分以後の所得税の申告は、青色申告書によりたいので申請します。

1 事業所又は所得の基因となる資産の名称及びその所在地（事業所又は資産の異なるごとに記載します。）

名称 **事務所** 所在地 **東京都新宿区北新宿 5-5-5**

名称＿＿＿＿＿＿＿＿ 所在地＿＿＿＿＿＿＿＿＿＿＿＿＿＿＿＿＿＿

2 所得の種類（該当する事項を選択してください。）

● 事業所得 ・ ○不動産所得 ・ ○山林所得

3 いままでに青色申告承認の取消しを受けたこと又は取りやめをしたことの有無

(1) ○有（○取消し・○取りやめ）＿＿年＿＿月＿＿日 (2) ● 無

4 本年1月16日以後新たに業務を開始した場合、その開始した年月日 ○ 年 **5** 月 **25** 日 開業日

5 相続による事業承継の有無

(1) ○有 相続開始年月日 ＿＿年＿＿月＿＿日 被相続人の氏名＿＿＿＿＿＿＿＿ (2) ○無

6 その他参考事項

(1) 簿記方式（青色申告のための簿記の方法のうち、該当するものを選択してくだ

● 複式簿記・○簡易簿記・○その他（ ）

会計ソフトで仕訳（➡P.068）を登録する場合は複式簿記 エクセルなどで売上と経費などを集計する場合は簡易簿記

(2) 備付帳簿名（青色申告のため備付ける帳簿名を選択してください。）

● 現金出納帳・○売掛帳・○買掛帳・●経費帳・○固定資産台帳・●預金出納帳・○手形記入帳
○債権債務記入帳・○総勘定元帳・●仕訳帳・○入金伝票・○出金伝票・○振替伝票・○現金式簡易帳簿・○その他

(3) その他

複式簿記の場合は、仕訳帳と総勘定元帳は必ずチェックする。簡易簿記の場合は、現金出納帳、預金出納帳、売掛帳、買掛帳、経費帳、固定資産台帳、現金式簡易帳簿などをチェックする。

Column

開業日とは

基本的には開業のための準備が終わった日です。飲食・小売店であれば開店日、請負業であれば仕事の受託が可能になった日などが該当します。開業日から2か月以内に「所得税の青色申告承認申請書」を提出することを忘れないようにします。

Chapter **1**

個人事業の事務の基本

Section

11 個人事業主にかかる 税金の申告と納付

所得税、消費税、償却資産税は自分で申告する。
住民税と事業税は所轄が税金を計算してくれる。

事業のもうけに対してかかる所得税、住民税、事業税

　個人事業を行うと、事業のもうけ（所得）に対して**所得税**（復興特別所得税を含む）がかかります。税率は所得の金額に応じて5.105%〜45.945%です。毎年1月1日〜12月31日までの所得を計算して、翌年2月16日〜3月15日の間に税務署に申告と納付をします。

　確定申告をすると、その情報が所轄の市町村役場や都道府県税事務所に伝わり、その内容をもとに計算された**住民税**と**事業税**の額が通知されます。確定申告していれば、基本的に住民税と事業税の申告は不要です。

消費税と償却資産税はもうけ以外にかかる

　消費税は、「売上の際に預かった消費税」から「支払う際に預けた消費税」の差額を国に納税します。毎年1月1日〜12月31日までの消費税の預かりと預けた差額を計算して、翌年3月31日までに申告と納税をします。ただし、一定の場合（右ページ参照）は消費税が免除され、申告と納税は不要です。

　店舗の内装や器具備品などの設備投資をした場合、それらの設備の取得価額などを市町村役場に申告します。すると**償却資産税**（➡P.212）が計算され、税額が通知されてきます。

● 消費税のしくみ

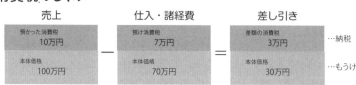

営業

 経理

人事

総務・他

●個人事業主にかかる税金

所得税

税金の対象：もうけ（所得）
税率：5.105% ～ 45.945%
申告と納税先：税務署
申告：必要
申告期限：3月15日

住民税

税金の対象：もうけ（所得）
税率：10%
申告と納税先：市町村役場
申告：不要※3
申告期限：3月15日

事業税

税金の対象：事業のもうけ（所得）
税率：業種により3% ～ 5%
申告と納税先：都道府県税事務所
申告：不要※3
申告期限：3月15日

所得は「売上－経費－青色申告特別控除」で求めることができるのだ。

消費税

税金の対象：預かった金額－預けた金額
税率：10%（軽減税率8%）
申告と納税先：税務署
申告：必要
申告期限：3月31日

償却資産税

税金の対象：設備の金額※1
税率：1.4%
申告と納税先：市町村役場※2
申告：必要※4
申告期限：1月31日

※1 償却資産税独自の減価償却をした後の評価額
※2 東京都は都税事務所
※3 所得税の確定申告をしない場合は、申告が必要
※4 設備の取得価額を申告すれば、税額は市町村役場で計算

●消費税が免除される場合（➡P.244）

次の①と②を満たす場合
①2年前の消費税がかかる売上が1,000万円以下
②前年の1月～6月までの消費税がかかる売上または給与の支給額が1,000万円以下

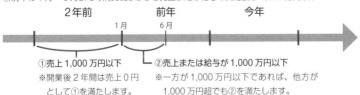

①売上1,000万円以下
※開業後2年間は売上0円
　として①を満たします。

②売上または給与が1,000万円以下
※一方が1,000万円以下であれば、他方が
　1,000万円超でも②を満たします。

※適格請求書発行事業者は、免除されません。

Section 12 | 個 人 事 業 主 の 社 会 保 険

勤務時代は企業が社会保険料の半分を負担してくれていたが、事業主になると、全額自己負担になる。基本的に労働保険は無い。

国民健康保険と介護保険

国民健康保険（以下「国保」）と**介護保険**（40歳以上の場合）の**加入は義務**で、市町村役場で手続きをします。国保の典型例として、病気やけがをしたときに、原則として3割負担で病院を受診できます。介護保険は、将来的に要介護（支援）状態となった場合に、介護サービスを受けることができます。また、配偶者や子供などの年間収入が130万円未満、かつ、個人事業主の2分の1未満であれば基本的に被扶養者として保険の対象となります（これ以外にも被扶養者に該当するケースがあります。詳しくは窓口で確認します）。

市町村の運営する国民健康保険ではなく、国民健康保険「組合」（以下「国保組合」）に加入する選択肢もあります。国保組合は業種別に組織され、国保と比べて保険料や給付内容が有利なことがあります。ただし、従業員数などの加入条件があるため、加入できるかどうか各国保組合に確認します。

国民年金

20歳以上60歳未満の個人事業主は**国民年金**に加入しなければなりません。基本的に65歳から年金を受取ることができます。市町村役場で手続きをします。

また、国民年金だけでは将来の収入が不安という方には、国民年金基金という国民年金に上乗せできる制度があります。国民健康保険、介護保険、国民年金と同様に国民年金基金の掛金も所得からその支払額を差引けるため節税になります。収入に余裕が出て来たら加入を検討するとよいでしょう。

memo 勤務時代の健康保険に退職後も引き続き加入することを、任意継続という。任意継続の手続きは退職から20日以内のため、国保といずれに加入するか早めに判断が必要となる。

営業

経理

人事

総務・他

●各社会保険制度の概要

項目	国民健康保険	介護保険	国民年金
義務、任意	義務		
加入年齢	75 歳未満	40 歳以上	20 歳以上 60 歳未満
家族の加入	基本的に一世帯単位で家族分の保険料が徴収されます。		不可（家族本人が別途加入する）
窓口	市町村役場		
保険料（保険税）	世帯の加入者人数と算定基礎額（所得のようなもの）により決まります。 ※市町村により保険料が異なります。		月 1 万 6,520 円 （令和 5 年度）
納付方法	世帯主が世帯分をまとめて納付書または口座振替で納めます。	国民健康保険料と併せて納めます。 ※ 65 歳以上の場合は原則として年金から天引き。	納付書、口座振替、クレジットカードで納めます。 ※前納すると割引制度があります。

── Column ──

脱サラの場合

　勤務先の厚生年金に加入していた方が、脱サラして個人事業主になった場合、厚生年金から国民年金に替わります。このときも、厚生年金の期間と国民年金の期間は通算して計算されるため、いままでの厚生年金保険料は無駄になりません。また、厚生年金の場合、配偶者は第 3 号被保険者として直接保険料を負担していませんでしたが、国民年金にはそのような制度はありません。配偶者本人も国民年金に加入します。

勤務先を退職して個人事業主として開業する場合、①元勤務先の健康保険で任意継続、②国民健康保険に加入、③家族の健康保険に被扶養者として加入のいずれか検討しよう。

---

memo ＞ 共働き世帯の場合、個人事業を軌道に乗せるまで、年間収入 130 万円未満などの条件を満たせば、配偶者の扶養（第 3 号被保険者）に入ることも可能。

Section
13 個人事業主の味方！ 共済への加入を検討する

節税しながら自己防衛できる、個人事業主の強い味方だ！

中小企業倒産防止共済（経営セーフティ共済）

いくら慎重に資金繰りを考えても、取引先が倒産し代金が回収できなくなると、突然資金繰りが悪化してしまいます。

中小企業倒産防止共済は、個人事業主などが取引先の倒産による連鎖倒産や経営難に陥るのを防ぐ目的で作られています。この共済に加入すると、取引先が倒産した場合などに、無担保・無保証で掛金総額の10倍まで、必要な事業資金を借入れることができます。掛金は経費となりますが、最初は無理の無い掛金で始めるのが得策です。

小規模企業共済

個人事業主は、事業で得たもうけは基本的に税と社会保険を負担すれば、すべて自分のものです。しかし、将来的に事業をたたむ際などに、退職金を払ってくれる人はいません。

小規模企業共済に加入すれば、将来の廃業時などに備えて、経営者の退職金を積立てることができます。掛金は確定申告時に所得から差引くことができるため、事業が軌道に乗って利益が出るほど、節税のメリットが大きくなります。

自身が病気やけがなどで事業を継続できなくなることも想定し、無理の無い範囲で生命保険も検討や見直しをするのがよいでしょう。

営業
経理
人事
総務・他

　memo ＞ このほかにも労災保険には特別加入制度があり、個人事業主も加入できることがある。

●中小企業倒産防止共済

項目	説明
目的	取引先倒産時の資金繰り対策
掛金	月額 5,000 円〜 20 万円（途中での増額、減額可）
納め方	口座振替
前納	1 年以内の前納は支払った年の経費にできます。また、前納した場合、一部減額され後日返金されます。
積立限度額・掛止め	掛金総額 800 万円まで積立可能（積立が掛金月額の 40 倍以上に達すれば掛止め可）
税優遇	掛金は個人事業の経費
確定申告	「特定の基金に対する負担金等の必要経費算入に関する明細書」を作成し、確定申告書に添付します。 https://www.nta.go.jp/taxes/shiraberu/shinkoku/yoshiki/02/pdf/061.pdf
解約	掛金を 40 か月以上おさめた後は、解約時に掛金全額が戻ります（12 か月未満の場合は戻りません）
注意事項	一般消費者のツケ、不動産賃貸料などの貸倒れは対象外
運営機関	独立行政法人中小企業基盤整備機構

●小規模企業共済

項目	説明
目的	個人事業主の退職金の積立て
掛金	月額 1,000 円〜 7 万円（途中での増額、減額可）
納め方	口座振替
前納	1 年以内の前納は支払った年の所得から控除できます。また、前納した場合、一部減額され後日返金されます。
積立限度額・掛止め	なし（掛金の納付が著しく困難な場合に、一時的に可能）
税優遇	確定申告の際、掛金は所得から差引くことができます
確定申告	確定申告書の小規模企業共済等掛金控除の欄に記入し、郵送されてくる「小規模企業共済掛金払込証明書」を確定申告書に添付します。
解約	掛金の納付が 20 年未満の時点で解約した場合、払出しは掛金総額を下回ります。また。掛金を納めた月数が少ないと、支払いがされないこともあります。
注意事項	原則として 20 年間は続ける
運営機関	独立行政法人中小企業基盤整備機構

掛け取引で事業者との取引が多いのであれば「中小企業倒産防止共済」に加入しよう。「小規模企業共済」は幅広い個人事業主にメリットありだけど、加入したら 20 年間（途中で法人成りしてもよい）は続けるようにしよう。

Section 14 | 会計ソフトの選び方

会計ソフトは、まずクラウドソフトかパッケージソフトのいずれか選び、その後ベンダーを選ぼう。

会計ソフトの使用について

個人事業を始めると、お金の出入りや売上などを記録・集計する必要があります。取引数が少ないのであれば、独自のエクセルなどに記録するだけでも、確定申告は可能です。しかし、エクセルなどは操作ミスでデータを消失しやすいデメリットがあります。原則として会計ソフトを使った方が効率的です。

クラウドソフトとパッケージソフトの選び方

会計ソフトには、大きく分けるとインターネットに接続して使用する**クラウドソフト**と、PCにインストールして使用する**パッケージソフト**があります。それぞれメリットとデメリットがあるため、右ページを参考にいずれか検討します。

大きくは操作性とMacでの利用の有無が選択のポイントです。次に、具体的なソフトウェアを選びます。その際は、自分が使いたい金融機関とカード会社の自動取込みができるか、利用料金、スマートフォンでの利用ができるかなどがポイントです。購入前に電話で具体的に相談ができたり、無料のトライアル期間を設けているソフトウェア会社もあります。

営業

経理

人事

総務・他

会計ソフトはコストがかかるけど、銀行口座の自動取込機能だけでもかなり便利。操作も少しずつマニュアルを見ていけば、スピードも上がり、作業時間を短縮できるのだ。

memo ＞ 会計ソフトは、会計帳簿の作成だけのもの、決算書まで作成できるもの、確定申告書まで作成できるものとさまざま。

項目	クラウドソフト	パッケージソフト
操作性	・感覚的で初心者にやさしい ・入力時のレスポンスが遅いことも	・基本は経理担当者に使いやすい設計 ・テンポよく入力可
銀行口座やカードの自動取込み	最近の会計ソフトは基本的に可	
インターネット接続	要	不要（アップデートなどの際は必要）
アップデート	不要	要
料金	いずれが安いということはなく、基本的には会計ソフトによる	
PC本体	Mac 可も多い	Mac 不可もしくは動作保証が無いことも

※具体的には購入時にソフトウェア会社に確認してください。

Column

本書で必要な会計ソフトの機能

　会計ソフトには、個人事業主用と法人（会社）用と分かれていることがあるので、個人事業主用を選びます。また、本書では複式簿記を理解していなくても、帳簿に記録していくことで、結果として複式簿記による帳簿（仕訳帳と総勘定元帳）ができあがるように説明しています。そのため、帳簿で記録ができる会計ソフトを選ぶ必要があります。具体的には、最低限、現金出納帳、預金出納帳、売掛帳（売上帳）、買掛帳（仕入帳）、経費帳があり、それらに取引を記録できることと、総勘定元帳にも直接記録することができ、これらの帳簿に記録した結果が、仕訳帳と総勘定元帳に集計される機能が必要になります。

Column

会計ソフトの操作でわからないことがある場合

　会計ソフトの使い始めは、とにかく最初はわからないことだらけです。面倒でも、操作マニュアルは少しずつでも読んだ方が確実で効率的です。手間を省く入力方法など役立つ情報が記載されていることもあります。会計ソフトによっては、オペレーターが電話やチャットなどで操作説明をしてくれる場合があります。

Section 15 ｜ 事業用とプライベート用のお金を分けよう

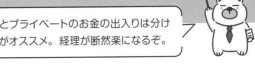

事業とプライベートのお金の出入りは分ける方がオススメ。経理が断然楽になるぞ。

お金は事業とプライベートを最初から分けておく

　個人事業の経理は、**事業とプライベートのお金の出入りを区別する**ことが大切です。たとえば、一つの銀行口座で、事業の支払いとプライベートの支払いを行うと、会計ソフトに入力する際にいちいちプライベート分を除く手間が発生します。

分けるとよいもの

　個人事業を始める際に、まず事業用の銀行口座を開設します。口座名義は「屋号＋氏名」などで開設（➡P.326）できます。

　口座名義は、取引先が振込む際に利用するものなので、簡潔でわかりやすいものが無難です。クレジットカードも可能であれば事業用を作成します。携帯電話やSuicaなども事業用を作成し使い分けると、うっかりプライベートの支払いが混ざることを避けることができます。

　また、事業用とプライベート用に分ける際、物理的に分けられないものがあります。たとえば住宅の一部を店舗に利用している場合などです。この場合は、**建物全体に係る光熱費や家賃などを、その利用割合で合理的に区分して、事業用を経費とする**ことが認められています。

memo ▷ 事業用とプライベート用の銀行口座間で送金をする必要がでてくる。同じ銀行にすると送金手数料が安くなり、送金しやすくなる。

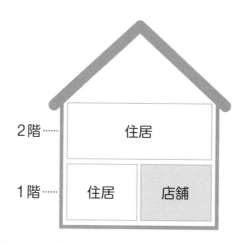

1階で店舗を営み、残りを住居として利用しているケース

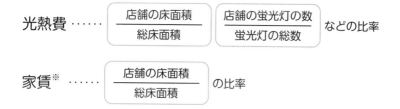
店舗部分の光熱費や家賃は個人事業の経費にできる。

光熱費 …… $\dfrac{\text{店舗の床面積}}{\text{総床面積}}$ $\dfrac{\text{店舗の蛍光灯の数}}{\text{蛍光灯の総数}}$ などの比率

家賃※ …… $\dfrac{\text{店舗の床面積}}{\text{総床面積}}$ の比率

電話代は店舗部分と住居部分が混ざると両者の区分がしずらいため、回線を分けて店舗部分を経費にする。

※持ち家の場合は、建物の減価償却費、固定資産税、マンションの管理費、修繕積立金（返還されないもの）など

白色申告と青色申告

　個人事業では、最低限、日々の取引のうち、売上と仕入と経費をそれぞれ日付順に記録していくことで、年間のもうけを計算することができます。このような記録を行う方法を白色申告といい、作成される帳簿は売上帳と仕入帳と経費帳（➡ P.120 など）になります。

　これに対して、青色申告では、簡易簿記と複式簿記の 2 つの種類があります。簡易簿記では、白色申告の帳簿の他に、現金出納帳、売掛帳、買掛帳など、資産や負債に関する帳簿を加えます。これらの帳簿を加えることで、もうけの計算をより正確に行うことができます。複式簿記では、仕訳帳と総勘定元帳をベースとして、取引のすべてをもれなく記録します。もうけの計算が一番正確な方法です。

> 計算の正確さ：白色申告＜青色申告（簡易簿記）＜青色申告（複式簿記）

　本書では、仕訳帳や総勘定元帳へ直接記録することなしに、会計ソフトの機能を使い、各種帳簿に記録することで複式簿記を目指します。

　青色申告の代表的な特典は次のとおりです。

その 1　青色申告特別控除

　簡易簿記の場合は 10 万円、複式簿記の場合は 55 万円をもうけから控除することができます。複式簿記の場合で、次のいずれかを満たせば特別控除が 65 万円になります。

　・確定申告を e-Tax による電子申告で行う

　・仕訳帳と総勘定元帳を電子帳簿保存（➡ P.042）で保存し、所定の届出をする。

その 2　青色事業専従者給与（➡ P.055）

その 3　純損失の繰越しと繰戻し

　ある年の事業が赤字になった場合にその赤字を他の所得と相殺しきれないとき、その相殺しきれない部分を純損失といい、翌年以降 3 年間繰越して、黒字と相殺することができます（純損失の繰越し）。また、前年が黒字で、今年が赤字で純損失が出た場合、今年の純損失を前年の黒字と相殺して、前年納税した所得税の一部を還付してもらうことができます（純損失の繰戻し）。

Chapter

2

日常的に行う
売上と仕入の事務

Section 01 | お金の管理の 流れをつかもう

領収書は、代金を受取ったら相手に渡す書類。支払った支払っていないというトラブルを回避するためにあるものだ。

 お金の管理とはお金の増減の記録を残すこと

個人事業をする上で、お金の管理とは、まずは**お金が増減した記録（書類）**を残すことです。取引を帳簿へ記入する上で、何のために支払ったのかわからなければ、せっかくの経費がもれてしまい、何のために受取ったのかわからなければ、売上がもれてしまいます。お金が増減した内容を確認するための代表的な書類としては、支払いは領収書、レシート、預金通帳など、受取りは領収書控え、（電子）ジャーナル、預金通帳などがあります。

もちろん、お金を紛失しない、盗まれないなどの対策は日々の運営を考えて、しっかりと立てます。

 お金はいろいろな場所にある

お金は個人事業主のお財布の中だけではありません。手提げ金庫やレジ、銀行の預金口座などもあります。また、レジから預金口座へ入れるなど、それぞれの間での動きもあります。こうしなければならないという決まりはありませんが、やはり**一定のルール**を決めて進めたほうが、すっきりとして無駄がありません。

次のセクションから、お金の流れについてさらに詳しく解説していくぞ。しっかりお金の流れをつかもう!

memo ▷ 手提げ金庫とは、手で持ち運びができる小型の金庫で、毎日の少額な支払いに使うための、硬貨や紙幣を入れておくもの。

営業 / 経理 / 人事 / 総務・他

このセクションで身につくこと

- ☑ 事業用とプライベート用のお金を分ける
- ☑ 領収書やレシートの処理のしかた
- ☑ 硬貨や紙幣を管理するための工夫

●お金の管理のしかた（例）

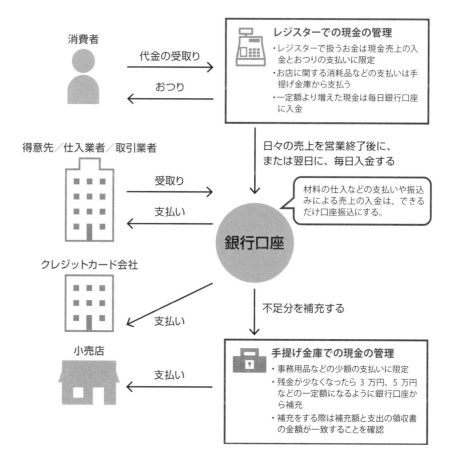

レジスターでの現金の管理
- レジスターで扱うお金は現金売上の入金とおつりの支払いに限定
- お店に関する消耗品などの支払いは手提げ金庫から支払う
- 一定額より増えた現金は毎日銀行口座に入金

消費者
代金の受取り
おつり

得意先／仕入業者／取引業者
受取り
支払い

日々の売上を営業終了後に、
または翌日に、毎日入金する

材料の仕入などの支払いや振込みによる売上の入金は、できるだけ口座振込にする。

銀行口座

クレジットカード会社
支払い

不足分を補充する

小売店
支払い

手提げ金庫での現金の管理
- 事務用品などの少額の支払いに限定
- 残金が少なくなったら3万円、5万円などの一定額になるように銀行口座から補充
- 補充をする際は補充額と支出の領収書の金額が一致することを確認

> **memo** こまめに銀行に売上金を入金できない場合には、〇月〇日分などと記載した封筒に分けて保管しておく。

Section 02 | お金の管理① 事業用と プライベート用のお金を分ける

> まずは、事業用とプライベート用のお金を区別するところから。事業用の銀行口座を作ってお金の「流れ」を把握しよう。

事業の利益の計算

個人事業のもうけを計算するためには、事業の売上から事業に関する経費を差引いて計算します。娯楽費などプライベート用の支払いは、経費になりません。1つの銀行口座に事業用の入出金とプライベート用の入出金が混ざっていると、事業の利益を計算する際に、手間がかかり間違いやすくなります。

基本は事業用のお金を用意する

まず、**事業用の銀行口座**を開設します。事業用の銀行口座から生活費にあてるには、事業用の銀行口座から1か月の生活費などをまとめて引出したり、プライベート用の銀行口座へ振替えてから支払います。開業当初は、生活費としていくら引き出すかの基準がありません。当初3か月ぐらいは月10万円を引出し、その後変更するようにします。重要なのは毎月分をまとめて出金することです。細かい金額をひんぱんに出金すると預金通帳がわかりにくくなります。クレジットカードもできれば事業用のものを作り、**引落し口座は事業用の銀行口座**にします。また、SUICAやPASMOも事業用を作り、使い分けます。

小銭やお札も事業用のお財布を用意するのが理想です。しかし、2つのお財布を持ち歩くのが手間であれば、お財布は一緒でも構いません。ただし、領収書やレシートを無くさないように注意します。

このように、事業用とプライベート用のお金を分けると、事業用のお金の流れがつかみやすくなり、計算間違いを減らせます。

> 事業主貸は事業の元手（事業のもうけで溜まったお金を含む）をプライベートで使ったとき、事業主借はプライベートのお金を事業の元手に追加したときに使う科目。事業主貸と事業主借は経費ではなく、事業の元手の増減を意味する。

営業
経理
人事
総務・他

● 事業用とプライベート用のお金の流れ

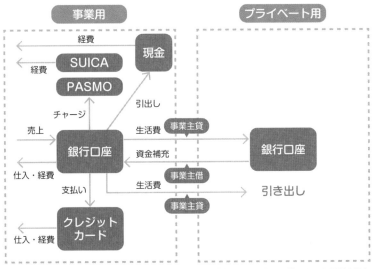

生活費として事業用の枠から外れると**事業主貸**に、**資金補充**として事業用の枠に入ると**事業主借**となる（➡ P.156）。

プライベート用の現金、SUICA、PASMO、クレジットカードの記載は省略しています。

● 科目の増減　「科目の増減」の使い方は P.134 を参照してください。

取引	事業用の銀行口座からプライベート用の銀行口座へ振替えた

起きたこと	事業用の銀行口座が減った	勘定科目	普通預金 ➖ ➡ [預金出納帳]

結果	プライベート用のお金が増えた	勘定科目	事業主貸 ➕

> 事業主貸は、個人事業主の事業用のお金をプライベート用に振替えたり、引出した場合に使います。事業主「貸」とありますが、事業用もプライベート用も同一人物（個人事業主自身）のお金のため、返してもらうということはありません。

取引	事務用品をプライベート用の現金で買った

起きたこと	事務用品を買った	勘定科目	事務用品費 ➕ ➡ [経費帳]

結果	プライベート用のお金が減った	勘定科目	事業主借 ➕

> 事業主借は、個人事業主のプライベート用のお金を事業用として使った場合に使います。事業主「借」とありますが、事業用もプライベート用も同一人物（個人事業主自身）のお金のため、返すということはありません

---

memo > 事業用というのは、あくまで自分で使い分けるためのもので、必ずしも事業専用の銀行口座やクレジットカードでなくても構わない。

Section 03
お金の管理② 領収書やレシートの処理

領収書やレシートは税務調査で支払いの事実を証明する書類だ。

現金や電子マネーで支払った場合

　支払いをした証拠として、領収書やレシートをもらいます。税金の手続き上、支払ったことを証明するためにも確かに必要ですが、それだけではありません。たとえば、後で購入した商品に不具合があった場合、領収書を見せれば、スムーズに交換などに応じてくれます。また、硬貨や紙幣で支払った場合、支払ったこと自体を忘れてしまうと、領収書やレシートがないと帳簿に記載することを忘れがちです。もし、これらの書類がもらえなかった場合は、小さな紙切れでかまいませんので、日付、店名、商品名、金額などをメモしておきます。

　銀行振込みなどで領収書がもらえない場合には、納品書や請求書などを保存してあれば問題ありません。

　電子マネーで支払った場合に、レシートが発行されないことがあります。その場合は、電子マネーの支払完了画面や買い物の履歴画面のスクリーンショットを残すようにします。

クレジットカード払いは明細書と領収書を保存する

　クレジットカードで支払うと、クレジットカード会社から毎月利用明細書が送られてきます。これを見ると、おおよその内容はわかりますが、**お店が直接発行した領収書やレシート**を合わせて保存します。

● 科目の増減 「科目の増減」の使い方は P.134 を参照してください。

取引 経費支払い（事務用品を現金で買った）

起きたこと 事務用品を買った 勘定科目 事務用品費 ＋

結果 現金が減った 勘定科目 現金 － ➡[現金出納帳]

取引 クレジット払い（タクシー代をクレジットカードで支払った）

起きたこと タクシーで移動した 勘定科目 旅費交通費 ＋ ➡[経費帳]

結果 クレジット代金が増えた 勘定科目 未払金 ＋

取引 クレジット払い（クレジット代金が銀行口座から引落された）

起きたこと クレジット代金を支払った 勘定科目 未払金 －

結果 銀行口座が減った 勘定科目 普通預金 － ➡[預金出納帳]

───── Column ─────

経費節約のために領収書の山？

　税金を減らすには魔法のような方法はありません。経費をもれなく集計することは、基本の一つです。そのため、コピー代 10 円の領収書や、切手や印紙 1 枚の領収書などの束を作ってしまいがちです。経費を無駄にしないためにはよいのですが、それをスクラップブックに貼り、会計ソフトに入力するのは手間がかかります。開業して慣れてきたら、一度にまとめて購入して、できるだけ領収書を減らすことをお勧めします。

memo ＞ 家電製品の購入時などにレシートと一緒にもらう保証書は、製品の説明書などと一緒に保管する。

Section 04 | お金の管理③ 現金以外の支払い手段を活用する

> 現金はできるだけ触らない方が経理としては手間がかからない。

自動的に記録が残るキャッシュレス決済のススメ

　硬貨や紙幣などの現金の支払いは、領収書やレシートを失くしてしまうと記録が残りません。**できるだけ銀行口座、クレジットカード、デビットカード、SUICAなどを活用**します。これらによれば、会計ソフトを利用する場合、お金の出入りを自動で取り込める利点もあります。

現金商売は売上を一度必ず銀行へ入金

　店舗での飲食業、小売業などの現金商売の場合、毎日現金を受取ります。この場合、**受取った現金（売上高）は毎日ATMから銀行口座へ入れる**ようにします。もし、前日分が入金できなかったときは入金の際に前日分と当日分を2回に分けて入金するか、まとめて入金し通帳に内訳を手書きします。

　店舗での支払い用の現金は、レジの現金ではなく、別途銀行口座から現金を引出し手提げ金庫に入れておくようにします。これにより、レジを出入りするお金と手提げ金庫を出入りするお金が区別され、お金の流れが明確になるメリットがあります（➡P.071）。

　レジで現金を扱うと、どうしても代金やお釣りのやり取りで、数え間違いが発生します（これを**現金過不足**と呼びます）。現金過大（代金を余計にもらいすぎている状態）のときは、その日の売上に現金過大分を上乗せして、銀行口座へ入れます。現金不足（代金をもらい損ねた状態）のときは、その日の売上から現金不足を差引いて、実際にやり取りした金額を銀行口座へ入れます。

memo　　紙幣や硬貨が濡れて破れたり、焼けたり、汚れたり、変形したものを損傷現金といい、日本銀行の本支店へ持ち込めば、一定の基準にもとづき、引換えてくれる。

営業

経理

人事

総務・他

●さまざまな支払手段

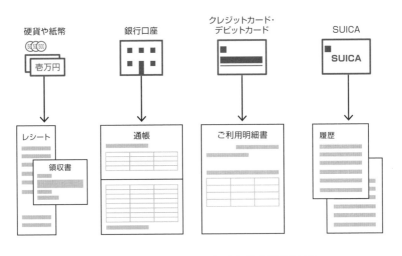

レシートや領収書は紛失したりもらい損ねたりすることがあるのでなるべく他の手段で支払おう。

●科目の増減 「科目の増減」の使い方は P.134 を参照してください。

取引	現金売上（商品を現金で販売した）

起きたこと	商品を販売した	勘定科目 **売上高** ＋
結果	現金が増えた	勘定科目 **現金** ＋ ➡ [現金出納帳]

取引	上記売上代金を ATM から銀行口座へ入金した

起きたこと	銀行口座が増えた	勘定科目 **普通預金** ＋ ➡ [預金出納帳]
結果	現金が減った	勘定科目 **現金** －

取引	SUICA にチャージした

起きたこと	SUICA の残高が増えた	勘定科目 **預け金** ＋
結果	現金が減った	勘定科目 **現金** － ➡ [現金出納帳]

取引	SUICA で交通費を支払った

起きたこと	交通費を支払った	勘定科目 **旅費交通費** ＋ ➡ [経費帳]
結果	SUICA の残高が減った	勘定科目 **預け金** －

Section
05 ｜ 消費税と インボイス制度

> 基本は消費税の申告に関わる制度だけど、日々の書類や会計処理に大きな影響があるのだ。

消費税の計算のしかた

　お客様から売上代金を受取るときは、本体価格と合わせて消費税を受取ります。逆に、お店や外注先に仕入れや諸経費を支払うときは、本体価格と合わせて消費税を支払います。消費税は、お客様から受取った消費税からお店や外注先に支払った消費税を差引き、差額を納税する税金です（➡P.058）。ただし、**前々年の消費税のかかる売上（課税売上）が1,000万円以下**の個人事業主（免税事業者）は、消費税が免税とされ、この差額を納税する必要がありません。

インボイスは支払った消費税を差引くために必須の書類

　消費税の申告をする必要がある個人事業主は、2023年10月以降、受取った消費税から支払った消費税を差引くためには、仕入や諸経費を支払う際に取引先から**インボイス**という書類をもらう必要があります。取引先からインボイスをもらわないと、支払った消費税を受取った消費税から差引けなくなり、その分消費税の負担が増えます。逆に、個人事業主がお客様に消費税を請求する場合は、原則としてお客様にインボイスを渡してあげないと、そのお客様の消費税の負担が増えることになります。

　インボイスそのものは、特別な様式があるわけではなく、既存の請求書や領収書にインボイスとして必要な事項を追加で記載するだけです。ただし、インボイスは税務署に登録をした事業者（**適格請求書発行事業者**）のみ発行できる書類のため、事前に登録をする必要があります。

営業

経理

人事

総務・他

　memo ＞ すべての取引に消費税がかかるわけではなく、たとえば住宅の貸付けなどは非課税となる。

● インボイスの概要

① 税務署に登録をした事業者（適格請求書発行事業者）のみ発行できる書類

② 取引先からインボイスが受取れないと、消費税の計算上、原則として支払った消費税分の控除が受けられず、納税する消費税が増加する（経過措置あり）

③ 適格請求書発行事業者は、課税事業者である取引先からインボイスの発行を依頼されたら発行する義務がある

④ 後から値引き、返品、割戻しをしたときには、返還インボイスを発行する

⑤ 決められた様式はなく、記載すべき事項が決められている（⇒ P.085）

⑥ インボイスの発行は紙でもデータでも構わない

これまで免税事業者だった事業者には②が大問題。いままでの請求書でも消費税の請求は可能だけど、取引先は消費税の申告時に原則としてこの分を控除できないので、値引きや取引自体を断られる可能性も。

Column

インボイスは新しい書類？

　インボイスという決められた様式が特にあるわけではなく、請求書や領収書などに記載すべき事項が決められており、それらをもれなく記載している書類がインボイスとなります。いままでの請求書や領収書に必要事項を追加で記載することでかまいません。既存の請求書を生かす場合、追加の記載は手書きでも、スタンプでも構いません。

---

memo ＞ 免税事業者が 2023 年 10 月 2 日以降に適格請求書発行事業者になるためには、登録希望日の 15 日前までに申請すると登録番号を取得できる経過措置があります。

Section 06 免税事業者は 課税事業者になるべき？

> インボイスを発行することはそれほど手間ではないけれど、消費税を申告する手間が増えるのだ。

前々年の売上が1,000万円未満の事業者は免税

　前々年の消費税のかかる売上（課税売上）が1,000万円を超える個人事業主は、消費税の課税事業者になります。毎年課税事業者になる場合は、基本的に適格請求書発行事業者の登録を受けることになります。年によって課税売上が1,000万円を超えたり超えなかったりする場合や、ほぼ1,000万円を超えない場合などは、**お客様が事業者か消費者か、事業の種類など**によって登録することが有利か不利か異なり、個々に判断が必要です。

免税事業者はインボイスを発行できない

　お客様が事業者でない場合（消費者向けの事業の場合）だと、消費者であるお客様が消費税の申告をすることはないためインボイスの発行自体求められません。したがって、適格請求書発行事業者の登録を受けることなく、いままでどおりの請求書で請求することが可能です。

　お客様に消費者と事業者がそれぞれある場合には、事業者から値引き交渉を受ける可能性も含めて検討していきます。また、適格請求書発行事業者になると、必ず消費税の申告が必要になりますが、消費税の申告をする手間との兼ね合いで、あえて消費税分の値引きを受け入れる方が得な場合もあります。

営業

経理

人事

総務・他

　memo ＞ インボイス登録事業者は、国税庁適格請求書発行事業者公表サイトで公表されている。

●インボイス制度開始後の免税事業者への影響

①免税事業者との取引は消費税の負担が増える

インボイスが発行できないと、お客様は消費税を差引くことができず、原則として消費税の負担が増える。経過措置や特例（➡ P.147）があるため、インボイス制度開始後、急に消費税分丸々負担が増えるわけではないが、2029年まで徐々に先方の負担が増える。

②免税事業者は消費税を請求できなくなり、入金が減る

免税事業者は、お客様に消費税を請求しづらくなる。結果、今と比べて入金額が減る。今までは預かった消費税よりも支払った消費税の方が少ないと消費税は益税となっていたが、インボイス制度開始後はお客様から消費税を預りにくくなり、支払った消費税は変わらないため損（負担）となる。

③インボイスを発行するようになると、消費税の申告の手間が増える

適格請求書発行事業者の登録を受けるとインボイスを発行できるが、同時に消費税の申告も必要になり事務作業が増える。消費税の納税額は、原則として預かった消費税から支払った消費税を差引いた金額のため、損も得もない。ただし、簡易課税や特例を使うと納税額を減らすことも可能だが、制度が複雑なため税務署へ早目の相談が必要になる。

④消費税の申告の手間と値下げ要求の可能性を比べる

消費税の申告の手間と、値下げ要求の可能性を考慮して、適格請求書発行事業者になるか検討する。

●適格請求書発行事業者になるべきか

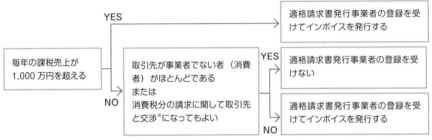

※消費税の計算上、2023年10月から2029年9月までは特例として、インボイスが無くても消費税の一部（➡P.147）を預かった消費税から差引くことができるので、値下げ交渉も本体価格の10%より少ない可能性もある。

●インボイス前と後の利益の比較

前々年の課税売上が1,000万円以下で納税義務がない個人事業主が、適格請求書発行事業者の登録を受けず、売上に係る消費税10%を請求しなくなるケース

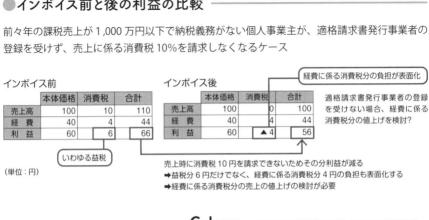

Column

インボイス開始による値下げ交渉への対応策

　インボイス開始後は、免税事業者の個人事業主に対して、先方から消費税の負担増を理由に一方的な値下げを要求されるかもしれません。このこと自体が下請法などに違反している可能性がありますが、取引先の状態によって、下記のような交渉材料が使えるかもしれません。

・**取引先が課税事業者の場合**：取引先が差引ける消費税は、インボイス開始から3年間は8割、次の3年間も5割はある。徐々に差引けなくなるので、いきなり10%の値引き要請はインボイスとは直接関係が無い。
・**取引先が免税事業者や簡易課税を選択**：インボイスの有無は影響が無く、インボイスが値下げ交渉の直接の理由にはならない。
・**取引先の顧客が消費者の場合**：そもそもインボイスを発行する義務は無い。

適格請求書発行事業者の登録と取りやめ

適格請求書発行事業者の登録を受けるためには、税務署（申請書を郵送する場合はインボイス登録センター）へ申請が必要です。2023年9月30日までに申請すると、2023年10月1日から登録を受けることができます。

2023年10月1日以降に申請をする場合は、免税事業者であれば登録希望日の15日前までに申請するとその希望日から登録を受けることができます（2030年1月以降の登録は追加の手続きが必要になります）。課税事業者は申請後、登録拒否要件に該当しなければ、そのまま登録される流れになります。

また、いったん適格請求書発行事業者の登録を受けても、消費税の申告の手間などを考えて、取りやめることも可能です。その場合には、適格請求書発行事業者の登録の取消しを求める旨の届出書を、取りやめを受けたい年の前年12月17日までに提出すると、提出の翌年から取りやめられます。ただし、登録が2024年以降の場合には、原則として2年間は適格請求書発行事業者を続ける必要があります（登録が2023年の場合は2年間続けなくてもよい）。

Chapter

2

日常的に行う売上と仕入の事務

国税庁　e-Taxソフト（SP版）

e-Tax

マイナンバーカードによるログイン

マイナンバーカードの読み取りへ

利用者識別番号によるログイン

利用者識別番号（半角数字）

16桁

暗証番号（半角英数）

8桁～50桁

ログイン

ⓘ 初めてご利用の方 〉

! ログインでお困りの方 〉

ⓘ ご利用ガイド 〉

? よくある質問 〉

❀ 納税証明書XMLデータの内容を確認する方 〉

e-Taxホームページへ

国税庁　© NATIONAL TAX AGENCY

申請はスマートフォンでも可能なのです。

業務をくわしく知ろう　対象：すべて

Section

07 | インボイスの発行

様式に決まりはないけど、独特な記載事項や
消費税の計算方法の決まりがあるのだ。

インボイスになるのは請求書や領収書

　インボイスの記載事項は、一般的な領収書や請求書と基本的に同じですが、独特な記載事項があります。まず、登録番号を記載します。これは、個人事業主が適格請求書発行事業者として登録を受けるために税務署に申請することで与えられる番号で、ローマ字の**「T＋13桁の数字」**となります。次に、取引価格の合計額を、税率ごとに分けて記載します。税率ごととは、通常の10%のものと、飲食品などの8%を分けて記載することです。細かいですが税率も記載が必要です。そして、消費税の金額も税率ごとに分けて記載します。

インボイスでの消費税計算にはルールがある

　インボイスに記載する消費税は、**税率ごとに1回のみ**計算すると決められています。たとえば、インボイスに記載する商品が複数ある場合に、商品ごとに消費税を計算して、その合計を請求する消費税とすることはできず、まずインボイスに記載している商品代金の合計額（税抜き金額でも税込み金額いずれでも可）を記載して、それに対して税率をかけて消費税を計算します。

　なお、小売業、飲食店業、タクシー業その他不特定多数の者に、氏名や名称を確認せずに商品やサービスを提供する事業者は、インボイスの記載事項を一部簡単な記載とすることが認められています（簡易インボイス）。

営業

経理

人事

総務・他

①様式はなく、記載事項のみが決められている

インボイスには決められた様式はなく、記載すべき事項だけが決められています。それらがもれなく記載してあればインボイスとして認められます。多くの項目は従来の請求書や領収書にも記載されているので、欠けている必要事項を追加で記載することで足ります。

②消費税の端数処理は 1 つのインボイスで 1 回のみ行える

インボイスに記載する消費税には細かい決まりがあり、1 つのインボイスに記載する消費税は、税率ごとに 1 回のみ端数処理が認められます。たとえば商品の種類ごとに金額を記載する場合、商品の種類ごとに消費税を端数処理して、その合計を消費税とすることはできず、まず商品金額の合計（税抜き金額でも税込み金額でも可）を出し、それに対して消費税を計算します。消費税の 1 円未満の端数処理は切捨て、切上げ、四捨五入のいずれでも構いません。

③不特定多数の顧客が対象の場合は一部を簡略化できる

小売業、飲食店業、タクシー業その他不特定多数の者に、氏名や名称を確認せずに商品やサービスを提供する事業者は、インボイスの記載事項を一部簡便な記載とすることができます（簡易インボイス）。

Column

取引先への対応

　個人事業主が課税事業者の場合、2023 年 10 月以降、取引金額を決める際はインボイスを発行してくれるかどうか相手に確認が必要です。

　ただし、注意が必要なのは、既存の取引先に対してインボイスを発行しないことをもって、消費税分の値下げや取引停止を一方的に押し付けることは下請法などに違反して問題となる可能性があります。インボイス後の契約条件を、お互いに納得できるよう丁寧に交渉する必要があります。

取引先の氏名または名称

取引価額（税抜きまたは税込み）を
税率ごとに区分した合計額および税率

インボイス発行事業者
の名称および登録番号。
氏名でなく屋号で記載す
る場合は、電話番号のほ
かに住所も併せて記載。

作成日： 2023年12月1日　No.　12345678

御請求書

株式会社ABC
　営業部 販売促進課
　山田悟　　　　　　　　　　様

振込銀行名：○×銀行
支店名　　：△△支店
口座名義　：スタジオグラフィック
口座番号　：普通 0123456
支払期日　：2024年1月10日

下記の通り御請求申し上げます。

スタジオ蔵吹倶
出差員 太郎
〒 169－85XX
東京都新宿区北新宿5－5－5
登録番号　T1234567890123
電話：03－52XX－41XX
Fax： 03－52XX－41XY

総額			209,000 円			
内訳	本体 価格	10% 8%	190,000 0	消費 税額	19,000 0	
日付	品　名	数量	単価	税率	金額（税抜）	備考
2023/11/12	カタログデザイン	1	100,000	10%	100,000	
2023/11/12	販促チラシデザイン	3	30,000	10%	90,000	
	合　　　計				190,000	

取引日付

取引した資産またはサービ
スの内容（資産が軽減対象資
産（8%）の場合にはその旨）

税率ごとに区分した消費税額

備考：
恐れ入りますが振込手数料は貴社（殿）にてご負担ください。

インボイスに必要な記
載事項は手書きでもよ
いのです。

営業

経理

人事

総務・他

● 返還インボイスの記載事項

売上の値引、返品、割戻しをした場合には、返還インボイスの発行が必要です。

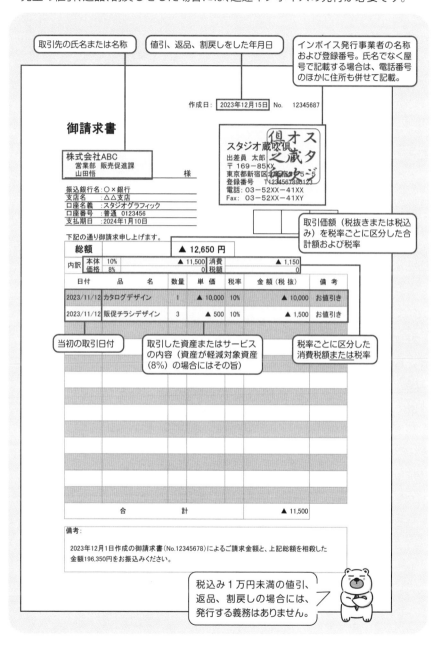

取引先の氏名または名称

値引、返品、割戻しをした年月日

インボイス発行事業者の名称および登録番号。氏名でなく屋号で記載する場合は、電話番号のほかに住所も併せて記載。

作成日：2023年12月15日　No. 12345687

御請求書

株式会社ABC
営業部　販売促進課
山田悟　　　　　　　様

振込銀行名：○×銀行
支店名　　：△△支店
口座名義　：スタジオグラフィック
口座番号　：普通　0123456
支払期日　：2024年1月10日

スタジオ蔵俱楽
出差員　太郎
〒 169−85XX
東京都新宿区御宮2丁3−5−5
登録番号　T1234567890123
電話：03−52XX−41XX
Fax：03−52XX−41XY

取引価額（税抜きまたは税込み）を税率ごとに区分した合計額および税率

下記の通り御請求申し上げます。

総額			▲ 12,650 円				
内訳	本体価格	10%	▲ 11,500	消費税額		▲ 1,150	
		8%	0			0	

日付	品　名	数量	単価	税率	金額（税抜）	備考
2023/11/12	カタログデザイン	1	▲ 10,000	10%	▲ 10,000	お値引き
2023/11/12	販促チラシデザイン	3	▲ 500	10%	▲ 1,500	お値引き
	合　　　計				▲ 11,500	

当初の取引日付

取引した資産またはサービスの内容（資産が軽減対象資産（8%）の場合にはその旨）

税率ごとに区分した消費税額または税率

備考：
2023年12月1日作成の御請求書（No.12345678）によるご請求金額と、上記総額を相殺した金額196,350円をお振込みください。

税込み1万円未満の値引、返品、割戻しの場合には、発行する義務はありません。

Section

08 | 基本的な 営業事務の進め方

事務の基本はルーチンワークにすること。代金の受取りと支払いの一連の業務をルーチンワークにしよう。

請求無しに代金は支払われない

あたり前のことですが、商品を販売したり、サービスを提供すると、相手から代金を受取ります。逆に、商品を仕入れたり、サービスの提供を受けると、相手に代金を支払います。この代金の受取りと支払いの前には、代金を受取る側から支払う側に請求が行われます。原則として、請求が無いと支払いは行われません。

自分が仕事をしたら、相手に代金の請求をして、入金期日の翌日に請求どおりの入金があったことを確認します。これを**請求事務**といいます。反対に他人に仕事をしてもらったら、相手から代金の請求があり、請求どおりに支払います。これを**支払事務**といいます。

請求事務と支払事務はルーチンワークにする

請求事務と支払事務はごくあたり前のこととして、あまり関心を持たれません。その理由は、これらの管理的な事務は、いくら正確にやっても売上増にはつながらないからです。

しかし、代金を回収しなければタダ働きになり、代金を支払わなければ他人に仕事を受けてもらえません。これらの事務を無駄なく正確に進めるには、各作業を毎月第1水曜日など期日を決め、ルーチンワークにします。

● 売上と仕入の流れのイメージ

売上から代金回収までの処理

| 仕事をする | ▶ | 請求する | ▶ | 期日の翌日に入金を確認する | ▶ | 会計ソフトに記録する |

仕入から代金支払までの処理

| 仕事をしてもらう | ▶ | 請求される | ▶ | 期日までに支払う | ▶ | 会計ソフトに記録する |

● ルーチンワークのスケジュール

1	2	3	4	5	6	7
8	9	10 請求締日	11 請求書作成	12	13	14 →
15 請求書発送	16	17	18	19	20	21
22	23	24	25	26	27	28
29	30	31 入金期日	1 入金確認			

請求書の記載もれや誤記をさけるため、作成したら後日見直してから発送します。

入金期日の翌日には、必ず入金の確認をします。入金されていなければ、先方に連絡して事情を確認します。

締日が過ぎたらすぐに作成します。時間が経てばそれだけ記憶があいまいになり、作業に時間がかかります。

ルーチンワークにすると、それが習慣になり、うっかり忘れることを防ぐ効果もあるのだ。

Section 09 取引の流れと書類の役割

取引の際にやりとりされる書類には、それぞれ役割がある。それぞれの役割を見てみよう！

取引ではさまざまな書類が交わされる

　取引先から注文を受け、納品をして代金を請求するまでには**見積書**、**発注書**、**発注請書**、**納品書**、**請求書**など、さまざまな書類が交わされます。各書類にはそれぞれ作成する意味があり、取引のどの段階で作成される書類か理解することが大切です。これらの書類のうち、お互いの信頼関係などにより作成が省略されるものもあります。

　令和5年10月からインボイス制度が始まり、これらの書類のうち、インボイスに対応したものも出てきますが、基本的な役割は変わりません。

●取引で使われる書類

名称	概要
見積書	商品やサービスの数量や金額など受注条件を記載した書類。受け取った側ではこれをもとに購入するか否か検討する。
発注書	注文する商品やサービスの数量や金額などを記載した書類。購入の申込み。注文書、申込書、依頼書とも呼ばれる。
発注請書	発注書を受け取った側で、確かに注文を受けた旨を記載した書類。発注側と受注側両者に、注文どおりに納品する責任と購入する責任が生じる。注文請書とも呼ばれる。
納品書	納品した商品やサービス内容を記載した書類。受け取った側では納品書どおりの商品・サービスを受け取っていることを確認する。
物品受領書	商品・サービスを検収し、合格品の数量もしくは合格した旨を記載した書類。納品書と複写式になっており、自分の印を押して返送する場合もある。納品請書、検収書とも呼ばれる。
請求書	販売代金を請求するために作成する書類。通常、締め日が決められ一定期間分をまとめて請求する。請求書を出し忘れると支払われなくても文句は言えない。

memo > 取引先の了解が得られれば、請求書などの書類は郵送ではなくPDF化してメールに添付して送信することも可。

●取引の流れ

取引先と交わす書類にはそれぞれ意味があります。

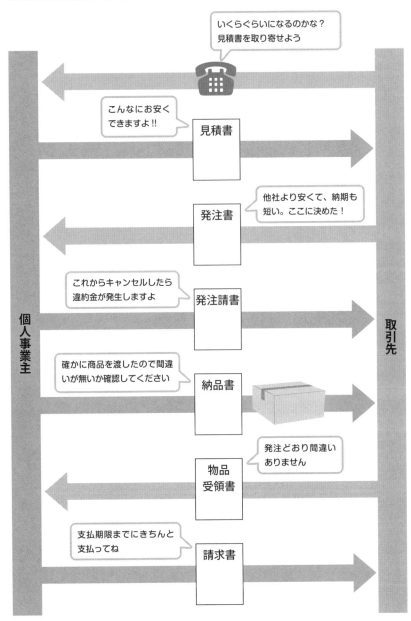

Section
10 | 見積書の作成のしかた

見積書は受注金額と納入物の仕様をはっきりさせるのがポイントだ。

契約前に受注金額や仕様などを確認する書類

　見積書 ^{DL} は、契約をする前に受注金額、仕様、納期などを互いに確認するために作成する書類です。受注機会を逃さないように、作成依頼を受けたらできるだけ早く提出します。

　専用ソフトで作成する以外に、エクセルで作成することもできます。いずれにしても、前回のデータが入力フォーム上に残っていないか注意します。

必ずコピーを保存する

　後の問合せなどへ対応するためにも、同じものを**控え**として保存します。エクセルで作成する場合は、2枚印刷して1枚を控えとします。印刷した控えは、**未入金ファイル**（➡P.103）へ綴じます。引き続き、発注書、発注請書控え、納品書控え、物品受領書、請求書控えを順番に上に綴じていきます。別の取引先の書類が出てきたら、取引先ごとに仕切り紙（青黄緑などの色紙。ファイルインデックスとも）で区切ります。未入金ファイルを見れば、売上の進捗状況と、未入金の売掛金の内容がわかります。これらは**請求書を発行するときに参照する資料**となります。

「あいみつ」とは2か所以上から見積書をとることで、価格が高すぎないか、よりよい条件が無いか比べるためです。「さいみつ」とは最初に提出した見積書の金額が高すぎたり、交渉の結果仕様が変更されたりした場合などに、再度見積書をとることです。

memo ＞ 結局契約につながらなかった見積書も保存します。次回の見積もり依頼時に参照するためです。

●見積書の作成と注意点

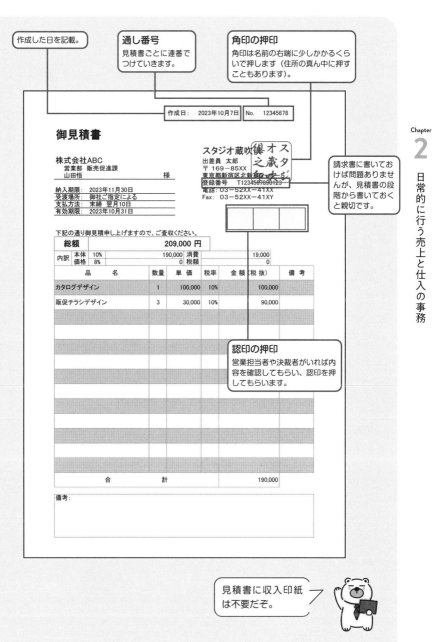

作成した日を記載。

通し番号
見積書ごとに連番でつけていきます。

角印の押印
角印は名前の右端に少しかかるくらいで押します（住所の真ん中に押すこともあります）。

| 作成日： | 2023年10月7日 | No. | 12345678 |

御見積書

株式会社ABC
　　営業部　販売促進課
　　山田悟　　　　　　　　　様

納入期限： 2023年11月30日
受渡場所： 御社ご指定による
支払方法： 末締 翌月10日
有効期限： 2023年10月31日

スタジオ蔵吹俱
出差員 太郎
〒 169－85XX
東京都新宿区北新宿X-X-X
登録番号　T1234567890123
電話： 03－52XX－41XX
Fax： 03－52XX－41XY

請求書に書いておけば問題ありませんが、見積書の段階から書いておくと親切です。

下記の通り御見積申し上げますので、ご査収ください。

総額		209,000 円		
内訳	本体 10% 価格 8%	190,000 0	消費 税額	19,000 0

品　　名	数量	単 価	税率	金 額（税 抜）	備 考
カタログデザイン	1	100,000	10%	100,000	
販促チラシデザイン	3	30,000	10%	90,000	
合　　　　計				190,000	

備考：

認印の押印
営業担当者や決裁者がいれば内容を確認してもらい、認印を押してもらいます。

見積書に収入印紙は不要だぞ。

Section

11 | 発注書と発注請書の 作成のしかた

> 仕事の依頼と受注の確認のために、作られる書類。

個々の取引で発行する書類

あらたに取引を始める際、商品の納入方法や代金の支払条件など基本的な約束ごとを契約書で結びます。そして、個々の取引では、購入者側が具体的な商品の種類や数、納品希望日などを**発注書**^{DL}（または申込書、注文書、依頼書）に記載して納入者に渡し、納入者側が諸条件を確認して購入者に**発注請書**^{DL}を渡します。

発注書と発注請書のやり取りのしかたはいろいろな方法があります。購入者と納入者がメールやFAXでやり取りする方法、発注書と発注請書を購入者がまとめて作成・郵送し、納入者が発注請書を返送する方法などがあります。

発注書にも印紙が必要な場合がある

印紙が必要な取引（➡ P.035）について、受注の証明として発注請書を発行するのであれば、印紙を貼ります。基本的に発注書には印紙は不要ですが、発注書を発行するだけで（発注請書の返送がなくても）自動的に契約が成立する取決めを相手としている場合などは、印紙を貼ります。

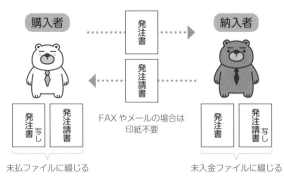

memo | 取引相手との信頼の度合いなどによっては、口頭のみで済ませ、発注書と発注請書を取り交わさないこともある。

●発注書と発注請書の作成と注意点

作成した日を記載。

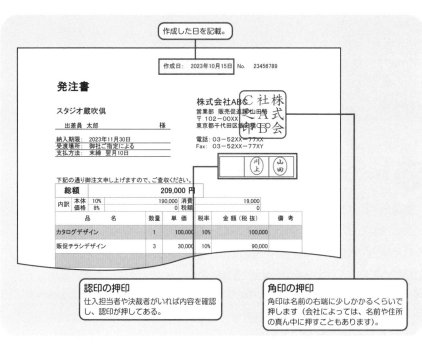

作成日： 2023年10月15日　No.　23456789

発注書

スタジオ蔵吹倶

出差員 太郎　　　　　　　　　　　様

納入期限：	2023年11月30日
受渡場所：	御社ご指定による
支払方法：	末締 翌月10日

株式会社ABC
営業部 販売促進課 山田悟
〒 102−00XX
東京都千代田区飯田橋○○

電話：03−52XX−77XX
Fax：03−52XX−77XY

下記の通り御注文申し上げますので、ご査収ください。

総額		209,000 円				
内訳	本体 10%	190,000	消費		19,000	
	価格 8%	0	税額		0	
品　　名	数量	単　価	税率	金額（税抜）	備　考	
カタログデザイン	1	100,000	10%	100,000		
販促チラシデザイン	3	30,000	10%	90,000		

認印の押印
仕入担当者や決裁者がいれば内容を確認
し、認印が押してある。

角印の押印
角印は名前の右端に少しかかるくらいで
押します（会社によっては、名前や住所
の真ん中に押すこともあります）。

発注請書は取引が成立したことを示しま
す。たとえば取引がデザインの請負など
であれば請負契約が成立するので印紙が
必要になります。

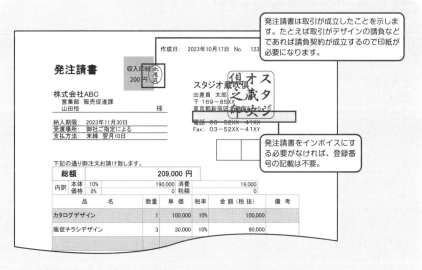

作成日： 2023年10月17日　No.　123

発注請書

収入印紙
200円

株式会社ABC
営業部 販売促進課
山田悟　　　　　　　　　　　様

納入期限：	2023年11月30日
受渡場所：	御社ご指定による
支払方法：	末締 翌月10日

スタジオ蔵吹倶
出差員 太郎
〒 169−85XX
東京都新宿区中央5−5−5
電話：03−52XX−41XX
Fax：03−52XX−41XY

発注請書をインボイスにす
る必要がなければ、登録番
号の記載は不要。

下記の通り御注文お請け致します。

総額		209,000 円				
内訳	本体 10%	190,000	消費		19,000	
	価格 8%	0	税額		0	
品　　名	数量	単　価	税率	金額（税抜）	備　考	
カタログデザイン	1	100,000	10%	100,000		
販促チラシデザイン	3	30,000	10%	90,000		

発注書、発注請書の作成時には、「前回のデータ
が入力フォーム上に残っていないか」「複製を必
ず残しておくこと」に注意します。

memo ▷ メールやFAXで発注書や発注請書を送受信したとき、印紙の貼付は不要。これらはデータのやり取
りでしかないため。印紙を貼るのは相手に「紙で渡す」発注（請）書のみ。

Section **12**

納品書と物品受領書の作成のしかた

契約どおり商品を納入したことの確認のために使われる。

 納めた商品の内容を知らせる納品書

納品書^{DL}には納入する品名、数量、金額などを記載し、納入した商品やサービスの内容を購入者へ伝えるために作成します。通常、商品を送付する際に、一緒に梱包します。納品書の作成にあたって、「前回のデータが入力フォーム上に残っていないか」「複製を必ず残しておくこと」に注意します。請求書を作成する際に必要となるため、納品書の写し（複写式）やコピーは**「未入金ファイル」**（➡P.103）に保管しておきます。

間違いなく納品したことを示す物品受領書

物品受領書^{DL}は、納品書とセットで作成されることが多い書類で、納品書と一緒に購入者へ送付し、確かに商品を受取ったことを示す押印またはサインをしてもらってから返送してもらいます。この回収した物品受領書は、注文どおり納品したことの証明になります。押印済みの物品受領書は納品書の写しと一緒に未入金ファイルへファイリングします。

消費者向けの商売では、物品受領書の作成は省略されることが多いけど、高額な受注生産の商品などの場合には、物品受領書を納品書に同封して、返送してもらうようにすると受取っていないというトラブル防止になる。

営業

経理

人事

総務・他

●納品書と物品受領書の作成と注意点

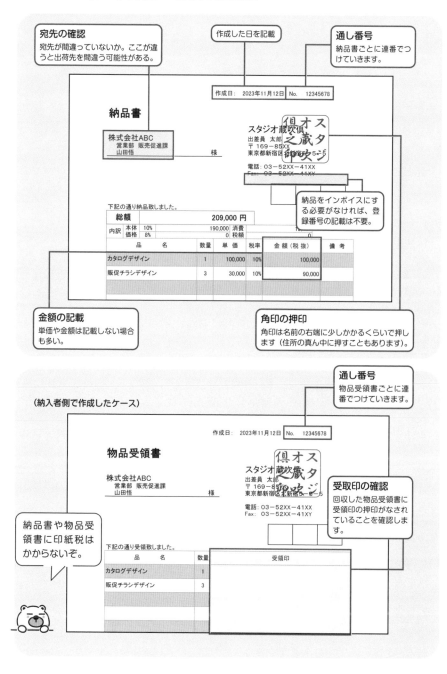

宛先の確認
宛先が間違っていないか。ここが違うと出荷先を間違う可能性がある。

作成した日を記載

通し番号
納品書ごとに連番でつけていきます。

作成日： 2023年11月12日　No.　12345678

納品書

株式会社ABC
　営業部　販売促進課
　山田悟　　　　　　　　　　様

スタジオ蔵吹倶
出差員　太郎
〒 169-85XX
東京都新宿区
電話： 03－52XX－41XX
Fax： 03－52XX－41XY

納品をインボイスにする必要がなければ、登録番号の記載は不要。

下記の通り納品致しました。

総額		209,000 円				
内訳	本体 10%	190,000	消費			
	価格 8%	0	税額		0	

品　　名	数量	単価	税率	金額（税抜）	備考
カタログデザイン	1	100,000	10%	100,000	
販促チラシデザイン	3	30,000	10%	90,000	

金額の記載
単価や金額は記載しない場合も多い。

角印の押印
角印は名前の右端に少しかかるくらいで押します（住所の真ん中に押すこともあります）。

通し番号
物品受領書ごとに連番でつけていきます。

（納入者側で作成したケース）

作成日： 2023年11月12日　No.　12345678

物品受領書

株式会社ABC
　営業部　販売促進課
　山田悟　　　　　　　　　　様

スタジオ蔵吹倶
出差員　太郎
〒 169-85XX
東京都新宿区
電話： 03－52XX－41XX
Fax： 03－52XX－41XY

受取印の確認
回収した物品受領書に受領印の押印がなされていることを確認します。

納品書や物品受領書に印紙税はかからないぞ。

下記の通り受領致しました。

品　　名	数量	受領印
カタログデザイン	1	
販促チラシデザイン	3	

Section

13 | 売掛金の回収の流れを つかもう

仕事は売掛金を回収する
まで続く。

● 売掛金の回収のスケジュール

1 納品書控えの確認

締め日後すみやかに

未入金ファイルに綴じている納品書控えなどを確認する

> P.100

2 請求書の発行

締め日後すみやかに

納品書控えなどをもとに請求書を発行する。同時に売上帳と売掛帳に記録する

> P.100

3 入金の確認

入金期日の翌日

入金期日までに代金が正しく入金されたことを確認する

> P.104

4 入金後の処理

入金の確認後

回収済の請求書のファイリング、入金額を現金出納帳や売掛帳などに記録する

> P.150

5 未入金への対応

未入金の確認後

支払期日までに入金が無い、不足がある場合は、すぐに対応を検討する

営業

経理

人事

総務・他

　掛取引は、商品やサービスを提供した時点では代金を受取らず、後で代金をまとめて受取る取引の形です。取引開始前に顧客との間で締め日と支払日を決めておき、締め日が来たら、前回の締め日の翌日から今回の締め日までの売上を集計して、顧客にその分の請求書を出します。顧客は受取った請求書にもとづき、支払期日までに代金を支払います。取引が発生して回収できていない状態の代金のことを売掛金といいます。

　請求書の発行は、売掛金を回収するための非常に大切な事務作業です。取引の件

このセクションで身につくこと

☑ 請求書控えなどのファイリングのしかた

☑ 過不足の無い請求のしかた

☑ 未入金時の対応のしかた

● 売掛金が発生するしくみ

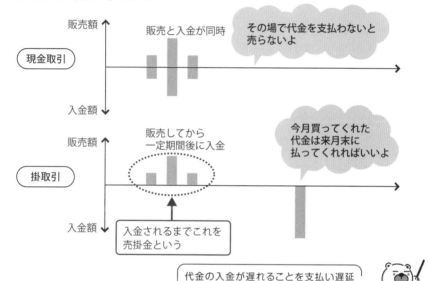

数が少ないうちは請求書に記載する金額を納品書控えなどから集計して求めます。請求書に記載する金額は、実際の取引よりも多すぎれば顧客の信用を失いますし、少なければ顧客がその金額しか払ってくれなくても文句は言えません。

　事業が軌道に乗って取引件数が多くなってきたときには、納品書控えから直接請求書を作成することが難しくなってきます。そのときは得意先元帳（➡ P.106）を作成し、請求額を計算して請求書に転記する流れになります。

Section

13 -1

売掛金の回収①
請求書の作成

仕事をしても、黙っていてはお金は払われない。仕事が終わったらきちんと請求しよう。

🤝 購入者にお金を払ってもらうために重要な書類

　請求書^{DL}は、購入者に代金の支払いを請求するために作成する書類です。請求書を発行するタイミングは、購入者との取引形態（継続取引型と受託請負型、右ページ参照）により異なります。

　継続取引型では、まず未入金ファイルに綴じた納品書控えにもれなどが無いか確認・整理します。次に納品書控えの合計額を電卓などで計算して請求額とします。計算の対象となる納品書控えは、前回の締め日の翌日から、今回の締め日までの納品分です。

　受託請負型では、契約書などを確認して請求額としますが、追加請求が発生していないか、旅費や交通費などの実費精算にもれが無いかなどを確認します。

🤝 請求額を間違わないことを第一に考えよう

　請求書では、金額を間違わないことが重要です。電卓は必ず2回たたくようにするか、エクセルに金額だけ入力して確実に計算します。値引きや返品の発生は納品書控えだけではわからないため、返品や値引きなどが発生したときは、これらの情報を納品書控えと一緒に未入金ファイルに綴じておくと、うっかり忘れてしまうことを避けられます。その際は、いつの請求分から差引くのかに注意します。過大請求は購入者からの信用を失います。

　請求書を発行したら写し（複写式）やコピーを請求書控えとして「**未入金ファイル**」にファイリングします。このとき、請求書を発行した取引に関して、見積書控えから請求書控えまでの書類一式を、該当する支払期日に移します（➡ P.103）。同時に売掛帳にも、締め日の日付で掛け売上の記録をします。

memo 　消費税の課税事業者でなくても、本体価格に消費税を乗せて請求することは問題が無いとされている。

●業種による請求書発行のタイミングの違い

請求書の発行は業種によってタイミングが違います。

継続取引型	卸売業や事務代行業など、商品やサービスの発注を継続的に受け、引渡しや提供をするタイプ。 発行のタイミング：毎月 取引先との契約などで決められた締め日と支払日にもとづき、毎月決められたスケジュールで作成。
受託請負型	建設業やソフトウェア開発業など、契約の際に仕様を決め、それを完成させて納品するタイプ。 発行のタイミング：契約に決められた時期 （業務開始前、業務終了後） ①業務開始前：取引先との契約後、着手金を受取る取決めがある場合には、契約締結後すみやかに作成。また、中間金を受取る取決めがある場合もある。 ②業務終了後：検収書を受領したら、すみやかに作成。

●請求書の作成のしかた

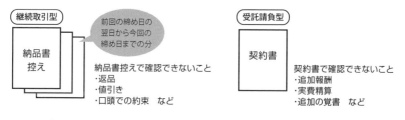

●取引形態による請求書作成の手順

請求書の作成は業種によって手順が違います。

継続取引型	①締め日を確認する。 ②納品書控えを確認する。 ③請求先、支払期日は基本的に毎回同じなので、前回の請求書を確認する。
受託請負型	契約書にもとづき、業務内容、請求金額、支払期日を確認の上、作成する。

●返品、値引き、割戻しの違い

用語	意味
返品	違う商品を納品してしまった場合に返送されること。取引の取消しになります。
値引き	商品に傷があった場合などに値段を下げて引取ってもらうことです。
割戻し	一定金額以上の購入実績があった場合に行う売上代金の減額です。

●請求書の作成と注意点

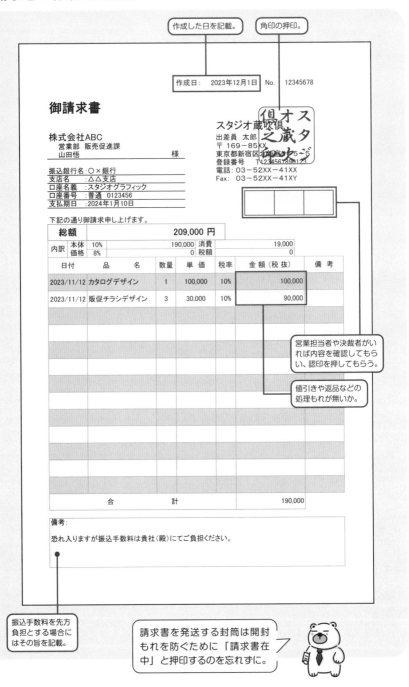

作成した日を記載。

角印の押印。

作成日： 2023年12月1日　No. 12345678

御請求書

株式会社ABC
営業部 販売促進課
山田悟　　　　　　　　　様

振込銀行名：〇×銀行
支店名　　：△△支店
口座名義　：スタジオグラフィック
口座番号　：普通 0123456
支払期日　：2024年1月10日

スタジオ蔵
出差員 太郎
〒 169-85XX
東京都新宿区
登録番号　T123456789012
電話：03-52XX-41XX
Fax： 03-52XX-41XY

下記の通り御請求申し上げます。

総額				209,000 円		
内訳	本体 価格	10%		190,000	消費 税額	19,000
		8%		0		0
日付	品　名	数量	単価	税率	金額（税抜）	備考
2023/11/12	カタログデザイン	1	100,000	10%	100,000	
2023/11/12	販促チラシデザイン	3	30,000	10%	90,000	
	合　　計				190,000	

備考：
恐れ入りますが振込手数料は貴社（殿）にてご負担ください。

営業担当者や決裁者がいれば内容を確認してもらい、認印を押してもらう。

値引きや返品などの処理もれが無いか。

振込手数料を先方負担とする場合にはその旨を記載。

請求書を発送する封筒は開封もれを防ぐために「請求書在中」と押印するのを忘れずに。

memo ▷ 請求書には印紙税はかからない。

●請求書控えの未入金ファイルへのファイリング

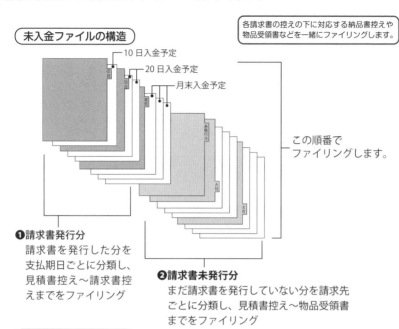

各請求書の控えの下に対応する納品書控えや物品受領書などを一緒にfile（ファイリング）します。

未入金ファイルの構造

10 日入金予定
20 日入金予定
月末入金予定

この順番で
ファイリングします。

❶請求書発行分
請求書を発行した分を
支払期日ごとに分類し、
見積書控え〜請求書控
えまでをファイリング

❷請求書未発行分
まだ請求書を発行していない分を請求先
ごとに分類し、見積書控え〜物品受領書
までをファイリング

未入金ファイルの使い方

未入金ファイルは次のような流れで使用します。
①見積書控え、発注書、発注請書控え、納品書控え、物品受領書を作成・受領
　するつど、請求先ごとにファイリングします。
②請求書を発行し、請求書控えを作成したら、「❷請求書未発行分」の請求先か
　ら見積書控えなど一式を抜き出し、請求書控えを一番上にして、「❶請求書発
　行分」の該当する期日に移動させる。
③各支払期日になったら、該当する期日の請求書控えを見て、入金を確認する。
④入金が確認できたら、請求書控えに入金日を記入して、**入金済みファイル**へ
　移動させる。
⑤入金が確認できないものは、対応を検討する。

Column

請求書の再発行

　金額誤りや取引先からの要請で再発行する場合には、請求書の備考などに「○年○
月○日発行分　○○のため再発行」と記載し、必ず赤字で「再発行」と余白にゴム印
を押します。

Section

13
-2

売掛金の回収②
入金の確認

回収してやっと仕事
の完了と思おう。

 支払期日が過ぎたら入金を確認する

支払期日の翌日になったら入金額を、未入金ファイルに綴じた**請求書控え**と確認します。請求額どおりの入金が確認できたものは、請求書控えに入金した日付を書き込みます（日付が印字できる**データ印**を使ってもよい）。そして、その請求書控え（一緒に保管されている納品書控えなども）を、支払期日の月別にインデックスを作成した入金済みファイル（右ページ参照）へ移動します。

現金出納帳や預金出納帳と同時に売掛帳にも入金を記録します。

営業

経理

人事

総務・他

— **Column** —

入金額が不足する場合

入金額が不足する場合、返品、値引きなどがされていることもあります。再度、納品書控えや過去の記録などを確認します。振込手数料が差引かれている場合、本来相手が負担するべきであれば、顧客に連絡して次回の請求に上乗せするなどの対応をします。

支払期日の翌日になっても入金が確認できない場合、顧客にはまず請求書が届いているかを確認するなど丁寧に対応します。

●回収済み請求書のファイリング

請求書のファイリングのしかたを工夫して、回収済みのものをいつでもわかるようにします。

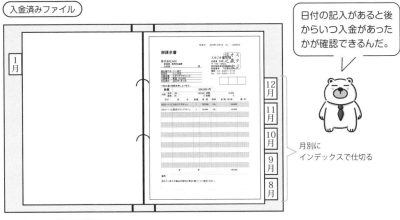

日付の記入があると後からいつ入金があったかが確認できるんだ。

月別に
インデックスで仕切る

・未入金ファイルより移動
・各請求書控えの下に対応する納品書控えや物品受領書を一緒にファイリングする

●科目の増減　「科目の増減」の使い方は P.134 を参照してください。

取引	売掛金の入金
起きたこと	掛け代金が入金された	勘定科目　**売掛金** −
結果	銀行口座が増えた	勘定科目　**普通預金** + ➡[預金出納帳]

取引	売掛金の入金（支払手数料を負担する場合）
起きたこと	掛け代金が入金された	勘定科目　**売掛金** −
結果	銀行口座が増えた	勘定科目　**普通預金** +※ ➡[預金出納帳]
起きたこと	支払手数料を負担した	勘定科目　**支払手数料** +
結果	銀行口座が減った	勘定科目　**普通預金** − ➡[預金出納帳]

相殺後が
入金額

※請求金額

取引	売掛金の入金（源泉所得税が差引かれた場合）
起きたこと	掛け代金が入金された	勘定科目　**売掛金** −
結果	銀行口座が増えた	勘定科目　**普通預金** +※ ➡[預金出納帳]
起きたこと	所得税が差引かれた	勘定科目　**仮払金** +
結果	銀行口座が減った	勘定科目　**普通預金** − ➡[預金出納帳]

相殺後が
入金額

※所得税を差し引く前の請求金額

> **memo** 　源泉所得税が差し引かれて入金された場合は、確定申告する際にその分を納税額から差引きます。
> 税金の前払いとも言えます。

Section 13-3 | 売掛金の回収③ 得意先元帳での売掛金の管理

処理が重くなってきたら、ぜひ。

取引件数が増えてきたときは得意先元帳をつくる

継続取引型（➡P.100）で顧客ごとの取引件数が少ないうちは、未入金ファイルから請求金額を算出することが充分に可能ですが、取引件数が増えてくると、請求書作成のための限られた時間内に未入金ファイルから請求金額を求めることが難しくなってきます。

取引件数が増えた場合に、**限られた時間内に請求書を作成するために、事前に得意先元帳**[DL]**（右ページ参照）を作成**することが一般的です。得意先元帳は得意先別に売上と入金の金額を記載する帳簿で、未入金ファイルに綴じた納品書控え（➡P.096）や入金記録をもとに、売上と入金の実績を記録していきます。得意先元帳はエクセルのほか、専用のソフトウェア（一般的に販売管理システムと言われます）で作成できます。会計ソフトによっては、そのような機能（補助簿機能）が付いているものもあります。記録するタイミングは、毎週水曜日や、毎月10日と20日と30日など、ルーチンワークにします。

得意先元帳には**取引先ごとの売掛金の残高が把握できる**メリットがあります。

Column

締め日と支払日は先方との交渉で決まる

継続取引型では取引を始める際に締め日と支払日を決める必要があります。相手から指定されることもありますが、できるだけ自分の事務処理の都合の良いようにすべきです。わかりやすいのは月末締めですが、月末月初が忙しく請求作業が負担になりそうであれば、15日締めなどでもいいでしょう。

支払日は締め日の1か月後が一般的ですが、少しでも短縮して資金繰りを楽にしたいところです。サービス業などで多い毎月定額の請求では、当月分を翌月末払いではなく、当月末払いにできると貸倒れするリスクを低くできます。

●得意先元帳（得意先ごとの取引件数が多い場合のみ作成）

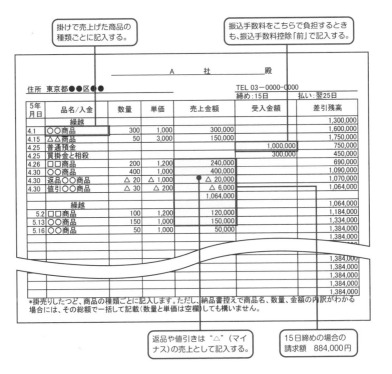

掛けで売上げた商品の種類ごとに記入する。

振込手数料をこちらで負担するときも、振込手数料控除「前」で記入する。

A　　社　　　　　殿

住所　東京都●●区●●
TEL 03−0000−0000
締め：15日　　払い：翌25日

5年月日	品名/入金	数量	単価	売上金額	受入金額	差引残高
	繰越					1,300,000
4.1	○○商品	300	1,000	300,000		1,600,000
4.15	△△商品	50	3,000	150,000		1,750,000
4.25	普通預金				1,000,000	750,000
4.25	買掛金と相殺				300,000	450,000
4.26	□□商品	200	1,200	240,000		690,000
4.30	○○商品	400	1,000	400,000		1,090,000
4.30	返品○○商品	△ 20	△ 1,000	△ 20,000		1,070,000
4.30	値引○○商品	△ 30	△ 200	△ 6,000		1,064,000
				1,064,000		
	繰越					1,064,000
5.2	□□商品	100	1,200	120,000		1,184,000
5.13	○○商品	150	1,000	150,000		1,334,000
5.16	○○商品	50	1,000	50,000		1,384,000
						1,384,000
						1,384,000
						1,384,000
						1,384,000
						1,384,000

*掛売りしたつど、商品の種類ごとに記入します。ただし、納品書控えで商品名、数量、金額の内訳がわかる場合には、その総額で一括して記載（数量と単価は空欄）しても構いません。

返品や値引きは"△"（マイナス）の売上として記入する。

15日締めの場合の請求額　884,000円

●科目の増減　「科目の増減」の使い方はP.134を参照してください。

取引　掛けで売上げた

起きたこと　掛けで売上た　　**勘定科目**　売上高 ＋

結果　売掛金が増えた　　**勘定科目**　売掛金 ＋ ➡ [売掛帳]

(注)日付は締め日で記入

取引　値引き（掛け売上と別にマイナスの請求額を記載した請求書を作成する場合）

起きたこと　値引きをした　　**勘定科目**　売上高 －

結果　売掛金が減った　　**勘定科目**　売掛金 － ➡ [売掛帳]

取引　返品（掛け売上と別にマイナスの請求額を記載した請求書を作成する場合）

起きたこと　返品された　　**勘定科目**　売上高 －

結果　売掛金が減った　　**勘定科目**　売掛金 － ➡ [売掛帳]

> memo
> 顧客側の指定でやむを得ないこともあるが、可能であれば締め日と支払日はある程度統一した方が処理しやすい。顧客ごとにばらばらだと手間がかかる。

Section

14 | 領収書の作成のしかた

領収書は、代金を受取ったら相手に渡す書類。支払った支払っていないというトラブルを回避するためにあるものだ。

領収書はお金を受取ったことを証明する書類

領収書^{DL}とは、お金（現金以外にも小切手、デビットカード決済などを含む）を受取ったことの証拠として作成する書類です。他に領収証、受取書、領収証書などと呼ばれることもあります。パソコンがある環境であればエクセルで作成する方法が便利ですが、集金先などで作成する場合には、市販の領収書などを使います。

二重請求などを避けるためにも複写式の写しまたはミミ（MEMO参照）を控えとして保存します。エクセルで作成する場合は、2枚印刷して1枚を控えとします。

金額5万円以上は印紙が必要

記載金額が5万円以上の領収書には印紙を貼ります。印紙が節約できるものとして、相殺領収書（MEMO参照）があります。この場合は、金額欄に相殺前の総額を記載し、但書きに「上記金額のうち○○円は売掛金と相殺致しました。」と相殺金額を明示して、実際にお金で精算した金額（＝総額－相殺金額）に対する印紙を貼ります。また、クレジット販売の場合は、但書きに「クレジットカード利用（○○カード）」と記載すれば、印紙は不要です。

領収書の控えには印紙は不要です。

memo ▷ 取引先と互いに代金を支払う必要がある場合に一部を相殺して残金をお金で精算するときがある。この際に発行される領収書を相殺領収書と呼ぶ。

●領収書の作成と注意点

金額誤りや取引先からの要請で再発行する場合には、領収書の但書きに商品名などのほか「○年○月○日発行分　○○のため再発行」と記載し、必ず赤字で「再発行」と余白にゴム印を押すのを忘れずに。

宛名の「上様」は避ける
「上様」と記載するのは避けます。領収書はお金を受取ったことを証明するもののため、誰から受取ったかはとても大切です。

印紙の貼付と消印
5万円以上の場合は印紙税がかかります。必ず貼った印紙と領収書用紙にまたがるように消印を押します。適当な印鑑が無いときは、ボールペンなど消えないインクでサインを書きます。

作成した日を記載

領　収　書

株式会社ABC　　様

金　　　　209,000　　　　円

	税抜金額	消費税
10%	190,000	19,000
8%		

但し、デザイン料として

上記金額を正に受領致しました。

令和　6　年　1　月　10　日

東京都新宿区北新宿5−5−5
スタジオ蔵吹
出差員　太郎
登録番号　T1234567890123

●領収書の印紙税

但し書きのところなどに、消費税が明示されていれば税抜き金額に応じた印紙を貼ります。

「機械装置代金220万円」だけの場合の印紙代は600円になってしまう。

領収書の印紙税額表

記載金額	税額
5万円未満のもの	非課税
100万円以下のもの	200 円
200万円以下のもの	400 円
300万円以下のもの	600 円
500万円以下のもの	1,000 円
1,000万円以下のもの	2,000 円

※記載金額については P.033 参照

消費税の記載のしかた

機械装置代金220万円、税抜き金額200万円、消費税等20万円

機械装置代金220万円、税抜き金額200万円

機械装置代金220万円うち消費税等20万円

機械装置代金200万円、消費税等20万円、合計220万円

▼

いずれも印紙は 400 円でよい

memo ＞ 領収書の記載内容を備忘として保存するために、ミシン目の左側に保存用の記載欄が設けられた領収書がある。この保存用の記載欄の部分を「ミミ」と呼ぶ。

Section 15
買掛金の支払いの流れをつかもう

支払いもれは
信用を落とす。

● 買掛金の支払いのスケジュール

1 請求書の確認
請求書の受領ごと

請求書と納品書を照らし合せて請求額が正しいか確認する。同時に仕入帳と買掛帳にも記録する。

＞ P.112

2 支払いの準備
支払予定日の前日まで

支払予定日にお金があることの確認を事前にする。インターネットバンキングで振込む場合は、振込予約の登録をする。

＞ P.114

3 支払いの手続き
支払予定日

振込み、現金など支払いを行う。

＞ P.114

4 支払後の処理
支払い後

支払済みの請求書のファイリング、預金出納帳や買掛帳などへ記録する

＞ P.114

仕入先の作成した請求書が間違っているかも?そんな意識も必要なんだ。

営業

経理

人事

総務・他

　たとえば前月26日から今月25日までの商品の購入代金を、来月末までに支払う取引を掛け仕入れといいます。支払日までの、この購入代金の未払いを買掛金といいます。買掛金を支払期日までに間違いなく支払うことが大切です。

　請求書を受取っても、そのまま支払ってはいけません。その請求額が正しいのか、保管している納品書などと突き合わせる必要があります。また、値引きなどを受けていることもあるため、それらももれなく確認します。その確認の結果、請求額が

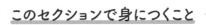

●買掛金が発生するしくみ

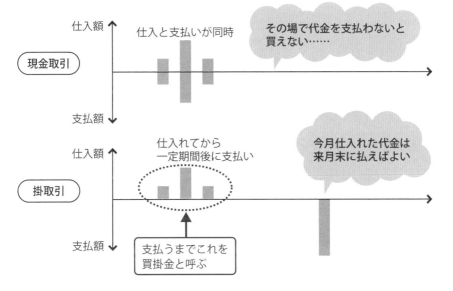

自分の認識と違っていても、必ずしも相手の間違いとは限りません。たとえば、相手は商品を発送した段階で、売上として請求をしてきている可能性があります。丁寧に、請求額が自分の認識と異なる原因を相手に確認します。

　買掛金を管理すると、将来の支払予定日の支払額が把握できる、受け取った請求書の間違いに気づくことができるなど、多くのメリットがあります。これらは個人事業を経営していく上で欠かせないものです。

Section 15 -1 | 買掛金の支払い① 支払金額の確定

支払いもれ、二重払いをさけるためには、スケジュールを正しく組むことが大事だ。

請求書の金額を納品書で確認する

　請求書を受取ったら、記載内容を納品書で確認します（➡ P.096）。問題があれば取引先に確認します。問題がなければ、請求書の余白に請求書を確認した日を書き込み（データ印を使う方法もある）、支払いが済むまで**未払ファイル**（右ページ参照）に納品書などと一緒に綴じます。未払ファイルは15日払い、月末払いなど支払期日ごとにインデックスで区分します。同時に仕入帳と買掛帳にも、締め日の日付で掛け仕入れの記録をします。

●請求書のチェック

取引先の作成した請求書が間違っていないか、両者の認識にずれが無いか確認します。

支払期日
契約どおりの支払期日で発行されているか、支払日が銀行休業日でないか、休業日であればその前日までに着金が必要か、その翌日でもよいかを契約書などで確認します。

商品やサービスの内容
実際に受取った商品やサービスか、数量は正しいか、納品書や物品受領書控えなどと突き合わせます。

請求金額
契約書や納品書の金額と一致しているか、消費税の計算は正しいか、先月支払った金額が二重に請求されていないかなどを確認します。

わからない点は取引先に直接確認しよう。

納品書と請求額が一致しない場合、返品、値引き、割戻しなどの可能性があります。納品書、メールなど過去のやり取りを確認します。

営業

経理

人事

総務・他

●請求書の未払ファイルへのファイリング

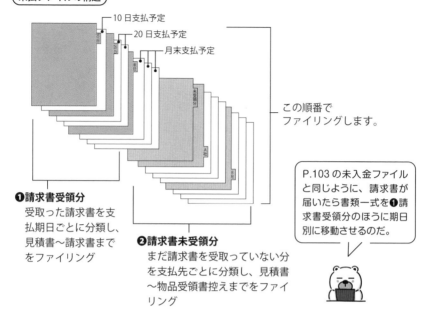

未払ファイルの構造

- 10日支払予定
- 20日支払予定
- 月末支払予定

この順番で
ファイリングします。

❶請求書受領分
受取った請求書を支
払期日ごとに分類し、
見積書～請求書まで
をファイリング

❷請求書未受領分
まだ請求書を受取っていない分
を支払先ごとに分類し、見積書
～物品受領書控えまでをファイ
リング

P.103の未入金ファイル
と同じように、請求書が
届いたら書類一式を❶請
求書受領分のほうに期日
別に移動させるのだ。

●科目の増減 「科目の増減」の使い方はP.134を参照してください。

取引	掛けで仕入
起きたこと	掛けで仕入れた　　勘定科目 **仕入高** ⊕
結果	買掛金が増えた　　勘定科目 **買掛金** ⊕ ➡[買掛帳]

(注)日付は、締め日で記入します。

取引	値引き(掛け仕入れと別にマイナスの請求額が記載された請求書を受領する場合)
起きたこと	値引きを受けた　　勘定科目 **仕入高** ⊖
結果	買掛金が減った　　勘定科目 **買掛金** ⊖ ➡[買掛帳]

取引	返品(掛け仕入れと別にマイナスの請求額が記載された請求書を受領する場合)
起きたこと	返品した　　勘定科目 **仕入高** ⊖
結果	買掛金が減った　　勘定科目 **買掛金** ⊖ ➡[買掛帳]

memo ＞ 確定した日を書き込むと、後から見返す際に、確かに確認したことがわかり便利です。

Section 15-2 | 買掛金の支払い② 支払いの手続き

個人事業主は信用が第一なのです。

振り込みの手続きはできれば当日の午前中までに

特に金額の大きい支払いがある場合は、当日までの資金の出入りを書出し、**確実に支払いができるか確認**をします。

銀行振込で支払う場合には、できれば当日の午前中までに手続きをします。インターネットバンキングによっては、指定した日に振込手続きを行う振込予約サービスが利用できることもあります。

現金で支払う場合には、相手から必ず領収書を受取ります。

処理済みの請求書は支払済みファイルに

支払いが完了したものから、請求書を納品書などと一緒に**支払済みファイル**へ移します。支払済みファイルは、入金済みファイル（➡P.103）を参考に、インデックスで支払期日の月別に仕切ります。現金出納帳帳や預金出納帳と同時に買掛帳にも支払いの記録をします。

営業

経理

人事

総務・他

● 科目の増減　「科目の増減」の使い方は P.134 を参照してください。

取引	買掛金の支払い（支払手数料を負担する場合）		
起きたこと	掛け代金を支払った	勘定科目	買掛金 －
結果	銀行口座が減った	勘定科目	普通預金 －※ ➡［預金出納帳］
起きたこと	支払手数料を負担した	勘定科目	支払手数料 ＋
結果	銀行口座が減った	勘定科目	普通預金 － ➡［預金出納帳］

※請求された金額

memo ▷ 同じ締め日で集計していても、取引先は発送日を基準に請求し、こちらは納品日で確認している場合、輸送中の商品分だけ差が出ます。通常は、その差を理解した上で支払いをします。

— **Column** —

資金繰りと支払日

支払う側はお客になるので、取引を始める際に締め日と支払日を選べるようであれば自分の都合の良くなるようによく考えます。月末締めだとわかりやすく、かつ決算時の締め後仕入の処理（➡ P.230）が不要になるメリットもあります。

支払日はできるだけ長くとりたいところですが、あまり無理は通りません。そこで、できれば売掛金の回収日より少しでも後になるようにすると資金繰りが楽になります。特に、多額の外注費がかかる案件を受託したような場合には、売掛金が入金されてから外注費を支払いたいと、事前に外注先に協力を求めておくことが得策です。外注先への支払いが先行してしまうと、その先行期間だけ銀行から借入れが必要になることもでてきます。

支払いのタイミング

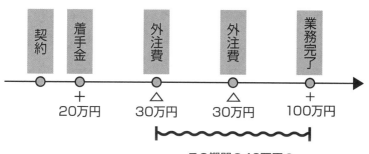

この期間の40万円の
資金の手当が必要

外注費の支払いを
業務完了後にできないか？

着手金のほかに中間金として
一部を先に支払ってもらえないか？

Section
15
-3

買掛金の支払い③ 仕入先元帳での買掛金の管理

仕入の件数が増えてきて、まとめてやるのが難しくなってきたら検討するのだ。

取引件数が増えてきたときは仕入先元帳をつくる

売掛金の処理と同様に仕入も取引件数が少ないうちは、P.112で説明したように請求書と未払ファイルの納品書を確認することが充分に可能ですが、取引件数が増えてくると、限られた時間内に未払ファイルから支払額を確認することが難しくなってきます。

取引件数が増えたときには、事前に仕入先元帳[DL]**（右ページ参照）を作成する**ことが一般的です。仕入先元帳は仕入先別に仕入と支払の金額を記載する帳簿で、未払ファイルに綴じた納品書（➡P.096）や支払記録をもとに、仕入と支払の実績を記録していきます。仕入先元帳はエクセルのほか、専用のソフトウェア（一般的に仕入管理システムと言われます）で作成することもできます。会計ソフトによっては、そのような機能（補助簿機能）が付いているものもあります。記録するタイミングは、毎週水曜日や、毎月10日と20日と30日など、ルーチンワークにします。

また仕入先元帳には、**仕入先ごとに買掛金の残高が把握できる**メリットがあります。未払ファイルの請求書から支払額を求める方法では、納品書から毎回計算する必要があります。

営業

経理

人事

総務・他

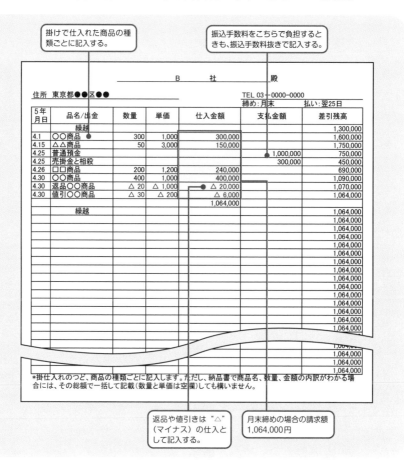

掛けで仕入れた商品の種類ごとに記入する。

振込手数料をこちらで負担するときも、振込手数料抜きで記入する。

B 社 殿

住所 東京都●●区●●

TEL 03－0000-0000
締め：月末　　払い：翌25日

5年月日	品名/出金	数量	単価	仕入金額	支払金額	差引残高
	繰越					1,300,000
4.1	○○商品	300	1,000	300,000		1,600,000
4.15	△△商品	50	3,000	150,000		1,750,000
4.25	普通預金				1,000,000	750,000
4.25	売掛金と相殺				300,000	450,000
4.26	□□商品	200	1,200	240,000		690,000
4.30	○○商品	400	1,000	400,000		1,090,000
4.30	返品○○商品	△ 20	△ 1,000	△ 20,000		1,070,000
4.30	値引○○商品	△ 30	△ 200	△ 6,000		1,064,000
				1,064,000		
	繰越					1,064,000
						1,064,000
						1,064,000
						1,064,000
						1,064,000
						1,064,000
						1,064,000
						1,064,000
						1,064,000
						1,064,000
						1,064,000
						1,064,000
						1,064,000
						1,064,000
						1,064,000
						1,064,000

*掛仕入れのつど、商品の種類ごとに記入します。ただし、納品書で商品名、数量、金額の内訳がわかる場合には、その総額で一括して記載（数量と単価は空欄）しても構いません。

返品や値引きは "△"（マイナス）の仕入として記入する。

月末締めの場合の請求額
1,064,000円

--- Column ---

毎月同額の支払い

たとえば機材のメンテナンス料など、毎月同額の支払いがある場合、それを会計ソフトへ登録すると、毎月同じ内容が登録されます。すると、あとで帳簿を見返したときに、1月分多く振込んでしまったり、1月分振り込みがもれていても、気づきにくい状態になります。そこで、会計ソフトへ登録する際は、摘要に○月分などと入力しておくと、後から見返した際に、過不足なく毎月支払いができていることが一目でわかります。

●どこに聞けばいい？

所得税	▶	**住所の税務署** （電話をすると自動音声が流れるので、税金相談は1番、具体的な手続きは2番を押す）
消費税	▶	
印紙税	▶	
事業税	▶	住所の都道府県税事務所
本人の住民税	▶	本人の住所の市町村役場
従業員の住民税	▶	従業員の住所の市町村役場
償却資産税	▶	設備のある場所の市町村役場 （東京23区は都税事務所）
健康保険	▶	所轄の健康保険協会支部
厚生年金	▶	所轄の年金事務所
雇用保険	▶	ハローワーク
労災保険	▶	労働基準監督署
インボイス	▶	インボイスコールセンター
下請法	▶	公正取引委員会
融資	▶	日本政策金融公庫　取引銀行

Chapter

3

日常的に行う
経理関連の事務

Keyword

帳簿 / 現金出納帳 / 預金出納帳 / 売上帳 / 仕入帳 /
売掛帳 / 買掛帳 / 経費帳 / 勘定科目 / 節税 /
インボイスの処理 / 事業主借 / 事業主貸 / 報酬 /
固定資産 / 資金繰り / 納税証明書 / 登記事項証明書

Section 01 ｜ 帳簿の種類と意義

事業でのお金の流れを
記録するのです。

事業の状況を知るにはお金の流れの記録が必要

　事業を始めると、材料を購入する、家賃を払う、商品やサービスを販売する、その代金を回収するなど、さまざまなお金の流れが発生します。事業の活動を通じて「いくら売上たか」「いくら売掛金があるか」「いくら支払うのか」を確認するためには、お金の流れをすべて記録し、計算を行う必要があります。

　お金の流れを記録するもっとも身近な方法は家計簿です。家計簿はすべてのお金の流れを記録することにより、「いくら使ったか」「いくらお金が残っているか」を知ることはできます。しかし、肝心の「いくら売上たか」「いくら売掛金があるか」「いくら支払うのか」は簡単にわかりません。

　そこで**事業のお金の流れは、家計簿を発展させたような帳簿という方法で記録**して、それぞれの金額が一目で把握できるようにします。

お金の流れは帳簿に記録する

　帳簿も家計簿もお金の流れをすべて記録する点では同じです。ただ、家計簿はお金の流れを1冊にまとめて記録しますが、**帳簿はその役割ごとに複数に分けて記録**する点が異なります。帳簿の種類としては、**現金出納帳、預金出納帳、売掛帳、買掛帳、売上帳、仕入帳、経費帳など**があります。

　商品を現金で販売したときは、現金出納帳へ現金の入りを記録するとともに、売上帳へも売上を記録します。また、掛けで材料を仕入れれば、仕入帳に掛け仕入を記録するとともに、買掛帳へも記録します。1つの取引で2つの記入が必要で面倒ですが、これによりそれぞれの帳簿で現金の残高や売上の累計額などが確認できます。

●帳簿とは

帳簿の目的

事業を運営するときに発生するお金や物の流れを記録する

帳簿の役割

帳簿に取引を記録することにより、

- ・その期間における累計額 ➡ 今月の売上はいくら？
- ・特定の時点における残高 ➡ 今日の現金の残高はいくら？

がわかるようになる

帳簿の準備

- ・会計ソフトを使用する
- ・事務用品店などで購入する
- ・エクセルのシートを使用する

●主な帳簿

　基本的な帳簿は、現金出納帳、預金出納帳、売掛帳、買掛帳、売上帳、仕入帳、経費帳の7つです。

現金出納帳 現金の出入りを記録する。日々の現金の出入りと、現金の残高がわかる。	**預金出納帳** 預金通帳をもとに預金の出入りを記録する。日々の預金の出入りと、預金の残高がわかる。
売掛帳 掛けで販売したら掛売りを記録し、代金を回収したら売掛金の回収を記録。売掛金の残高がわかる。すべてが現金販売の事業なら不要。	**買掛帳** 掛けで仕入れたら掛け仕入を記録し、代金を支払ったら買掛金の支払いを記録。買掛金の残高がわかる。仕入が無い、すべてが現金仕入ならば不要。

売上帳、仕入帳、経費帳など
売上高、仕入高、経費などを集計。記入時点までの売上、仕入、経費の累計がわかる。

> どの帳簿を使うかは、事業の
> 内容によって変わるのだ。

●現金出納帳

- ・帳簿の目的：現金の入金・出金を記録する
- ・帳簿が必要な事業：すべての事業

ほぼ「お小遣い帳」
のイメージです。

現金が増減した理由がわかる　　　　　　　　　　　　現金の日々の残高がわかる

現金出納帳

日付	相手科目	取引先名	摘要	収入金額	支出金額	残高
前月繰越						560,000
4月1日	売上高	店頭	商品売上	100,000		660,000
4月1日	消耗品費	DEF商事	ビニール袋		5,000	655,000
4月2日	売上高	店頭	商品売上	90,000		745,000
4月3日	売上高	店頭	商品売上	110,000		855,000
4月4日	売上高	店頭	商品売上	105,000		960,000
4月5日	売上高	店頭	商品売上	103,000		1,063,000

取引の発生日　取引の種類　相手の名前　取引の内容　入金額　出金額　残高

●預金出納帳

- ・帳簿の目的：銀行預金の入金・出金を記録する
- ・帳簿が必要な事業：すべての事業

預金出納帳は預金の口座別に作成します。

ちょっと詳しい
預金通帳?

預金が増減した理由がわかる　　　　　　　　　　　　預金の日々の残高がわかる

預金出納帳

●●銀行 ▼▼支店

日付	相手科目	取引先名	摘要	預入金額	引出金額	残高
前月繰越						2,500,000
4月2日	仕入高	XYZ商会	商品仕入		50,000	2,450,000
4月4日	支払手数料	ABC銀行	振込手数料		440	2,449,560
4月5日	仕入高	XYZ商会	商品仕入		90,000	2,359,560
4月5日	水道光熱費	水道局	3月分		15,000	2,344,560
4月5日	仕入高	XYZ商会	商品仕入		80,000	2,264,560
4月5日	売掛金	L社	掛回収	300,000		2,564,560
4月6日	買掛金	M社	掛支払		100,000	2,464,560

取引の発生日　取引の種類　相手の名前　取引の内容　入金額　出金額　残高

●売上帳

- 帳簿の目的：売上を記録する
- 帳簿が必要な事業：すべての事業

> 売上のシンプル
> な記録なのです。

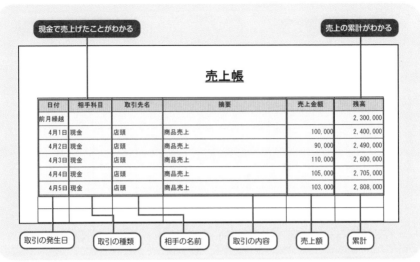

現金で売上げたことがわかる　　　　　　　　　　売上の累計がわかる

売上帳

日付	相手科目	取引先名	摘要	売上金額	残高
前月繰越					2,300,000
4月1日	現金	店頭	商品売上	100,000	2,400,000
4月2日	現金	店頭	商品売上	90,000	2,490,000
4月3日	現金	店頭	商品売上	110,000	2,600,000
4月4日	現金	店頭	商品売上	105,000	2,705,000
4月5日	現金	店頭	商品売上	103,000	2,808,000

取引の発生日　取引の種類　相手の名前　取引の内容　売上額　累計

●仕入帳

- 帳簿の目的：仕入を記録する
- 帳簿が必要な事業：商品の仕入がある事業

> 仕入のシンプル
> な記録。

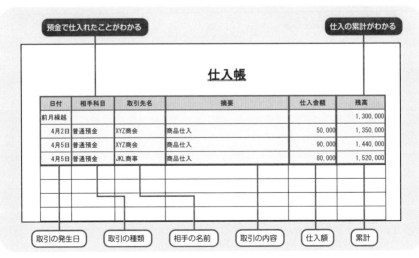

預金で仕入れたことがわかる　　　　　　　　　　仕入の累計がわかる

仕入帳

日付	相手科目	取引先名	摘要	仕入金額	残高
前月繰越					1,300,000
4月2日	普通預金	XYZ商会	商品仕入	50,000	1,350,000
4月5日	普通預金	XYZ商会	商品仕入	90,000	1,440,000
4月5日	普通預金	JKL商事	商品仕入	80,000	1,520,000

取引の発生日　取引の種類　相手の名前　取引の内容　仕入額　累計

●売掛帳

- 帳簿の目的：掛け売上とその代金回収を記録する
- 帳簿が必要な事業：掛け売上をする事業

未入金の売上の一覧です。

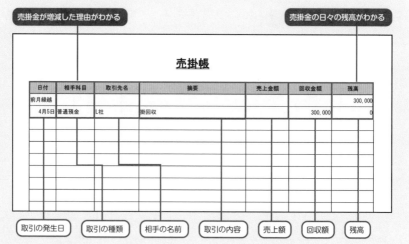

売掛金が増減した理由がわかる　　　　　　　売掛金の日々の残高がわかる

売掛帳

日付	相手科目	取引先名	摘要	売上金額	回収金額	残高
前月繰越						300,000
4月5日	普通預金	L社	掛回収		300,000	0

取引の発生日　取引の種類　相手の名前　取引の内容　売上額　回収額　残高

●買掛帳

- 帳簿の目的：掛け仕入とその代金支払いを記録する
- 帳簿が必要な事業：掛け仕入をする事業

未払いの仕入の一覧です。

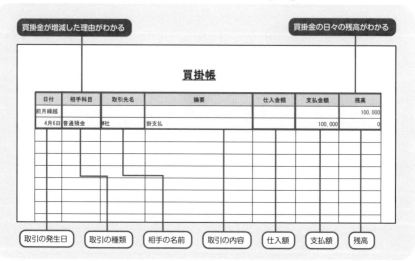

買掛金が増減した理由がわかる　　　　　　　買掛金の日々の残高がわかる

買掛帳

日付	相手科目	取引先名	摘要	仕入金額	支払金額	残高
前月繰越						100,000
4月6日	普通預金	M社	掛支払		100,000	0

取引の発生日　取引の種類　相手の名前　取引の内容　仕入額　支払額　残高

●経費帳

- **帳簿の目的**：経費を種類別に記録する
- **帳簿が必要な事業**：すべての事業

種類ごとにページを作らなければならないので、ページが増えます。

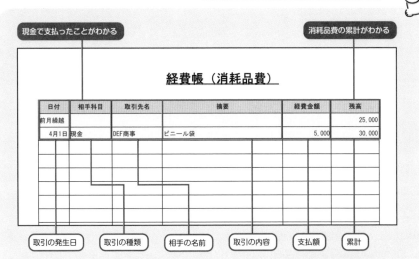

経費帳（消耗品費）

現金で支払ったことがわかる

消耗品費の累計がわかる

日付	相手科目	取引先名	摘要	経費金額	残高
前月繰越					25,000
4月1日	現金	DEF商事	ビニール袋	5,000	30,000

- 取引の発生日
- 取引の種類
- 相手の名前
- 取引の内容
- 支払額
- 累計

これ以外にも、業種・業態によって必要となる帳簿があります。詳しくは P.127 参照。

Section

02 | 必要な帳簿の確認

事業の内容によって、記録に必要
となる帳簿は変わってくるのです。

事業の内容と状況によって使う帳簿は変わる

　P.121で紹介したように基本的な帳簿は、現金出納帳、預金出納帳、売掛帳、買掛帳、売上帳、仕入帳、経費帳の7つです。基本とはいっても、**業種や業態によっては不要なものもあります**。たとえば基本的に商品の仕入が無い業種であれば仕入帳と買掛帳は不要です。

　また、**基本的な7つの帳簿以外にも、必要となる帳簿があります**。経理業務では基本的に事業で発生したお金のやり取りを記録しますが、個人事業では事業とプライベート間でお金の出入りが発生します。そのお金の流れを記録するものとして、事業主貸と事業主借を記録する帳簿が必要になります（右ページ参照）。ほかにも銀行などから借入れをすると、借入金を記録する帳簿が必要になります。

　右ページに業種や条件によって必要になる帳簿をまとめています。

使う帳簿が多いときは素直に会計ソフトに任せよう

　このように、帳簿が多くなると、それらを正確に記録していくことがだんだんと難しくなってきます。副業として小規模に事業を行う場合はともかく、本業として事業を行う場合には、会計ソフトを使用して帳簿を入力することをおすすめします。

営業

経理

人事

総務・他

帳簿名	代表的な業種や条件
現金出納帳、預金出納帳、売掛帳、売上帳、経費帳	コンサルタント、Web デザイナー、プログラマー、アーティスト、ブロガー、アフィリエイター、リペアサービス、事務代行など
（追加）仮払金を記録する帳簿※	士業、講師、ライター、イラストレーター、カメラマン、コーチ、外交員など売上代金から源泉所得税（➡ P.166）が差し引かれる事業
（追加）買掛帳、仕入帳	ネットショップ、小売店、飲食店、理美容院など
（追加）固定資産台帳	製造業、建設業その他の設備投資を行う幅広い事業
（追加）事業主貸、事業主借を記録する帳簿※	事業のお金とプライベートのお金のやり取りをするつど必要なため、すべての事業
（追加）預り金を記録する帳簿※	源泉徴収（➡ P.172）が必要な支払いがある場合
（追加）借入金を記録する帳簿※	借入をする場合

※基本の7つの帳簿では記録できない勘定科目を記録する帳簿。会計ソフトでは、総勘定元帳や元帳として記録されます。

Chapter

3

日常的に行う経理関連の事務

売上が現金売上のみなら
売掛帳は不要になるのだ。

Section
03 | 勘定科目と帳簿

現金や預金、売上高や売掛金がいくらあるかが
すぐにわかるのは勘定科目のおかげなのです。

勘定科目に応じた帳簿に記録する

　会計では、取引の内容に応じて勘定科目を選び、その勘定科目に応じた帳簿に記録することにより、**勘定科目ごとに残高や合計を計算**します。勘定科目を使い分けることにより、現金が手元にいくらあり、今年の売上の合計などの情報がすぐに把握できます。代表的な勘定科目には「現金」「普通預金」「売上高」「仕入高」「売掛金」「買掛金」「旅費交通費」「交際費」などがあります（詳しくは巻末参照）。

　取引の内容に応じて選んだ勘定科目は「お金がどこ（現金もしくは預金）から支払われたか／どこ（現金もしくは預金）に入ってきたか」と「お金が何に使われたか／何によってもたらされたか」を表します。そのため、1つの取引には必ず2つの勘定科目が関係することになります。たとえば現金売上であれば「現金」と「売上高」を選択します。

取引は「起きたこと」と「結果」に分けて考える

　2つの勘定科目を選ぶ際には、取引を「起きたこと」と「結果」に分けて考えます。たとえば、商品を現金で1,000円売上げたら、「起きたこと」は売上高1,000円で、「結果」は現金が1,000円増えたことになります。ある取引があり、起きたことと結果が何で、それがどの勘定科目になるかは、考えるよりも慣れた方が早いです。そのために、P.134に解説するように、この本では典型的な取引に対して、起きたことと結果、それに勘定科目をまとめました。

　勘定科目を選んだら、それを記録する帳簿は右ページの表のとおりです。また、**1つの取引に対して必ず2つの帳簿に記録しますが、会計ソフトを使えば、いずれかの帳簿に入力するだけでもう1つの帳簿にも自動で入力**されます。

営業

経理

人事

総務・他

●勘定科目と帳簿の関係

1つの取引では、2つの勘定科目を選択します。それぞれの勘定科目に対応する帳簿を選択し、取引を記録するときにはもう1つの勘定科目を「相手科目」として記録します。

・例：現金売上（商品が売れて、その代金を現金で回収した）

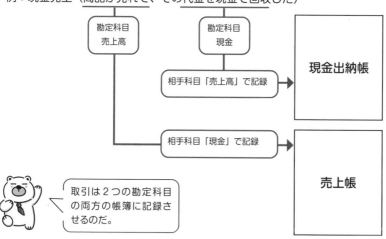

取引は2つの勘定科目の両方の帳簿に記録させるのだ。

●帳簿と対応する勘定科目

帳簿	勘定科目
現金出納帳	現金
預金出納帳	預貯金 ※銀行口座ごとに別に帳簿を用意する
売上帳	売上高
仕入帳	仕入高
売掛帳	売掛金
買掛帳	買掛金
経費帳	事務用品費、消耗品費、水道光熱費、利子割引料、その他経費
総勘定元帳	事業主貸、事業主借、借入金 他

経費帳と総勘定元帳以外は、ほぼ勘定科目と1対1の関係なのです。

129

Section
04 ｜ 帳簿のつけ方

> しくみを理解するまでは
> ちょっと面倒……

現金・預金・掛け売上・掛け仕入が記録のポイント

　商品を売った、事務用品を買ったなど、個人事業として取引をした場合には、それを帳簿に記録していきます。最初は、どの帳簿にどのように記録すべきかわかりにくいと思います。最初は、**①現金や預金の出入りがあったとき、②掛け売上や掛け仕入があったときに記録**すると覚えておくとよいでしょう。

　記入する事柄は、各帳簿とも共通で、**①日付**、**②相手科目**、**③相手の名前**、**④取引の内容**、**⑤金額**が必要になります。

　取引の内容の記入には、厳密な決まりはありませんが、商品の販売なら主な商品名（型番までは不要）、経費の支払いならサービスや物品の概要（水道料、事務用品、保守料など）、掛け代金の受取りや支払いなら、掛け回収や掛け支払いなどと記録します。

記録はできれば毎週決まったタイミングが望ましい

　記録する量の多さにもよりますが、毎週決められた曜日に処理することが基本です。記録を先伸ばしにすると、どのような活動であったか思い出すのに時間がかかり、かえって事務の効率が落ちます。

> おおよその売上などは頭の中で理解して
> いるとしても、帳簿を記録をして数字で確
> 認してみると、改善点などが見えやすい。

営業

経理

人事

総務・他

●帳簿への記録のしかた

　帳簿には、商品の販売、サービス提供、経費の支払いなど（取引）をもれなく記録する必要があります。1 つの取引を帳簿に記録するときには、2 つの帳簿に記録するのがルールです。

　たとえば、店頭の現金売上の取引を帳簿に記録するときには、次のように売上の動きを記録する「売上帳」と、現金の動きを記録する「現金出納帳」に取引を記録します。

4 月 10 日に店頭で商品 A の売上 50,000 円があった。代金は現金で支払われた。
❶ 　　　❷ 　　　❸ 　　❹ 　　❺ 　　　　　　　　　　　　❻

・売上帳 ❹

日付	相手科目	相手の名前	取引の内容	売上金額
4 月 10 日	現金	店頭	商品 A	50,000 円
❶	❻	❷	❸	❺

・現金出納帳 ❻

日付	相手科目	相手の名前	取引の内容	収入金額	支払金額
4 月 10 日	売上高	店頭	商品 A	50,000 円	0 円
❶	❹	❷	❸	❺	

　同じ取引をわざわざ 2 回記録しなくてはならない点は、実際面倒な作業ですが、このことにより確定申告に必要な書類が作れるだけでなく、いつでも「現金がいくら手元にあるか」「今月はいくら売上があるか」という経営上の情報を確認することができるのです。会計ソフトを使えば、1 回の入力で 2 つの帳簿に記録されます。

発生した取引によって使う帳簿の組み合わせは変わるのです。

● 帳簿のしくみ

P.131 で説明したように帳簿では、1 つの取引を 2 つに分けて記録します。店頭で商品を販売し、代金を現金で受取った取引は、売上帳には売上代金を記録し、現金出納帳には入金額を記録します（両方の金額は同じです）。

取引例

Ⓐ4月1日に商品を店頭で販売し、代金100,000円を現金で受け取った。
Ⓑ4月1日にビニール袋をDEF商事から購入した。代金5,000円を現金で支払った。
Ⓒ4月2日に商品代金50,000円をXYZ商会へ振り込んだ。
ⒹⒸの支払いの振込手数料をABC銀行に支払った。
Ⓔ4月5日に3月分の水道光熱費15,000円が引き落とされた。

● 現金出納帳

日付	相手科目	取引先	摘要	収入金額	支出金額	残高	
前月繰越						560,000	
4月1日	売上高	店頭	商品売上	100,000		660,000	Ⓐ
4月1日	消耗品費	DEF 商事	ビニール袋		5,000	655,000	Ⓑ
4月2日	売上高	店頭	商品売上	90,000		745,000	
4月3日	売上高	店頭	商品売上	110,000		855,000	
4月4日	売上高	店頭	商品売上	105,000		960,000	
4月5日	売上高	店頭	商品売上	103,000		1,063,000	

> 現金の日々の残高がわかる！

● 預金出納帳

日付	相手科目	取引先	摘要	預入金額	引出金額	残高	
前月繰越						2,500,000	
4月2日	仕入高	XYZ 商会	商品仕入		50,000	2,450,000	Ⓒ
4月4日	支払手数料	ABC 銀行	振込手数料		440	2,449,560	Ⓓ
4月5日	仕入高	XYZ 商会	商品仕入		90,000	2,359,560	
4月5日	水道光熱費	水道局	3月分		15,000	2,344,560	Ⓔ
4月5日	仕入高	XYZ 商会	商品仕入		80,000	2,264,560	

> 預金の日々の残高がわかる！

● 売上帳

日付	相手科目	取引先	摘要	売上金額	合計
前月繰越					2,300,000
4月1日	現金	店頭	商品売上	100,000	2,400,000
4月2日	現金	店頭	商品売上	90,000	2,490,000
4月3日	現金	店頭	商品売上	110,000	2,600,000
4月4日	現金	店頭	商品売上	105,000	2,705,000
4月5日	現金	店頭	商品売上	103,000 ●	2,808,000

Ⓐ

売上の累計がわかる！

● 仕入帳

日付	相手科目	取引先	摘要	仕入金額	合計
前月繰越					1,300,000
4月2日	普通預金	XYZ商会	商品仕入	50,000	1,350,000
4月5日	普通預金	XYZ商会	商品仕入	90,000	1,440,000
4月5日	普通預金	JKL商事	商品仕入	80,000 ●	1,520,000

Ⓒ

仕入の累計がわかる！

● 経費帳（消耗品費）

日付	相手科目	取引先	摘要	金額	合計
前月繰越					25,000
4月1日	現金 ●	DEF商事	ビニール袋	5,000 ●	30,000

Ⓑ

現金で支払ったことがわかる！

消耗品の累計がわかる！

● 経費帳（支払手数料）

日付	相手科目	取引先	摘要	金額	合計
前月繰越					5,000
4月4日	普通預金	ABC銀行	振込手数料	440 ●	5,440

Ⓓ

支払手数料の累計がわかる！

● 経費帳（水道光熱費）

日付	相手科目	取引先	摘要	金額	合計
前月繰越					45,000
4月5日	普通預金 ●	水道局	3月分	15,000 ●	60,000

Ⓔ

普通預金で支払ったことがわかる！

水道光熱費の累計がわかる！

●「科目の増減」の見かた・使いかた

　帳簿の記録を始めたばかりのころは、なかなか上手く記録することができないことと思います。そこで本書では、記録の手助けになるように、主要な事業活動ごとに「科目の増減」をまとめています。帳簿への記録のときの参考にしてください。

科目の増減の見方の例 ①

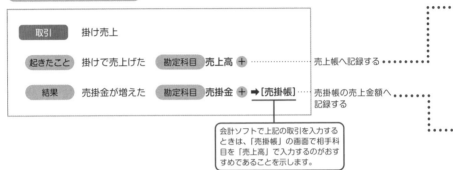

科目の増減の見方の例 ②

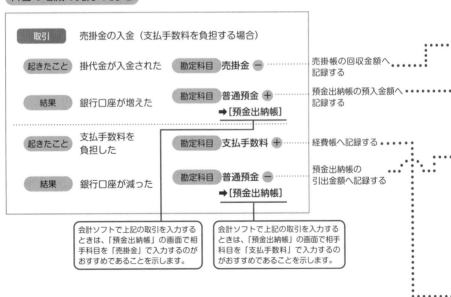

起きたこと **売上帳**

月日	相手科目	相手の名前	取引の内容	金額	合計
前月繰越					5,000
4月1日	売掛金	（株）ABC	商品売上	100,000	105,000

└─「結果」の科目名を記入➡結果の記入
　　は売掛帳にあることがわかる

金額が一致！

結果 **売掛帳**

月日	相手科目	相手の名前	取引の内容	売上金額	回収金額	残高
前月繰越						1,000,000
4月1日	売上高	（株）ABC	商品売上	100,000		1,100,000

└─「起きたこと」の科目名を記録➡起きたことの記
　　録は売上帳にあることがわかる

起きたこと **売掛帳**

月日	相手科目	相手の名前	取引の内容	売上金額	回収金額	残高
前月繰越						1,000,000
4月1日	普通預金	（株）ABC	掛回収		100,000	900,000

結果 **預金出納帳**

月日	相手科目	相手の名前	取引の内容	預入金額	引出金額	残高
前月繰越						1,000,000
4月1日	売掛金	（株）ABC	掛回収	100,000		1,100,000
4月1日	支払手数料	○△銀行	振込手数料		440	1,099,560

預金通帳には、99,560円（＝100,000円－440円）の預入れとだけ
記帳されるが、帳簿を記録する上では、次のように分けて考えます。
①売掛金100,000円全額が振り込まれた
②①と同時に、振込手数料440円を銀行に差引かれた

起きたこと **経費帳（支払手数料）**

月日	相手科目	相手の名前	取引の内容	金額	合計
前月繰越					5,000
4月1日	普通預金	○△銀行	振込手数料	440	5,440

Section
05

経費帳の科目と
節税のポイント

各科目の概要を理解すればよく、あまり神経質になる必要はありません。

なぜ経費帳の科目は多いのか

　事業を行うためには、旅費、外注費、通信費など多くの経費がかかります。**これらの事業の運営にかかった経費は、事業のもうけを計算するときに売上から差引くだけでなく、確定申告で所得税の申告をする際にも必要となるため、経費の額は正確に記録**しなければなりません。これらを帳簿に記録する際、どの科目を使ったらよいか、迷うことが多いと思います。多くの科目に分かれている理由のひとつは、どのような経費がいくらかかったのか、決算書を見ればわかるようにする目的があります。すべての経費を「経費」という科目で処理しては、各経費がいくらかかったかわかりません。

　税金を計算するためには、**どの科目で記録しても経費は経費なので、税金の金額は変わりません。したがって、あまり神経質になる必要はなく、**右ページを参考にだいたいのイメージで科目を選択して問題ありません。

複数の年度を比べる

　各科目の金額を、**前年の金額と比べる**と、科目によって大きく増えたり、逆に減ったりするものがあります。また、金額がほとんど変わらないものもあります。金額が増えた科目を確認し、なぜ増えたのか、どうすれば減らせるのかを考えることが大切です。さらに、**3年分や5年分の経費を並べて比べる**と、その科目が増加傾向にあるのか、減少傾向にあるのか、もしくは波があるのか、傾向が見えてくるため、経営に役立てることができます。

営業

経理

人事

総務・他

memo ＞ 青色申告決算書に印字されていない科目を使いたいときは、自分で追加して記載します。

科目名（概要）	例
租税公課 　所得税や住民税以外の税金、市町村役場などで支払う公的な手数料	印紙代、登録免許税、事業税、償却資産税、消費税、自動車税環境性能割、自動車税種別割、自動車重量税、固定資産税、都市計画税、印鑑証明書発行手数料、住民票発行手数料 　注意：特許権を登録する際のものは、特許権の取得価額になります 　注意：所得税と住民税は事業主貸です
荷造運賃 　商品の発送や宅配便などの支払い	レターパック、郵便小包、宅配便、バイク便、運送代、段ボール、ガムテープ、緩衝材 　注意：商品を仕入れる際に支払う運賃は、仕入高を使う 　注意：商品ではなく書類などを送るときは通信費を使う
水道光熱費 　電気、水道、ガス、灯油	電気代、水道代、ガス代、灯油代
旅費交通費 　業務上の移動、宿泊などのための支払い	電車賃、バス運賃、タクシー代、航空券、空港使用料、船賃、宿泊代、通勤代、ガソリン代、高速代、コインパーキング代、PASMOチャージ、車検代
通信費 　電話や郵便など通信のための支払い	電話代、FAX代、インターネットFAX代、インターネット代、wifi利用代、プロバイダー料、ドメイン料、切手、はがき、封筒、速達代、特定記録、内容証明、書留、EMS、電報代 　注意：収入印紙は租税公課を使う
広告宣伝費 　販売促進を目的とした広告や宣伝のための支払い	パンフレット制作代、ポスター制作代、広告代、看板代、ホームページ制作代、インターネット広告代、SEO対策代、見本品・試供品代、カレンダー制作代、ノベルティグッズ、展示会出展料 　注意：商品や事業紹介のためのHPで、毎年更新される予定のものは広告宣伝費、当面更新が予定されないものは長期前払費用（更新見込期間で償却）、インターネット販売を行うような商品検索機能やオンライン販売機能があるHPはソフトウェアとして処理します
接待交際費 　事業を円滑にするための接待や贈答などのための支払い	飲食代、ゴルフ代、開店祝い花代、お中元、お歳暮、慶弔金、香典、香典袋代、謝礼、商品券、ビール券、クオカード、贈答品代 　注意：事業と直接関係の無いプライベートでの飲食代は事業主貸となります

Column

とりあえず帳簿に記録しておくことが大事

　すでに支払ったレシートや領収書などに関して、どの勘定科目にしたらよいのか、そもそも経費にできるかどうかを悩むことがでてきます。そのときは、とりあえず**仮払金**という科目で記録しておき、あとで調べて正しい処理に直します。

科目名（概要）	例
損害保険料 事業用の財産の偶然の事故による損害に備える保険のための支払い	損害保険、損害賠償責任保険、火災保険、盗難保険、自動車保険、店舗総合保険、動産総合保険、地震保険、旅行保険、運送保険、製造物責任保険などの各種保険料、中小企業倒産防止共済掛金 注意：プライベート用の家財に対する損害保険料や地震保険料、小規模企業共済掛金は、事業主貸を使う（地震保険料と小規模企業共済掛金は確定申告で所得控除ができます）
修繕費 機械、器具、備品などの修理、保守、メンテナンスなどのための支払い	修理代、洗浄代、点検代、定期点検、保守料 注意：機能が上がったり、使用可能期間が延びたりするものは、器具備品など固定資産として計上する
消耗品費 店舗や事務で使う少額な消耗品代	テーブル、イス、棚、傘立て、蛍光灯、電球、LED、時計、プリンター、プロジェクター、USB、カメラ、携帯電話、固定電話、マウス、キーボード、ポット、空気清浄機、加湿器、スピーカー、コピー用紙、ホッチキス針、穴開けパンチ、制服 注意：1つあたり10万円以上のものは、一括償却資産や器具備品などを使う
減価償却費 器具備品などの固定資産の取得価額を、耐用年数にわたって按分して経費として計上するもの	建物、建物附属設備、機械装置、車両運搬具、工具器具備品、ソフトウェア、長期前払費用などの減価償却費
福利厚生費 事務所や店舗を衛生的に、快適にするための支払い	常備薬、マット、トイレットロール、洗剤、消臭剤、清掃代、ごみ処理券
給料賃金 従業員やアルバイトに対する支払い	給料、賞与、アルバイト代、残業手当、時間外手当、休日出勤手当、夜勤手当、早朝手当 注意：配偶者に対して給料を支払うには、事前に青色事業専従者給与に関する届出が必要です。勘定科目は「給料賃金」ではなく「専従者給与」を使用します。
外注工賃 業者に依頼したときの支払い	デザイン料、撮影代、調査料、下請代
利子割引料 借入の利息支払いや売掛金のファクタリング手数料	支払利息、売掛金譲渡損
貸倒金 売掛金や貸付金などが回収不能となったことによる経費	取引停止後1年以上経過した売掛金、取立費用に満たない売掛金、破産終結、更生計画認可の決定、再生計画認可の決定、特別清算に係る協定の認可の決定、債権者集会による切捨て、書面による債務免除
雑費 頻繁には発生しない、少額な支払い	引越し代、求人広告、免許更新手数料

—— **Column** ——

領収書が出ない場合

　取引先と飲食をした際、いったん取引先が全額をお店に支払い、後から自分の分を取引先に支払った場合など、領収書がもらえなかったときは、メモ用紙に、日付、お店の名前、自分が負担した金額、取引先名を記載しておけば、領収書の代わりとなります（インボイスの代わりにはなりません）。また、取引先の葬儀に参列する際の香典も領収書がもらえません。そのときは、会葬御礼などに金額を記載したものや香典袋のコピーを保存します。

> 飲食代だけでなく、香典やお祝いなど、
> この手のものは意外に多いのです。

●節税のポイント

もちろん、「脱税」は問題ですが、合法的な範囲での「節税」は納税者の権利でもあります。ここでは節税のポイントを簡単にまとめます。

勘定科目	節税のポイント
租税公課	固定資産税や償却資産税は、実際に納税していなくても、納税通知書を受け取った日にまだ納税していない分を含めて、経費として処理することができます。 事業に関して支払った交通反則金は経費になりませんが、レッカー車代や車両保管費用は経費にできます。契約書や領収書に税抜き金額や消費税額を記載すると印紙税が税抜き金額で決まるため安くなる場合があります（➡ P.033）。
荷造運賃	包装材などは、原則として使ったときに経費としますが、毎年おおむね一定数量を購入し、定期的に使っている場合には、購入時に経費とできます。
水道光熱費	床面積や利用時間などで、事業用とプライベート用に合理的に区分できれば、事業用を経費とできます（➡ P.067）。
広告宣伝費	パンフレット、チラシ、見本品などは、原則として使ったときに経費としますが、毎年おおむね一定数量を購入し、定期的に使っている場合には、購入時に経費にできます。 看板料や雑誌広告料などは、原則としてその年の分を経費とし、翌年分は翌年の経費とします。しかし、掲載期間が支払日から1年以内のものを支払った場合は、支払日に全額を経費にできます。
接待交際費	プライベート用と明確に区別するために、レシートや領収書などに相手先名を記載しておきます。
損害保険料	原則としてその年の分を経費とし、翌年分は翌年の経費とします。保険期間が支払日から1年以内のものを支払った場合は、支払日に全額を経費にできます。中小企業倒産防止共済掛金は、1年以内の前納は支払い時の経費とできます。
修繕費	固定資産の価値を高めたり、耐久性を増す修理や改良は、固定資産の取得として資産に計上し、減価償却をしていきますが、次のような修理や改良は経費にできます。 ・20万円未満の修理、改良 ・おおむね3年ごとに行われる修理、改良
消耗品費	1つあたり10万円未満の設備は、資産に計上せずに経費にできます。
減価償却費	取得価額が30万円未満の減価償却資産は、青色申告の承認を受けた事業主は減価償却をすることなく、事業の用に供した日に経費にできます。ただし、年間300万円まで。取得価額が20万円未満の減価償却資産は、耐用年数にかかわらず、それを事業の用に供した年から3年で均等に減価償却をすることができます。 基本的には定額法で減価償却費を計算しますが、事前に減価償却資産の償却方法の届出を行うことで、定率法で減価償却費を計算することができます。定額法よりも定率法の方が、事業の用に供した当初の減価償却費が大きくなります。

勘定科目	節税のポイント
給料賃金	通勤費として支払うものは、所得税が非課税で、給与を支払う際に所得税を差引く必要はありません。 一緒に住んでいるなど生計が一の配偶者や親族などに給料を支払っても経費にはなりませんが、事前に青色事業専従者給与に関する届出をすれば、経費にできます。
貸倒金	取引先の倒産などで取引を停止してから1年以上経過し、かつ、売掛金の支払期限から1年以上支払いがまったく無かった場合、売掛金から1円差引いた金額を経費にできます（担保を取っている場合は除く）。
事業主貸	小規模企業共済掛金は、1年以内の前納は支払った年に所得控除が受けられます。

--- Column ---

接待交際費はどこまで認められるか

　事業をはじめると、友人・知人・親戚とあらゆるつてを頼って営業活動をします。しかし、これらの人との会食が、すべて接待交際費として経費と認められる訳ではありません。これらの人との会食には、多分にプライベート的な色彩があるからです。たとえば、具体的に紹介してもらえる案件があり、そのための会食であれば認められる可能性があります。もともと友人ではなく、ビジネスで知合った場合は、事業の必要性から会うので、基本的に接待交際費として認められます。

　また、いままでゴルフをやったことがなく、急にゴルフを覚えなければいけない場合に、ゴルフ練習代、レッスン料などを接待交際費に含めたいと思うことはあると思います。事業をはじめなければゴルフをすることはなかったとしても、税務調査ではこれも個人の趣味としてとらえられることがほとんどと思います。ゴルフプレー費は、通常接待交際費として認められますが、プレーの技量を高めるための支払いまでは経費として認められません。

Section
06 | 経費の支払いの ポイント

> 事業に関するものは経費になるが、プライ
> ベートに関するものは経費にできない。

💰 事業に関する支払いか

個人事業を行っていると、日常生活のすべてが事業を中心に回っていると
いっても過言ではありません。だからと言って、友人との飲食や母校への寄附
などは、原則として経費になりません。しかし、友人であっても定期的に仕事
を紹介してくれたり、母校の卒業生をアルバイトで毎年採用しているなど、事
業と直接的な関係があれば、経費として認められる可能性がでてきます。経費
とする場合には、**事業との関係性と必要性**を説明できるようにすることが大切
です。

💰 事業とプライベートに共通する経費

自宅兼事務所の家賃や自動車のガソリン代など、支払う金額のうち、一部が
事業に関係するものは、事業用とプライベート用の割合を計算して、**事業用部
分を経費**とします。家賃であれば、事業で使う部屋と居住用の部屋の床面積比、
ガソリン代であれば、リッター当たりの走行距離を計算しておき、事業で乗る
際、メーターを記録することなどが考えられます。

また、スーツを含む服・鞄・靴代などは、たしかに事業にも関するものです
が、その割合の計算根拠が明確にしずらく、一般的には経費になりません。屋
号を入れた店舗で着用する制服やカバンなどは基本的に経費になります。

営業

経理

人事

総務・他

memo ▷ 商品の配達中の駐車違反で、レッカー車代と車両保管費用は経費になります。交通反則金は違反に
対する罰則的な意味合いがあり、経費となりません。

─── **Column** ───

乗車記録票をつけよう

　P.181 の事業専用割合の考え方では、自動車の減価償却費を事業用とプライベート用に分けるために、乗車時間を記録しています。この方法でも、一般的には問題が無いと思いますが、利用時間による計算は結果の正確性が少し劣る面があります。もし、自動車の乗車距離が相当多いのであれば、ガソリン代なども高額になるため、もう少し正確性を上げた方がよいでしょう。そこで、乗車ごとに走行距離を記録していく方法をご紹介します。

> カタログなどで燃費を調べる

> 給油をしたら単価を変更する

乗車記録票

車種　　　　○○　　　　　　　ナンバー　　　　あ　12-34
燃費　　　　　　　10 キロ/ℓ

日付	乗車	降車	距離	給油/ℓ	キロ	旅費交通費
1月4日	10,000	10,050	50	¥130	¥13.0	¥650
1月5日	10,060	10,065	5	¥130	¥13.0	¥65
1月5日	10,065	10,070	5	¥130	¥13.0	¥65
1月6日	10,080	10,090	10	¥130	¥13.0	¥130
1月7日	10,095	10,105	10	¥130	¥13.0	¥130
1月9日	10,120	10,130	10	¥130	¥13.0	¥130
1月10日	10,130	10,135	5	¥128	¥12.8	¥64
⋮						
1月30日	10,352	10,370	18	¥125	¥12.5	¥225
1月31日	10,380	10,400	20	¥125	¥12.5	¥250
1月計			300			¥3,800

総走行距離　　　　400
事業割合　　　　75%

> 1年間のトータルで事業割合を出せば、車検代、自動車保険料、修繕費、減価償却費などもそれで事業分を計算します。

> 1月分をまとめて帳簿に記入する

●科目の増減　「科目の増減」の使い方は P.134 を参照してください。

取引	事業のために使ったガソリン代を経費にする		
起きたこと	ガソリン代がかかった	勘定科目	旅費交通費 ＋ ➡[経費帳]
結果	プライベートのお金が減った	勘定科目	事業主借 ＋

●実務上のポイント

交通系 IC カード	交通系 IC カード（SUICA、PASMO など）はチャージをして使いますが、原則はチャージをしたときではなく、**実際に乗車したときに経費**とします。券売機などで乗車履歴を取得し、保管します。できれば事業用とプライベート用で 2 枚を使い分けると、経理が楽になります。
家賃	自宅兼事務所の場合、**事務所として使っている部屋が明確になるよう**にします。事務所として使っている部屋に、事業と関係の無い家財が置いてあったりすると、経費として認められにくくなります。また、一部屋の一部を事業用に使う場合には、つい立てなどを使って区分して利用すれば経費として認められると考えられます。他の経費も含め、按分の考え方で分からない点があれば、事前に税務署に相談することも可能です。
水道光熱費	自宅兼事務所の場合、基本的には家賃と同じで事務所として使っている部屋の**床面積の割合など**で経費とします。床面積の割合に、1 日の利用時間も加味する方法も考えられます。水道代やガス代で、ほとんど事業で使わない場合には、もちろん経費とすることはできません。
固定電話、携帯電話、インターネット	事業とプライベートの通話時間の割合などで按分しますが、実際には時間を集計するのがなかなか難しい面があります。できれば、事業用の電話番号や携帯電話を持ち、事業専用とすれば事業分として明確になり、その全額を経費とできます。
配偶者への給与	原則として配偶者へ給与を支払っても、経費として認められません。経費とする場合には、事前に税務署へ青色事業専従者給与の届出（➡ P.055）をする必要があります。
配偶者や親族が支払うもの	個人事業主本人ではなく、同一生計（memo 参照）の配偶者や親族などが支払う場合も、仮に個人事業主本人が支払えば経費になるものであれば、個人事業主の経費として認められます。たとえば、家賃は配偶者が支払っている場合でも、家賃のうち事業供用割合は個人事業主の経費とできます。

営業

経理

人事

総務・他

memo ▷ 同一生計とは、生計を一緒にしていることを意味し、基本的には①同居をしていること、②同居をしていなくても生活費の仕送りをして養っていることや養われていることなどが条件。

個人事業主の通勤費	自宅から事務所や店舗までの通勤に必要な定期券、電車賃、ガソリン代などは経費となります。ただし、趣味の旅行のために、わざと事務所を遠隔地に設置するような場合には認められません。
町内会費	自宅の町内会費は経費とは認められませんが、**事務所や店舗に関する町内会費**は経費と認められます。
寄附	基本的に経費となりません。寄附は本来的に見返りを求めない支払いのため、事業とある程度の関係はあっても、必要なものとは認められません。ただし、名目は寄附でも、実質的に事業に直接関係する交際目的で支払ったのであれば、交際費と考えられるケースもあります。
海外出張費	事業のために海外へ出張する**航空券代、宿泊代、現地移動費などは、経費**となります。原則として食事代は経費となりませんが、宿泊代に含まれ区分できない場合には、経費と考えられます。現地で観光を併せてした場合の観光分や、家族を連れて行った場合の家族分は経費となりません。 ただし、外国語が堪能な配偶者を通訳として同行した場合には、その配偶者の分は経費となります。また、日中8時間事業を行い、夜に観光をしても基本的に問題は無いと考えられます。
その他	個人の所得税や住民税は経費になりません。また、保険について、店舗の地震保険などは経費になりますが、自宅の火災保険や個人の生命保険などは経費になりません（これらは確定申告書で所得控除の対象となるものもあります）。

Column

事務処理がどうしても苦手なときには

　帳簿への記入または会計ソフトのへの入力がどうしても苦手でうまくできないとしても、設備投資がなく事業がシンプルであればとりあえずエクセルなどに売上帳、仕入帳、経費帳だけでも作成することを検討してみてください。これだけでも作成できれば、一応事業の所得（もうけ）を計算したことになります。

Section
07 | # インボイスの経理処理

免税事業者や簡易課税事業者の個
人事業主は大きな変更はないのだ。

免税事業者や簡易課税事業者はインボイスの影響を受けない

　個人事業主が消費税の計算上、簡易課税という計算方法を選択している場合、インボイスの有無で消費税に影響はありません。簡易課税の適用を受けている個人事業主は、売上から消費税を計算するので仕入や諸経費は影響しないためです。

インボイスがもらえないときの特例がある

　簡易課税を選択していない場合、インボイスが無くても（それが免税事業者との取引であっても）、当初3年間は消費税の8割を、その後さらに3年間は5割を特例により消費税の計算上差引くことができます。したがって、インボイスが受取れない場合に同額で取引を継続すると、当初3年間は消費税の2割相当、その後3年間は5割相当の負担増となります。

　前々年の課税売上が1億円以下、または前年の1月から6月までの課税売上が5,000万円以下のいずれかである個人事業主は、税込み1万円未満の支払いについて、インボイスが無くても（それが免税事業者との取引であっても）支払った消費税を差引くことができます。日常的な諸経費などはかなり含まれ、1万円以上の取引のみインボイスに注意すればよいことになります。この特例は、2023年10月から2029年9月までの取引が対象です。その他、インボイスが無くてもよい取引も例外的にあります（➡P.148）。

memo ＞ 免税事業者や簡易課税事業者の個人事業主は大きな変更はない。課税事業者（適格請求書発行事業者）は、当初6年間の特例や取引内容などでインボイスが無くても消費税を差引ける場合がある。

●インボイス後の消費税の処理

免税事業者	処理自体はインボイス前と変わらず、インボイスの有無にかかわらず、支払った本体価格と消費税を合計した金額を、仕入や諸経費などとして処理する。
簡易課税事業者	インボイスの有無で消費税に影響はない。簡易課税の適用を受けている個人事業主は、売上から消費税を計算するので仕入や諸経費は影響しないため。
課税事業者	インボイスのある取引はその分の消費税を控除することができる。インボイスのない取引は原則として支払った消費税分を控除できないため、その分の消費税の納税額が増える。ただし、当初6年間は特例があり、インボイスが受入れなかった取引でも支払った消費税の一部を控除することができる。 2023年10月から2026年12月までの期間、免税事業者が適格請求書発行事業者の登録を受けることで消費税の申告をしなければならない場合、お客様から預かった消費税の2割を納めればよい特例がある（2割特例）。

●インボイスが無い取引の6年間の特例

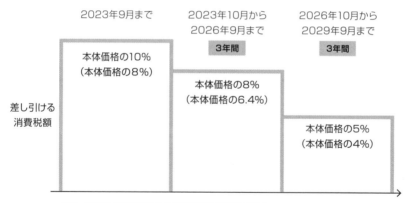

※カッコ内は、飲食品の購入など軽減税率の対象の場合

●インボイスが無くても消費税が控除できる取引

公共交通機関	1取引あたり税込み3万円未満の鉄道、バス、船舶による旅客の輸送が対象。特急料金や寝台料金も対象だが、入場料や手回品料金は対象外。飛行機は対象外。 ※1取引あたりのため、4人分の乗車券5万円をまとめて買った場合は対象外、2人分の乗車券2万5,000円を2回に分けて買った場合は対象。
自動販売機	1取引あたり税込み3万円未満の自動販売機や自動サービス機による商品やサービスの購入が対象。自動サービス機には、ATMや貸ロッカーが含まれますが、飲食店の券売機やコインパーキングの精算機などは商品やサービスを購入するものではなく、単なる料金の精算でしかないため対象外。
出張旅費等	従業員に支給する出張旅費、宿泊費、日当および通勤手当が対象。実費精算、旅費規程などによる精算のいずれも対象。 ※従業員に支給せず、事業主本人が直接支払うものは対象外
回収される入場券	展示会、博覧会など簡易インボイスが発行されるが、それが入場券として回収されるもの。

　上記は前々年の課税売上が1億円以下、または前年の1月から6月までの課税売上が5,000万円以下でない個人事業主を含むすべての個人事業主に適用。

●インボイスの取扱いで注意したい実務上のポイント

立替金	たとえば、取引を仲介する会社に仕入先に立替金を支払ってもらい、後で個人事業主と仲介会社で立替金を精算する場合、仲介会社は仕入先からインボイスを受取ります。この場合には、個人事業主は仲介会社に立替金精算書を発行してもらい、原則として仕入先のインボイスのコピーとともに受取ります。
口座振替家賃の支払い	月々請求書が発行されない家賃の支払いでは、複数の書類でインボイスの記載事項が確認できれば問題ありません。たとえば、当初の賃貸借契約書で、家主と借主（個人事業主）の名称、月額家賃、税率、消費税額、登録番号が記載されていれば、通帳の口座振替日の記載と併せてインボイスとすることが可能です。既存の契約書に記載事項が不足しているときは、登録番号等の通知を別途受取ります。
会計ソフトの入力	インボイスになっても税込み金額を入力し、会計ソフトに自動で消費税額を計算させても基本的に問題ありません。消費税の申告で「積上げ計算」を使う場合は、インボイスに記載されたとおりに消費税も入力する必要があります。なお、積上げ計算は、スーパーマーケットなど少額な代金を多くの回数受取る業種で使われることがある方法です。

> 会計ソフトを使うときは、今後6年間の特例に対応しているかを確認しておく必要があるのだ。

memo ＞ インボイスが不要な取引の場合、帳簿に「公共交通機関特例」や「入場券等」などの記載が必要となる。

簡易課税と2割特例

消費税申告時に納税する消費税の金額を求める基本的な考え方は、

納税する消費税の金額＝売上先から預かった消費税の合計金額
ー仕入先などへ支払った消費税の合計金額

となります。仕入先などへ支払った消費税の合計額を証明する書類がインボイスです。

実際にはもう少し複雑な計算が必要だったり、集計が大変だったりするため、相応の量の事務作業が必要で、個人事業主にはかなりの負担になります。この事務負担を軽減するための制度として、「簡易課税」や「2割特例」があります。簡易課税は消費税の仕組みができた当初からある制度、2割特例はインボイス制度の導入に伴い2023年10月から2026年12月までの特例制度です。

これらの制度では、本来であれば個々の取引を集計しなくてはならない「仕入先などへ支払った消費税の合計金額」を求めなくても、「売上先から預かった消費税の合計金額」に決められた一定の割合を掛けるだけで済みます（「決められた一定の割合」は条件によって変動します）。

仕入先などへ支払った消費税の合計金額
＝売上先から預かった消費税の合計金額×決められた一定の割合

これにより実作業の面でも、売上に関する消費税のみを集計するだけで済むようになり、事務作業の簡略化がはかれます。それぞれの制度を受けることができる要件は下記の通りです。

簡易課税	「消費税簡易課税制度選択届出書」の提出が必要 個人事業者は前々年の課税売上高が 5,000 万円以下
2 割特例	2023 年 10 月から 2026 年 12 月までの特例で届出は不要 下記の①と②の両方の要件を満たす年に限る（例外あり） ① 2 年前の課税売上が 1,000 万円以下 ②前年 1 〜 6 月までの課税売上か給与のいずれかが 1,000 万円以下

それぞれの制度の詳細は下記の URL を参照してください。

・簡易課税制度

https://www.nta.go.jp/taxes/shiraberu/taxanswer/shohi/6505.htm

・2割特例の概要

https://www.nta.go.jp/publication/pamph/shohi/kaisei/202304/01.htm

> **memo** 免税事業者は、取引先が課税事業者であっても免税事業者であっても、消費税を含めた支払総額が安い方から購入した方が有利。

Section 08 | 売上と仕入の 経理の処理

> 仕入れには商品の本体代 以外もかかるのです。

掛け取引の売上と仕入は請求書単位で記録する

　掛け売上では、**売掛帳と売上帳に請求書単位でまとめて記録**します。たとえ ば、10日締め翌月末払いがルールのとき、2月11日から3月10日までの取引 が記載された請求書でも、2月分と3月分で区別せず、帳簿には締め日（3月10日） で、1つの取引としてまとめて記録します。掛け仕入も同様に、受取った請求 書単位でまとめて買掛帳と仕入帳へ記録します。

　請求書単位ではなく、明細を2月分と3月分で区別して帳簿に記録した方が 経理的には正確ですが、入金や支払いの業務は請求書単位で行うので、請求書 単位で記録した方が基本的に売（買）掛帳の直前の売上（仕入）金額を見れば、 一目で入金（支払）額が請求書どおりであることがわかるため便利です。

　現金売上は、日々の合計額をまとめて現金出納帳と売上帳に記録します。現 金仕入は、個々の取引ごとに現金出納帳と仕入帳に記録します。

売上と仕入にかかる費用の計上も忘れずに

　商品を販売する際にかかる運送料や保険料などは、荷造運賃や損害保険料な どとして経費帳に記録します。反対に、仕入の際に付随してかかる運送料や保 険料は**付随費用**（ふずいひよう）として、仕入高として仕入帳へ記録します。

> 運送代でも、仕入に関する支払い（引取り運賃） は仕入帳（仕入高）を使い、売上に関する支払い（発 送費用）は経費帳（荷造運賃など）を使う。

● 会計データの入力

請求書単位でまとめて入力します。

10 日締め翌月末払いの例

作成日： 2023年11月15日 No. 67890123

御請求書

株式会社ABC
　営業部 販売促進課
　山田悟　　　　　　　　　　様

スタジオ蔵吹倶
出差員 太郎
〒 169−85XX
東京都新宿区北新宿5−5−5
登録番号　T1234567890123
電話：03−52XX−41XX
Fax：03−52XX−41XY

振込銀行名：○×銀行
支店名　　：△△支店
口座名義　：スタジオグラフィック
口座番号　：普通 0123456
支払期日　：2023年12月31日

下記の通り御請求申し上げます。

総額			308,000 円			

内訳	本体 10%		280,000	消費		28,000
	価格 8%		0	税額		0

11月15日付で30
万8,000円の仕入
を買掛帳へ記入

日付	品　名	数量	単　価	税率	金 額（税 抜）	備　考
2023/10/10	カタログデザイン	1	100,000	10%	100,000	
2023/10/10	販促チラシデザイン	3	30,000	10%	90,000	
2023/11/1	販促チラシデザイン	2	30,000	10%	60,000	
2023/11/10	販促チラシデザイン	1	30,000	10%	30,000	
	合　　　　計				280,000	

10月分と11月
分のデータを分
けて入力しない。

備考：
恐れ入りますが振込手数料は貴社（殿）にてご負担ください。

05. 12. 26 入金

取引	仕入れた商品を引取るために、運送の手配を別途した
起きたこと	運送代を支払った	勘定科目	仕入高 + ※
結果	銀行口座が減った	勘定科目	普通預金 − ➡[預金出納帳]

※仕入にかかる運送代は仕入高として処理します（荷造運賃ではありません）。

取引	請求書に商品代とは別に運送代が記載されていた
起きたこと	商品代と運送代を支払った	勘定科目	仕入高 + ※
結果	銀行口座が減った	勘定科目	普通預金 − ➡[預金出納帳]

取引	店頭で商品を現金で売上げた
起きたこと	商品を売上げた	勘定科目	売上高 + ※
結果	現金が増えた	勘定科目	現金 + ➡[現金出納帳]

※1日の合計額でまとめて記録してかまいません。

取引	店頭で商品をクレジット払いで売上げた
起きたこと	商品を売上げた	勘定科目	売上高 + ※
結果	クレジット会社の未収金が増えた	勘定科目	未収金 + ➡[総勘定元帳]

※1日の合計額でまとめて記録してかまいません。

取引	商品の販売代金を請求するため請求書を発行した
起きたこと	商品を売上げた	勘定科目	売上高 +
結果	売掛金が増えた	勘定科目	売掛金 + ➡[売掛帳]

取引	支払期日に売掛金の入金があった
起きたこと	銀行口座が増えた	勘定科目	普通預金 + ➡[預金出納帳]
結果	売掛金が減った	勘定科目	売掛金 −

取引	商品を現金で仕入れた
起きたこと	商品を仕入れた	勘定科目	仕入高 +
結果	現金が減った	勘定科目	現金 − ➡[現金出納帳]

取引	仕入れた商品の請求書を受取った
起きたこと	商品を仕入れた	勘定科目	仕入高 +
結果	買掛金が増えた	勘定科目	買掛金 + ➡[買掛帳]

取引	支払期日に買掛金を支払った
起きたこと	銀行口座が減った	勘定科目	普通預金 − ➡[預金出納帳]
結果	買掛金が減った	勘定科目	買掛金 −

売上と仕入の計上日の考え方

　原則的な売上に計上するタイミングは、商品を引渡したり、サービスを提供した日です。入金日や請求書の作成日ではありません。商品の引渡しは次の①～③のいずれか、サービスの提供は次の④のタイミングになります。①から④のタイミングは一度決めたら理由もなく変えられません。商品の種類ごとに別々（商品Aは①、商品Bは②）にすることは問題ありません。

売上日	帳簿入力時に確認する書類	説明
①出荷した日	納品書控えなど	具体的には出荷した日にも、梱包した日、積込んだ日、倉庫から搬出した日などがある。
②納品した日	納品記録など	検収までは受けていないが、取引先へ持ち込んだ日。
③検収した日	物品受領書など	商品が注文どおりか相手が確認することを検収といいます。取引先が検収した日。
④支払い承諾日	検収書、支払承諾書など	サービスの提供後、相手が代金の支払いを承諾した日。

　上記が原則ですが、売上の帳簿への記入は、基本的にレジ売上であれば日報ごと、掛け売上（➡ P.098）であれば請求書ごと、口座振込であれば入金ごとに行います。
　仕入の場合には下記の①と②のどちらかの選択となります。タイミングを一度決めたら理由もなく変えられない点は、売上日と同様です。

仕入日	帳簿入力時に確認する書類	説明
①入荷した日	納品書など	一般的に採用されている。
②検収した日	物品受領書控えなど	サービスや高額な商品などで採用される。

　売上日の①～④、仕入日の①～②のタイミングに注意するのは、決算作業においてです。これについては P.230 を参照してください。

Section

09 | 売上以外の 収入のポイント

> 売上高以外の収入は、いろいろな
> 処理があるのだ。

 ## 事業に付随して発生する収入は雑収入

　本業としての商品の販売やサービスの提供以外にも、事業を行う上で付随的な収入が出てきます。たとえば、開店祝の祝儀や端材の売却収入などです。これらは**雑収入**という科目で処理します。

 ## 家事消費は個人事業主に対する売上

　個人事業主が個人的に商品を消費したり、友人にあげたりすると、売上代金はもらえませんが通常の販売価額の70%と商品の取得価額のいずれか高い金額で商品を売上たものとみなして、売上相当分を家事消費（かじしょうひ）という扱いで処理しなければなりません。**家事消費は個人事業主自身などへの売上を意味します。**商品が事業主自身で消費（売上ゼロ）されても、商品を仕入れる際にかかった代金は経費になるため、見合いで通常の販売価額の70%と商品の取得価額のいずれか大きい金額を、売上とみなすことになっています。

　業種が飲食業の飲食の場合は、商品の取得価額は材料費のみで構いません。サービス業でサービスを提供した場合には、家事消費という考えはありません（友人や家族にサービスを無償で提供しても売上とはされません）。

　家事消費をしてもお金の入りはありません。家事消費をしたら、そのことをメモしておき、後で帳簿に記入だけします。

memo ▷ 商品や店舗に係る損害に対する保険金の処理は雑収入です。

●家事消費の具体例

通常の販売価額が 100 円、取得価額が 50 円のときの、家事消費時の販売価額は 70 円（100 円× 70%で、取得価額の 50 円より高い）となる。

ケース1 個人事業主が消費したとき：家事消費 70 円
ケース2 友人に無料であげた：家事消費 70 円

ケース1と2

通常の販売価額の70%＞取得価額
通常の販売価額の70%を売上たものとみなす

ケース3 親戚に 75 円で販売した：
売上高 75 円
（販売代金が通常の販売価額の 70%と商品の取得価額のいずれも上回るときは家事消費ではなく、売上高として全額計上する）

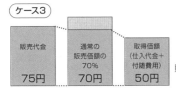

ケース3

販売代金＞通常の販売価額の70%＞取得価額
家事消費の売上は無い

ケース4 親戚に 30 円で販売した：
売上高 30 円、家事消費 40 円
（販売代金が下回るときは、売上高を全額計上し、差額を家事消費として計上する）

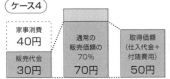

ケース4

通常の販売価額の70%＞取得価額
販売代金＜通常の販売価額の70%
通常の販売価額の70%－販売代金を
家事消費として売上たものとみなす。

> **memo** 〉 家事消費をすると税金がかかる（通常の販売価額の 70% －商品の取得価額＝所得）ので、はじめから家事消費が見込まれる分は、プライベートとして事業とは分けて購入したほうが得です。

155

Section

10 事業主貸と事業主借

個人事業ならではの会計の
処理なのです。

事業とプライベートのお金のやり取りに使う

　家事消費の処理を行うときには「**事業主貸**」という勘定科目を使用します。
また、これと似た名前の勘定科目に「事業主借」があります。この2つの勘定
科目は主に**事業のお金とプライベートのお金の出入りが発生したときに使いま
す**。お金に色はなく事業用やプライベート用という区別はありませんが、事業
のために使ったお金と、プライベートで使ったお金を分けなければ、事業のも
うけは計算できません。右ページに具体的な例をあげてみました。

事業主貸（借）の金額は税金には影響しない

　事業主貸（借）の金額がいくら増えても、税金には影響しません。ちなみに、
事業専用のお財布や銀行口座を作らずにプライベートのお財布や銀行口座に売
上代金を入れたり、経費の支払いをしたときにも、事業主貸（借）の勘定科目
を使います。

　本来は、事業専用のお財布や銀行口座を用意した方が帳簿の間違いも起きに
くくなりよいのですが、開業当初などはプライベート用のお財布や口座をとり
あえず使用することも多々あります。

　1年間をとおして事業を行い、最終的に事業主貸の金額が事業主借の金額よ
りも多い場合は、事業のお金がプライベートに使われたことを、事業主貸の金
額が事業主借の金額よりも少ない場合は、プライベートのお金が事業に使われ
たことを意味します。

● 家事消費

P.154 で解説した家事消費は、商品がプライベートで使われたことを意味します。帳簿に記入するときは、売上帳に相手科目を**事業主貸**として、事業ではなくプライベートに使用したことを記録します。通常の売上の処理では売上帳と現金出納帳（もしくは預金出納帳や売掛帳）に取引を記録しますが、家事消費では売上の対価が現金などで入ってこないので、代わりに事業主貸を使うことになります。

家事消費は通常それほど多く出てきませんが、もしも、毎月出てくるようであれば、売上高とは別に、「家事消費」という勘定科目で処理することもあります。青色申告決算書（➡ P.240）の 2 枚目で、売上高とは分けて家事消費の金額を記載する欄があるためです。

● 事業の預金口座から生活費を支払う

事業でもうけたお金を預けている事業専用の銀行口座から、生活費の支払いをしたとします。このときも預金が引き出されたことを預金出納帳に相手科目を事業主貸としてプライベートに使用したことを記録します。

また、事業用の銀行口座からプライベート用の銀行口座へ振替えた場合、これは売上でも仕入でも経費でもなく、単にプライベートの資金に振り替えただけで、相手科目を**事業主貸**とします。

● 科目の増減　「科目の増減」の使い方は P.134 を参照してください。

取引	お店の商品をプライベートで消費した		
起きたこと	家事消費をした	勘定科目	事業主貸 ＋
結果	家事消費分を売上げたものとみなす	勘定科目	売上高 ＋ ➡[売上帳]

取引	お店の商品を友人へ安く販売した		
起きたこと	商品を売上た	勘定科目	売上高 ＋
結果	現金が増えた	勘定科目	現金 ＋ ➡[現金出納帳]
起きたこと	家事消費をした	勘定科目	事業主貸 ＋※
結果	家事消費分を売上げたものとみなす	勘定科目	売上高 ＋ ➡[売上帳]

※〔通常の販売代金の 70％と商品の取得価額〕のいずれか大きい金額から、現金で売上げた金額を差引いた金額

Section
11 | # 会計ソフトへの 入力のポイント

月々は入出金の日付を取引日として入力し、決算で一定の調整をする。

取引日と摘要

会計ソフトへ入力する際、**取引日**を入れる必要があります。取引日とは、売上高は売上た日、仕入高は仕入れた日、固定資産であれば資産を取得した日などです。本来であれば、一件一件、取引日を考えて入力すべきですが、実際には、現金や預金で支払った日、請求書の締め日などで登録することで構いません（➡P.150）。そして、決算では、その年の取引がその年にもれなく登録されるように、決算作業（➡P.230）という処理をします。

摘要には、取引先の名前と取引の内容を入力します。取引の内容は、売上高はレジ売上、ネット売上、〇月分、家事消費など、仕入高は主な商品名やサービス名、〇月分など、経費は主な商品やサービスの種類（電話代、文房具、複合機保守料など）を入力します。取引の内容に厳密な決まりは無いので、あまり神経質になる必要はありません。

補助科目

銀行預金や売掛金、買掛金、未収金、未払金などは、いくつかの取引先があるのが普通です。たとえば、A銀行とB銀行の入出金を、単に普通預金として入力すると、後で見返したときに非常にわかりにくくなってしまいます。残高も一目で正しいのかわかりません。

通常は、普通預金に**補助科目**として「A銀行」と「B銀行」を設定し、普通預金-A銀行にはA銀行の入出金を、普通預金-B銀行にはB銀行の入出金を入力します。このようにすれば、普通預金-A銀行の金額と通帳の金額が一致していることが一目でわかります。

memo ＞ 固定資産を取得した仕訳の取引日は、代金の支払日で入力しますが、固定資産台帳の「取得日」は実際に手許に届いた日、「事業供用日」は実際に事業に使い始めた日を登録します。

●補助科目のイメージ

補助科目を使わない場合

［普通預金］

取引日	相手勘定科目	預金金額	引出金額	残高
		⋮		
2月8日	仕入高		100,000	5,003,000
2月9日	通信費		3,000	5,000,000
2月9日	水道光熱費		4,000	4,996,000
2月10日	売上高	500,000		5,496,000
2月11日	仕入高		80,000	5,416,000
2月15日	地代家賃		150,000	5,266,000
		⋮		

> 預金全部の合計だから、銀行ごとの残高がわからない……。

補助科目を使う場合

［普通預金 -A 銀行］

取引日	相手勘定科目	預金金額	引出金額	残高
		⋮		
2月9日	通信費		3,000	1,500,000
2月9日	水道光熱費		4,000	1,496,000
2月15日	地代家賃		150,000	1,346,000
		⋮		

> 補助科目を記載すると、グッと見やすくなったね!

> A銀行の通帳と一致!

［普通預金 -B 銀行］

取引日	相手勘定科目	預金金額	引出金額	残高
		⋮		
2月8日	仕入高		100,000	3,500,000
2月10日	売上高	500,000		4,000,000
2月11日	仕入高		80,000	3,920,000
		⋮		

> B銀行の通帳と一致!

> 会計ソフトを使っていても、ミスはしてしまうもの。できれば各月末ごとに、最低でも決算時に、会計ソフト上の数字があっているかチェックしよう。主なチェックポイントは P.161 のようになる。

---

memo ＞ 補助科目は基本的に資産や負債の科目に対して設定しますが、必要に応じて売上高や仕入高などにも設定することがあります。

●本書の「科目の増減」を使った会計ソフトへの入力

取引があったら、該当する section にある「科目の増減」を確認して、まずどの帳簿に入力するかを確認します。科目の増減では、取引の説明のそばに入力する帳簿名を記載しています。

入力する帳簿が確認できたら、その帳簿には取引日、相手科目、摘要、金額を入力していきます。この際、相手科目の入力が重要で、ここを間違うと正しい仕訳帳と総勘定元帳が作成されません。この相手科目も、科目の増減を見ればわかるようになっています。

科目の増減では、「起きたこと」と「結果」で勘定科目を 2 つ記載していますが、入力する帳簿とは反対の勘定科目を相手科目として入力します。つまり、記録する帳簿が現金出納帳であれば現金とは反対の勘定科目を相手科目として入力し、預金出納帳であれば預金と反対の、売掛帳であれば売掛金と反対の、買掛帳であれば買掛金と反対の、経費帳であれば経費と反対の勘定科目が相手科目となります。入力が終わり、2 つの帳簿に記録されたら、総勘定元帳に 2 つの勘定科目が自動で正しく記録されたかも確認します。

●ファイルから見た帳簿への記入のしかた

毎週所定の曜日になったら、いったん書類を整理して、ファイルに綴じたり、日付順に並び替えたりします。その後で、各ファイルをみて帳簿へ記録します。

売上帳、売掛帳	未入金ファイルに綴じてある請求書控えなどより記録する。
売上帳、現金出納帳	現金売上に綴じてある請求書控えなどより記録する。
仕入帳、買掛帳	未払ファイルに綴じてある請求書などより記録する。
仕入帳、現金出納帳	現金仕入に綴じてある請求書などより記録する。
経費帳、現金出納帳など	レシートや領収書の束を日付の古いものを「上」から順に並べてから記録する。現金で購入したものは現金出納帳へ、口座から支払ったものは預金出納帳へ、クレジットカードで支払ったものは経費帳などへ記録します。記録した後に、スクラップブックや A 4コピー用紙に、日付が古いものから順にのり付けしていきます。

memo ▷ 会計ソフトによっては簡易入力などと呼ばれる方法で仕訳を登録することもできますが、登録する情報は変わりません。

●入力の間違い

　取引1件1件を正しく入力すれば、会計ソフトは結果として正しい決算書を作成してくれます。しかし、取引の件数が多くなると、すべてを完璧に入力することは難しくなります。そこで、できれば各月末ごとに、最低でも決算時に、会計ソフト上の**現金や普通預金などの科目の残高が、手元の現金や通帳と合っていること**、おおよそイメージする売上高や仕入高とズレが無いことなどを確認する必要があります。よくある間違いは、金額を入力する際に6と9を間違えたり、0をひとつ多くしてしまうなどがあります。

　また、最近では銀行口座やカード決済などを自動で入力する機能がありますが、自動で入力されたにもかかわらず、手作業で重複して入力してしまう間違いも見られます。

●科目ごとのチェックポイント

科目	チェックポイント
現金	・手許にある硬貨や紙幣の合計と一致しているか ・レジの中や手提げ金庫の中のものも確認したか
普通預金	・通帳と一致しているか ・預金利息は事業主借で登録しているか
売掛金、未収金 買掛金、未払金	・取引先別に補助科目を作成しているか ・補助科目ごとの残高で、マイナスの残高や長期間残っている残高は無いか
商品	・棚卸表と一致しているか
固定資産	・固定資産台帳の金額と一致しているか ・今年買ったり、売ったり、廃棄したものの増減が登録されているか
借入金	・返済予定表などと一致しているか ・利息の支払いを元本の返済としていないか
預り金	・所得税は前月分（納期の特例の場合1月や7月～前月分）が残っているか
売上高	・イメージと合っているか ・臨時的、スポット的な案件がもれていないか
家事消費/雑収入	・記録がもれていないか
仕入高	・イメージと合っているか ・売上高で割った割合（原価率）はおかしくないか
地代家賃	・毎月（12か月分）登録されているか
減価償却費	・固定資産台帳の減価償却費の金額と一致しているか

Section 12 | 自動取込みをしよう

面倒な作業はできる
だけ自動化。

自動取込みできるものはできるだけ活用する

　会計ソフトの入力はわかりにくく、手間がかかる作業です。最近の会計ソフトの中には、入力をサポートする便利な機能があります。

　現金を支払うと基本的には相手から領収書を受取ります。この領収書をスマホで撮影すると、自動で入力できるものがあります。また、預金については、インターネットバンキングを利用していると、そのデータを**自動で取込み**入力してくれるものがあります。その他、クレジットカードでの購入や小売店でのレジ売上、Squareなど決済サービスを自動で取込める会計ソフトもあります。会計ソフトによっては、お試し期間が設けられていたり、電話で利用方法を相談できる窓口があったりします。会計ソフトを導入する場合には、自分が利用したい機能があるか事前に確認します。

自動取込みを過信しない

　自動取込みは便利ですが、あくまで補助的な位置付けと考えた方が無難です。自動入力されたからといって、必ずしも正しいとは限りません。たとえば、請求書を発行して会計ソフトへ手作業で売上高を入力し、それが入金されたときに売上高を自動で入力されてしまうと、**売上高の2重計上**となってしまいます。自動取込みがされたら、予想どおり入力されているか確認します。

自動取込みを使うときは、取引
がどのように取込まれるのか、理
解して利用するのが重要なのだ。

営業

経理

人事

総務・他

●自動取込みのイメージ

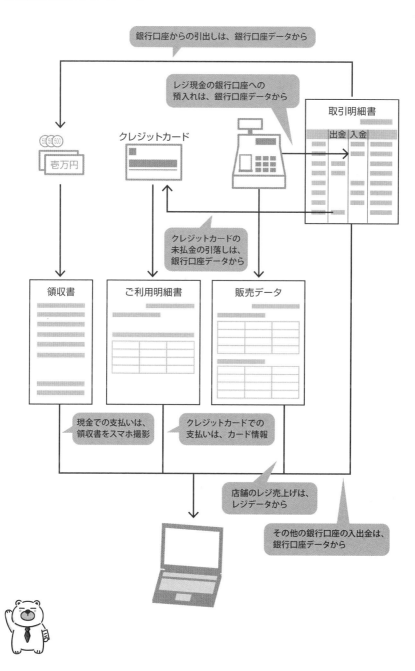

対象：会計ソフトを利用する事業主

Section

13 | 自動で取込めない取引

会計ソフトの自動取込みは便利だが、すべてが自動取込みできるわけではない。

 よく使う取引はパターン登録しておく

　売った、買った、仕入れたなど、比較的簡単な取引は自動取込みができます。しかし、給与の支払い、銀行からの借入れなどの取引は、自動取込みでは正しく処理されないことがあります。このような自動取込みがされない取引は手作業で入力しますが、それが毎月繰返すような取引であれば、事前に**取引のパターン**を会計ソフトに登録します。一度登録しておけば、後はその登録した取引のパターンを呼出し、日付や金額などを手動で変えるだけで済みます（右ページ参照）。

 家事関連費はプライベート分をあとから引く

　自動で取込む取引のうち、事業用とプライベート用が混ざっている家事関連費は、いったんは全額が経費として入力されます。しかし、そのうちの事業用を経費としたいので、手作業で修正する必要があります。ポイントは、全額経費とされた金額から、プライベート用の金額を減らすことと、その金額だけ**事業主貸**を増やすことです。銀行口座の減った金額自体は変わらないので、普通預金の金額は修正しません。

　もし、自動取込みを修正するのが難しければ、自動取込みをしないように設定して、自分で一から入力します。

よく入力する取引は、事前に登録しておこう。登録しておけば、それを呼び出すだけで入力が簡単にできるのだ。

営業

経理

人事

総務・他

●入力の登録例 「科目の増減」の使い方はP.134を参照してください。

　次の取引は、自動取込みでは対応できないまたは簿記がわからないと自動入力に任せられないことがあります。その場合は事前に会計ソフトへ登録し、必要なときに呼出して、取引日と金額だけを入力するようにして、手間を減らします。

給与
[締め日]

> **取引** 給与の締め日になった

> **起きたこと** 給与が発生した　　　　**勘定科目** 給料賃金 ＋ ➡[経費帳]

> **結果** 未払金が増えた　　　　**勘定科目** 未払金 ＋ ※

※所得税や雇用保険料などを差引く前の金額

[支払日]

> **取引** 給与を支払った

> **起きたこと** 給与の未払金を支払った　**勘定科目** 未払金 －

> **結果** 銀行口座が減った　　　　**勘定科目** 普通預金 － ➡[預金出納帳]

> **起きたこと** 所得税を預かった　　　　**勘定科目** 預り金 ＋

> **結果** 銀行口座が増えた　　　　**勘定科目** 普通預金 ＋ ➡[預金出納帳]

相殺後が実際の支払額

借入
[返済日]

> **取引** 借入金を返済した

> **起きたこと** 元本を返済した　　　　**勘定科目** 借入金 －

> **結果** 銀行口座が減った　　　　**勘定科目** 普通預金 － ➡[預金出納帳]

> **起きたこと** 利息を支払った　　　　**勘定科目** 利子割引料 ＋

> **結果** 銀行口座が減った　　　　**勘定科目** 普通預金 － ➡[預金出納帳]

合計が実際の支払額

　次の取引は自動取込みでは、全額が経費とされてしまいます。プライベート用を減らす修正が必要になります。

家賃
[自動取込み]

> **取引** 家賃を支払った

> **起きたこと** 家賃が発生した　　　　**勘定科目** 地代家賃 ＋

> **結果** 銀行口座が減った　　　　**勘定科目** 普通預金 － ➡[預金出納帳]

[手作業で修正]

> **修正** 支払った家賃のうち、プライベート用を経費から減らす

> **起きたこと** プライベート用の家賃を減らす　**勘定科目** 地代家賃 － ➡[経費帳]

> **結果** プライベート用の支払いがあった　**勘定科目** 事業主貸 ＋

Section 14 | 報酬の支払いの流れをつかもう

報酬とは、すごくざっくりいうと「個人から受けたサービスに対する支払い」のことなのです。

● 報酬の支払いのスケジュール

1 業務の対象者の確認
業務に取り掛かる前

P.168 の図で自分がこの業務の対象かを確認。対象外ならこの業務を行う必要なし。

> P.168

2 請求書の確認
支払期日の 3 日前まで

請求額や支払期日などに誤りが無いか、見積書などで確認する

> P.170

3 検算または計算
支払期日の 3 日前まで

請求書に記載された所得税を確認し、間違っていた場合には先方へ確認する

> P.170

4 報酬の支払い
支払期日まで

請求書の支払期日までに所得税を差引いた差額を支払う

5 納付書の作成と納税
支払月の翌月 10 日まで

前月に支払った報酬について、支払額、人数などを集計して納付書を作成し、納税する

> P.172

この業務はやらなくもよい人も多いので、まず P.168 で確認しよう。

営業

経理

人事

総務・他

　報酬とは、簡単に言うと「**個人から受けた**サービスに対する支払い」のことで、原則として報酬を支払う際は所得税を天引きする必要があります。よく発生するものとしては、①原稿料、講演料、デザイン料、通訳料などの個人の技量にもとづくサービスへの支払い、②弁護士報酬、税理士報酬、司法書士報酬、中小企業診断士報酬などの資格にもとづくサービスへの支払い、③芸能関係者、スポーツ選手、外交員など支払いが比較的高額になるサービスへの支払いなどがあります。基本的には**個人事業主への支払い**が対象で、会社など法人への支払いは対象外となります。

　請求書を受取ったときに、相手が株式会社、合同会社、有限会社、一般社団法人

memo > 報酬の種類は多岐にわたる。よくあるケース（➡ P.170）以外の個人事業主への支払いで報酬に該当するかわからないときは、税務署へ確認する。

このセクションで身につくこと

- ☑ 代表的な報酬の種類の理解
- ☑ 所得税の計算のしかた
- ☑ 所得税の納税のしかた

● 報酬の支払いと所得税の納税

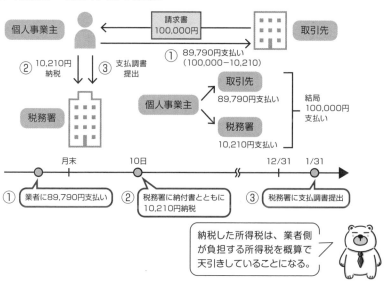

などであれば、法人で間違いありません。しかし、請求書に屋号しか記載が無い場合など、相手が個人か法人かわかりにくいことがあります。その場合には、契約書を見たり、相手に法人かどうか確認する必要があります。

　自分がP.168にある例外的に所得税を差引かない個人事業主であればよいのですが、そうでない場合、報酬を支払うときには、請求額に応じた所得税を差引いて支払い、差し引いた所得税は税務署へ納税します。もう少し具体的に説明すると、デザイナーなどに業務を外注し報酬を支払う事業主は、請求額に応じた所得税を差引き（天引きし）、残りを業者に支払います。そして、差引いた所得税は翌月10日までに税務署へ納税します。注意しなければならないのは、所得税を差引いて税務署へ納税するのは、あくまでも支払い側（事業主）の義務となります。

> **memo** 外国に住む人への支払いや、外国の会社への支払いは報酬に限らず所得税を差引くことがあるが自分で判断することは難しいため、支払いの前には税務署へ相談する。

●所得税を差引かなくてよい事業主とは

　従業員を雇わない事業主は、報酬を支払う際に所得税を差引く必要は基本的にありません。例外的に、バー、キャバレー、ナイトクラブなどを経営している場合は、例え従業員を雇っていなくても、ホステスなどへ報酬を支払う際だけは、所得税を差引く必要があります。つまり、自分の事業で従業員を雇っているかどうかがポイントです。

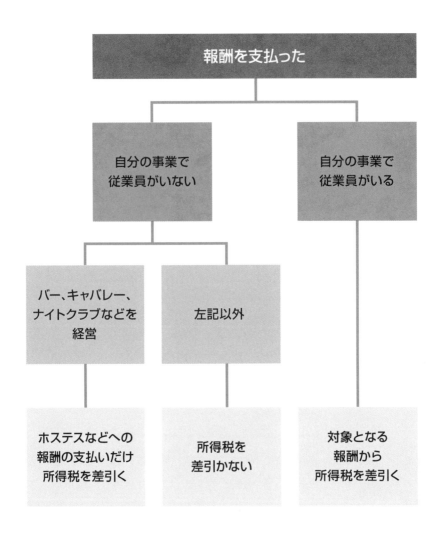

─ **Column** ─

報酬から所得税を差引くことを少し意識する

　自分が報酬を支払う際に所得税を差引く必要があるかどうかは、**まず自分が従業員を雇っておらず、かつ、バー等の経営をしていなければ不要**です。また、従業員がいても、相手が法人（会社など）であれば、所得税を差引く必要はありません。その上で、自分が報酬を支払う際に所得税を差引く必要がある場合、報酬の内容によって必要があるものと無いものがあります。主なものは P.170 に記載していますが、それ以外にも多くの種類があります。それらをすべて理解するのは大変なので、個人事業主へ支払う際はちょっと注意が必要だということだけでも意識しておくとよいと思います。

　反対に、個人事業主である自分が請求書を発行する場合、取引先は所得税を差引く必要があるかどうか、請求書を注意して見ています。自分の作成した請求書に差引く所得税の記載がなくても、相手先が所得税を差引く必要があると判断すれば、所得税を差引かれた金額が振り込まれます。自分は差引かれる必要は無いと思っていても、相手先と判断が分かれた場合には、明らかに相手が間違っているようでなければ、相手に合わせるという判断もあります。

Section
14₋₁ 報酬の支払い① 差引く所得税の計算

> 所得税を差引く報酬には
> 多くの種類がある。

請求書の確認

　個人事業主から請求書を受取ったら、まず請求額や支払期日などの記載事項を、契約書や見積書などで確認します。次に、その報酬が所得税を差引く必要があるかどうか（主なものは下表参照）を確認します。また、請求書にすでに所得税の記載がある場合には、その金額が正しいかどうかも確認し、もしおかしければ先方に確認します。

対象となる個人事業主	対象となる業務の例	所得税徴収高計算書（納付書）の種類
①写真家	パンフレットに掲載する商品の撮影料	報酬・料金等（納期の特例の適用なし）
②デザイナー	自社製品、チラシ・ポスター、パッケージのデザイン料	
③翻訳者、通訳	パンフレットの翻訳料、通訳料	
④弁護士、公認会計士、税理士、社会保険労務士、中小企業診断士	弁護料、監査料、顧問料、決算料、申告料、申請料、コンサルティング料	給与所得・退職所得等（納期の特例の適用あり）
⑤司法書士、土地家屋調査士	書類作成料、測量費	

差引く所得税の計算

　報酬が100万円以下の場合には報酬額の**10.21%**、100万円を超える場合には100万円を超える部分は**20.42%**です（次ページの「報酬が100万円を超える場合」を参照）。ただし、司法書士などへの支払いに限り、（報酬額−1万円）×10.21%で計算します。こちらは報酬額が100万円を超えても税率は10.21%で変わりません。

　契約書、請求書、領収書などに、本体価額と消費税が明確に区分されている場合（右ページ参照）には、報酬額は税抜きである本体価額とします。区分されていない場合には、報酬額は（本体価額＋消費税）とします。

memo ▷ （報酬額−1万円）×10.21%で計算するのは、司法書士のほかに、土地家屋調査士、海事代理士への報酬があります。

●基本の計算

(例)司法書士へ報酬として40万円支払った場合

　　…(400,000円−10,000円)×10.21%＝39,819円

　　　※計算した金額に円未満の端数が出るときは切捨て

●報酬が100万円を超える場合

(例)弁護士へ報酬として150万円支った場合

　　…1,000,000円×10.21%

　　　＋(1,500,000円−1,000,000円)×

　　　20.42%＝204,200円

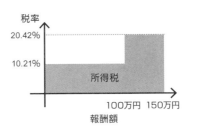

●消費税が明確に区分されている場合

(例)請求書の記載が「税理士報酬660,000円」のとき

　　…660,000円×10.21%＝67,386円

(例)請求書の記載が「税理士報酬600,000円／消費税60,000円／合計660,000円」のとき

　　…600,000円×10.21%＝61,260円

(例)請求書の記載が「税理士報酬660,000円(うち消費税60,000円)」のとき

　　…(660,000円−60,000円)×10.21%＝61,260円

●手取額からの割戻し計算

(例)税理士報酬の手取額を100,000円にする(消費税込み)

　　…100,000円÷89.79%＝111,370円

(例)税理士報酬の手取額を100,000円(消費税抜き)にする

　　…100,000円÷89.79%＝111,370円

　　　111,370円×10%＝11,137円(消費税の金額)

　　　111,370円＋11,137円＝122,507円

(例)司法書士報酬の手取額を200,000円にする(消費税込み)

　　…(200,000円−10,000円×10.21%)÷89.79%＝221,604円

> 20.42%で計算する「100万円を超えるかどうか」は、1回あたりの支払額で判断します。たとえば、着手金20万円と業務完了後100万円を支払う場合には、それぞれ10.21%で計算します。

対象：報酬から所得税を差引く事業主

Section

14-2
報酬の支払い②
所得税の納税

納税は1日遅れても原則として ペナルティーを受ける。

納税は支払いの翌月10日まで

原則として報酬を支払った**翌月10日**までに、預かった所得税を税務署に納税します。納税する際は、納付書を事前に作成して、銀行窓口や税務署へ持参またはe-Taxで送信します。納付書は、次の士業への報酬のものを除き、**報酬・料金等の所得税徴収高計算書**（右ページ参照）を使います。

税理士、社会保険労務士、弁護士、司法書士などの士業に対する報酬（➡P.170の表の④と⑤）の所得税の納付書は、**給与所得・退職所得等の所得税徴収高計算書**（➡P.282）を使います。

また、納期の特例（➡P.284）の適用を受けている場合には、給与に対する所得税と一緒に**7月10日**と翌年**1月20日**までに、半年分をまとめて納税することができます（**士業に対する報酬以外は、納期の特例の適用はなく必ず翌月10日までに納税**します）。

預り金の残高

翌月10日までに納税が終わったら、預金出納帳に納税の記録をします。記録後、前月までの預り金が正しく納税され、預り金の金額が納税した月に預かっている所得税だけになっていることを、念のために確認します。

●納付書の種類

| 給与や士業に対する報酬 | ➡ | **給与所得・退職所得等**の所得税徴収高計算書 |
| 士業以外に対する報酬 | ➡ | **報酬・料金等**の所得税徴収高計算書 |

営業

経理

人事

総務・他

●納付書（報酬・料金等の所得税徴収高計算書）

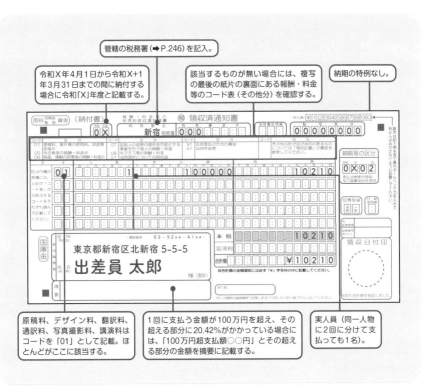

管轄の税務署（→ P.246）を記入。

令和X年4月1日から令和X+1年3月31日までの間に納付する場合に令和「X」年度と記載する。

該当するものが無い場合には、複写の最後の紙片の裏面にある報酬・料金等のコード表（その他分）を確認する。

納期の特例なし。

原稿料、デザイン料、翻訳料、通訳料、写真撮影料、講演料はコードを「01」として記載。ほとんどがここに該当する。

1回に支払う金額が100万円を超え、その超える部分に20.42%がかかっている場合には、「100万円超支払額○○円」とその超える部分の金額を摘要に記載する。

実人員（同一人物に2回に分けて支払っても1名）。

●科目の増減　「科目の増減」の使い方は P.134 を参照してください。

取引	報酬の支払い		
起きたこと	報酬を支払った	勘定科目	支払手数料 ＋※
結果	銀行口座が減った	勘定科目	普通預金 － ➡［預金出納帳］
起きたこと	所得税を預かった	勘定科目	預り金 ＋
結果	銀行口座が増えた	勘定科目	普通預金 ＋ ➡［預金出納帳］

相殺後が実際の支払額

※所得税を差引く前の請求金額

取引	所得税の納税		
起きたこと	所得税を納税した	勘定科目	預り金 －
結果	銀行口座が減った	勘定科目	普通預金 － ➡［預金出納帳］

---

memo ＞ 各種の所得税徴収高計算書の用紙は、所轄以外の税務署でも窓口で依頼するともらうことができる。

Section 15 | 設備の管理の流れをつかもう

設備は購入した年に経費にするのではなく、使用期間に渡って経費にするしくみなのです。

●設備の管理のスケジュール（会計ソフト利用のケース）

1 取得した設備を固定資産台帳に登録
設備の取得時

設備を取得するつど、日付、金額、設備名などを固定資産台帳に登録する

> P.178

2 廃棄、売却、修繕を固定資産台帳に登録
廃棄、売却、修繕時

設備の廃棄や売却をしたり、修繕（一定のもの）をしたら、固定資産台帳に登録する

> P.186

3 固定資産台帳の確認
毎年1月

1月1日時点で所有する設備に登録もれや売却などの処理もれが無いか確認する

> P.214

4 償却資産の申告
1月31日まで

1月1日に所有する設備について、償却資産を申告する

> P.212

5 減価償却費の計上
決算時

今年の減価償却費を会計ソフトに入力する

> P.234

営業

経理

人事

総務・他

固定資産は決められた年数にわたって経費となる

車両や器具備品など、取得してから数年にわたり使用するものを固定資産といいます。固定資産は取得した日に購入した金額をすべて経費とすることは原則としてできません。その固定資産の種類に応じて決められた年数（**耐用年数**という）にわたって、経費（減価償却費といいます）とします。

●減価償却の基本的な考え方

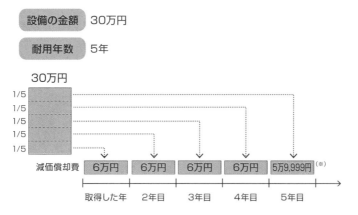

設備の金額　30万円

耐用年数　5年

設備の金額30万円を耐用年数5年間にわたり、分割して経費にしていきます。

※償却可能限度額は「取得価額−1円」となる（一括償却資産や30万円未満の資産は全額）

　減価償却費を計算するには、固定資産の取得価額、事業供用日、耐用年数その他多くの情報（➡P.179）が必要になります。これらの情報を固定資産ごとにまとめて記載したものが**固定資産台帳**です（➡P.179）。減価償却費の計算は複雑なため、固定資産の数が多い場合には会計ソフトを利用すべきです。

　固定資産の数が少ないなど手書きで計算する場合には、青色申告決算書（収支内訳書）の「減価償却費の計算」欄を固定資産台帳として使います。手書きの場合には、通常、減価償却費の計算欄は決算時に記入します。本書では、固定資産が多い方も対応できるように、会計ソフトを利用する場合を前提に説明をします。

memo	利益がでそうだからといって年末に駆け込みで設備を購入しても、年末までに使用を開始しなければ減価償却はできない。

Section 15-1 設備の管理① 固定資産にあたるものとは

固定資産とは購入時に一括ではなく、毎年徐々に経費にしていくもののことなのだ。

10万円以上で購入した設備が固定資産

簡単に言うと固定資産とは購入金額（正式には取得価額という）が**10万円以上の設備**と、電話加入権と土地を指します。取得価額が10万円未満の設備は経費（消耗品費）とします（本当は取得価額が10万円未満の設備も固定資産として取り扱うことはありますが、事務処理の負担が増えるため、本書では固定資産として扱いません）。

取得価額が10万円以上の固定資産で電話加入権と土地以外のものは耐用年数にわたって徐々に経費とし、10万円未満のものは固定資産ではなく消耗品費として取得価額の全額を一時に経費として処理します。

減価償却できる年数が耐用年数

耐用年数は、各固定資産が標準的に使用することができる年数のことで、法律で設備の種類ごとにあらかじめ決められています。この年数にわたって固定資産の取得価額を各年度の減価償却費として経費に落とします。耐用年数は減価償却の計算に使うため、勝手に長くしたり短くしたりすることはできません。

●耐用年数表

固定資産の耐用年数を調べるときは耐用年数表を使用します。耐用年数表には固定資産の種類ごとに耐用年数が記載されています。耐用年数表は下記のURLで確認することができます（「耐用年数表」で検索しても可）。
https://www.keisan.nta.go.jp/r4yokuaru/aoiroshinkoku/hitsuyokeihi/genkashokyakuhi/
taiyonensuhyo.html

固定資産の種類	耐用年数
パーソナルコンピュータ（サーバー用のものを除く）	4
事務机、事務いす、キャビネット（主として金属製のもの）	15
鉄骨鉄筋コンクリート造・鉄筋コンクリート造の建物（事務所用）	50
木骨モルタル造の建物（事務所用）	22
小型自動車（総排気量が0.66リットル以下のもの）	4

営業

経理

人事

総務・他

●固定資産とは

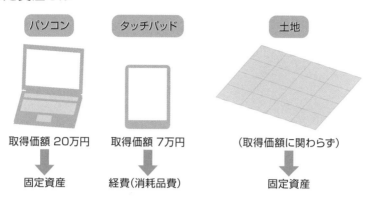

パソコン	タッチパッド	土地
取得価額 20万円	取得価額 7万円	（取得価額に関わらず）
↓	↓	↓
固定資産	経費（消耗品費）	固定資産

●主な固定資産

勘定科目	説明	例
建物	事務所や店舗などの家屋。マンションの一室も建物となる。	事務所、店舗、飲食店、倉庫
建物附属設備	建物に備えつけられる設備。言わば建物を快適、便利にするもの。	電気設備、給排水・衛生・ガス設備、冷暖房設備、ボイラー、エレベーター、自動ドア装置など
機械装置	自動で動作を繰返す製造設備など。	飲食業ではフライヤーなど厨房設備、建設業ではブルドーザーなど特殊車両、製造業ではメッキ設備など製造設備
車両運搬具	人や物を運ぶもの。	乗用車、トラック、フォークリフト、自転車など
工具器具備品	主に人が操作・作業に使うもの。工具は切削工具など主に工作に使う道具。器具や備品は、家具、電気機器、事務機器など、比較的機械装置よりも簡単に移動ができる機器や道具。	金型、圧力計、温度計、机、椅子、応接セット、絨毯、陳列棚、冷蔵庫、金庫、パソコン、エアコン、複合機、いわゆるスタンド看板、ネオンサイン、自動販売機など
電話加入権	ＮＴＴの電話回線を利用する権利のことで、固定電話に加入する際に支払うもの。	施設設置負担金
土地	土地や借地権	駐車場敷地、資材置き場、店舗や倉庫などの敷地など
ソフトウェア	コンピュータプログラム	業務で使用するソフトウェア

> 耐用年数は設備が実際に
> 使える年数ではないのだ。

memo ▷ 固定電話加入の際に施設設置負担金を支払うケースがあります。この負担金は電話加入権と呼ばれ、固定資産台帳へ登録はしますが減価償却はしません。

Section 15-2 | 設備の管理② 固定資産台帳への登録

固定資産の登録は項目が多くて大変だけど
一度登録しておけば安心なのだ。

固定資産台帳への登録

　購入済みの固定資産を管理するための帳簿が**固定資産台帳**です。固定資産台帳には使用している固定資産をすべて記載する必要があります。固定資産に関する実務処理の多くが固定資産台帳をもとに行うことになります。

　固定資産の購入時に、固定資産台帳に登録しなければならない項目としては、勘定科目、資産名、数量、事業供用日（供用年月）、取得価額、耐用年数（➡P.176）、償却方法、償却率（➡P.183）、事業専用割合などがあります（右ページ参照）。

取得価額には購入時の運送料なども含まれる

　固定資産を取得するためにかかった運送費などは**付随費用**といい、原則として取得価額に含めます。しかし、取得に際してかかった支払いでも自動車税環境性能割（旧 自動車取得税）など取得価額に含めずに、経費にできるものもあります（➡P.180）。

事業専用割合について

　固定資産を事業とプライベートの両方に使っている場合には、事業に使っている分のみを減価償却費（➡P.182）として経費にできます。事業専用割合には、固定資産の使用状況などにより、使用時間による割合、走行距離による割合、設置場所の床面積による割合、これらを組合せて計算した割合などがあります（➡P.181）。

多くの会計ソフトには固定資産台帳の機能があります。これに各固定資産を登録しておくと、減価償却費を自動で計算してくれます。

営業

経理

人事

総務・他

●固定資産台帳の記入項目

固定資産台帳 兼 減価償却計算表

自 令和 5年 1月 1日 至 令和 5年12月31日

建吹県

勘定科目	資産コード	資産名	数量	供用年月	取得価額	償却方法 耐用年数	償却月数 償却率	期首帳簿価額	期中増加資産	期中減少資産	当期償却額	期末帳簿価額	償却累計額
建物		内装工事	1.00	R.4/4	500,000	定額 22	12 0.046	482,750	0	0	23,000	459,750	40,250
		小計			500,000			482,750	0	0	23,000	459,750	40,250
車両運搬具		プリウス6AA-ZVW55	1.00	R.4/8	3,000,000	定額 6	11 0.167	2,791,250	0	2,791,250	0	0	208,750
		小計			3,000,000			2,791,250	0	2,791,250	0	0	208,750
工具器具備品	VAIO A1234		2.00	R.3/8	400,000	即時	0	0	0	0	0	0	400,000
工具器具備品	応接セット一式		1.00	R.3/8	600,000	定額 9	12 0.125	493,750	0	0	75,000	418,750	181,250
工具器具備品	複合機		5.00	R.3/8	1,300,000	定額 5	12 0.200	931,667	0	0	260,000	671,667	628,333
工具器具備品	DELL Z9876		4.00	R.3/9	600,000	一括							
		小計			2,900,000			1,425,417	0	0	335,000	1,090,417	1,209,583
電話加入権		電話加入権	1.00	R.3/3	37,800	非償却		37,800	0	0	0	37,800	
		小計			37,800			37,800	0	0	0	37,800	
		合計			6,437,800			4,737,217	0	2,791,250	358,000	1,587,967	1,458,583

勘定科目	固定資産の該当する勘定科目を登録する（➡ P.177）。
資産名	資産の名称を登録する。 パソコンや自動車など複数台購入する可能性のあるものは、単に「パソコン」「自動車」ではなく製品名称と型式など（VAIO SX14、プリウス6AA-ZVW55）で登録する。
取得価額	固定資産を取得するために支払った金額で、購入代金のほかに、運送費や据付費などの付随費用も含まれる（➡ P.180）。
事業供用日	固定資産を実際に使い始めた日のこと。取得した年の減価償却は、この日から年末までの期間で計算する。たとえば、パソコンを購入し宅配便で届いた日は取得日、箱からパソコンを出し、電源を入れた日が事業供用日となる。
耐用年数	固定資産の標準的な使用期間のことで、種類ごとに細かく決められている。耐用年数表（➡ P.176）で確認できる。
償却方法	減価償却費を計算する方法のことで、複数の方法がある。原則として、定額法。
事業専用割合	ひとつの固定資産を事業用とプライベート用の両方に使う場合の、事業用として使う割合のこと（➡ P.181）。

●取得価額の考え方

　固定資産を取得するためにかかった運送費などは付随費用といい、原則として取得価額に含めます。しかし、自動車税環境性能割など取得価額に含めずに、経費にできるものもあります。

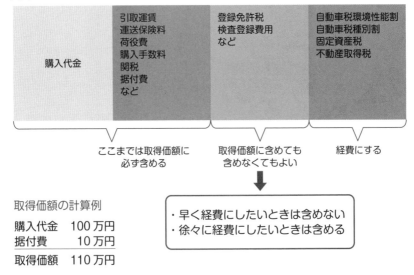

取得価額の計算例

購入代金	100万円
据付費	10万円
取得価額	110万円

・早く経費にしたいときは含めない
・徐々に経費にしたいときは含める

●事業供用日の考え方

事業供用日とは取得した資産を使い始めた日のことで、購入した日ではありません（購入した日は取得日）。

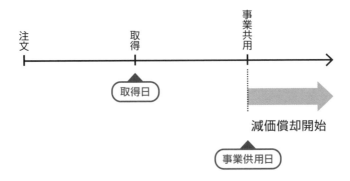

memo ▷ 令和元年10月1日から自動車税が自動車税種別割に変更された。

●事業専用割合の考え方

　事業専用割合を決める場合、正しい割合というよりも、実際の使用状況を踏まえた合理的な割合を考えることが大切です。たとえば乗用車であれば、次のように考えることができます。

乗用車の事業とプライベートの使用状況

	月	火	水	木	金	土	日	合計
事業で使用	4	3	4	3	5	0	0	19h
プライベートで使用	1	1	1	1	8	8	1	21h
合計	5	4	5	4	13	8	1	40h

事業専用割合　19 ÷ 40 = 47.5%

　ほかにも走行距離で合理的な割合を計算する（➡ P.143）ことも考えられます。また、1週間で割合を計算することが合理的か、1か月で割合を計算する方が合理的か、いずれがより実態を反映するか検討します。利用状況が変わったら、そのつど、合理的な割合を検討、計算することが必要です。計算した割合にもとづき、減価償却費のほかに、車検代、自動車保険料、修繕費なども経費にします。

●科目の増減 「科目の増減」の使い方はP.134を参照してください。

取引	冷凍陳列ケースを購入した

起きたこと	冷凍陳列ケースを取得した	勘定科目	器具備品 ⊕ ※
結果	銀行口座が減った	勘定科目	普通預金 ⊖ ➡[預金出納帳]

起きたこと	運搬費を負担した	勘定科目	器具備品 ⊕ ※
結果	銀行口座が減った	勘定科目	普通預金 ⊖ ➡[預金出納帳]

起きたこと	振込料を負担した	勘定科目	支払手数料 ⊕
結果	銀行口座が減った	勘定科目	普通預金 ⊖ ➡[預金出納帳]

※固定資産台帳には、合計した金額でひとつの固定資産として登録します。

取引	設計ソフトをクレジットカードで購入した

起きたこと	設計ソフトを取得した	勘定科目	ソフトウェア ⊕
結果	クレジット代金が増えた	勘定科目	未払金 ⊕ ➡[総勘定元帳]

取引	設計ソフトの利用料を毎月負担している

起きたこと	利用料を支払った	勘定科目	雑費 ⊕
結果	銀行口座が減った	勘定科目	普通預金 ⊖ ➡[預金出納帳]

※ソフトウェアの購入ではなく利用した期間だけ負担する場合、ソフトウェアではなく雑費で計上します。

Section 15-3 | 設備の管理③ 減価償却費の計算

> 毎年の経費の金額を計算するのだ。

減価償却費と帳簿価額

固定資産は使ううちに摩耗したり、モデルが古くなり価値が減っていきます。**減価償却**とは、この減った価値に見合う部分を経費として処理することをいい、その経費のことを**減価償却費**といいます。減価償却費の金額は、右ページの算式により計算され、設備の種類ごとに決められている耐用年数の期間にわたり、基本的に毎年同額となります。

固定資産の取得価額（➡ P.179）から、前年までの減価償却費の累計を差し引いた金額を**帳簿価額**といいます。これは帳簿上の現在の価値であって、今後、減価償却費として経費としていく残りの金額になります。

年の途中で取得した固定資産

年の途中で取得した固定資産の減価償却費は、取得した年は**事業供用日から**年末までの期間分です。

（例）機械装置　取得価額100万円、耐用年数10年、事業供用日5月25日

通常の減価償却費100万円×0.100（※1）＝100,000円

100,000円×8か月（※2）÷12か月＝66,667円（※3）

（※1）耐用年数10年の償却率　1÷10＝0.100

（※2）5月25日から12月31日➡7カ月と7日➡8か月（1カ月未満切上げ）

（※3）円未満切上げ

memo 減価償却費の計算方法には、定額法の他に定率法などもあります。定額法以外の方法で計算する場合には、税務署へ届出（➡ P.055）が必要です。

●減価償却費の計算式

$$取得価額 \times 償却率$$

償却率は耐用年数に応じて決められていて、基本的には1÷耐用年数で計算されます。

●減価償却費と帳簿価額のイメージ

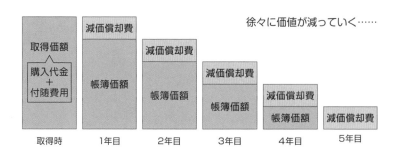

徐々に価値が減っていく……

取得価額

購入代金 + 付随費用

| 取得時 | 1年目 | 2年目 | 3年目 | 4年目 | 5年目 |

●科目の増減 「科目の増減」の使い方はP.134を参照してください。

取引 決算時に器具備品の減価償却費を計算した

起きたこと 減価償却費が増えた　**勘定科目** 減価償却費 ＋ ➡[経費帳]

結果 器具備品が減った　**勘定科目** 器具備品 －

取引 決算時に一括償却資産を減価償却した

起きたこと 減価償却費が増えた　**勘定科目** 減価償却費 ＋※ ➡[経費帳]

結果 一括償却資産が減った（➡P.184）　**勘定科目** 一括償却資産 －※

※その年に取得した一括償却資産の合計額の3分の1（前年や前々年にも取得していれば、その前年や前々年分の3分の1も含む）

取引 決算時に中小少額減価償却資産（器具備品、➡P.184）を減価償却した

起きたこと 減価償却費が増えた　**勘定科目** 減価償却費 ＋※ ➡[経費帳]

結果 器具備品が減った　**勘定科目** 器具備品 －※

※器具備品の取得価額全額

Section
15
-4

設備の管理④
減価償却の特例

10万円未満の固定資産は購入した年に全額を
（20万円未満の場合は3年で）経費にできる。

30万円未満の中小少額減価償却資産

取得価額が10万円以上30万円未満のもの（中小少額減価償却資産という）は、事業供用日に**全額を経費**にできます。ただし、1年あたり、その取得価額の合計額は**300万円まで**です。固定資産台帳へは、個々の固定資産を登録し、減価償却方法は即時償却（会計ソフトによって呼び方は異なります）を選びます。

10万円以上20万円未満の固定資産

取得価額が10万円以上20万円未満のもの（**一括償却資産**という）は、その種類ごとにきめられている耐用年数によらず、**一律に3年**で減価償却できます。同一年中に2つ以上の一括償却資産を取得しても、固定資産台帳へは、個々の固定資産ごとではなく、その年に取得したものの合計額で耐用年数が3年のひとつの一括償却資産を取得したものとして登録します。

●**科目の増減** 「科目の増減」の使い方はP.134を参照してください。

取引	パソコン（15万円）を購入した		
起きたこと	パソコンを取得した	勘定科目	一括償却資産 ＋※
結果	銀行口座が減った	勘定科目	普通預金 － ➡[預金出納帳]

※固定資産の種類（器具備品、機械装置など）にかかわらず、すべて一括償却資産という科目にします。

取引	エアコン（25万円）を購入した		
起きたこと	エアコンを取得した	勘定科目	器具備品 ＋※
結果	銀行口座が減った	勘定科目	普通預金 － ➡[預金出納帳]

※器具備品として帳簿への記録および固定資産台帳へ登録しますが、決算時には取得価額全額を減価償却します。

memo ▷ 事業供用の年の減価償却は、通常は事業供用日から年末までの期間分だけを行う。しかし、一括償却資産は、たとえ年末付近に取得しても1年分（取得価額の3分の1）を減価償却する。

●取得価額による適用の有無

取得価額に応じて特例の適用を検討します。

取得価額	通常の固定資産※	中小少額減価償却資産	一括償却資産
10万円以上20万円未満	○	○	○
20万円以上30万円未満	○	○	×
固定資産台帳への登録	1個ずつ	1個ずつ	事業年度ごとの合計額
償却資産税	かかる	かかる	かからない

※減価償却資産の種類に応じた耐用年数で減価償却をする方法

取得価額が 10 万円以上 20 万円未満であれば一括償却資産または中小少額減価償却資産のいずれかを選ぶことができます。

●一括償却資産の廃棄・売却

通常、年の途中で減価償却資産を廃棄や売却すると、その年は減価償却を行いません。しかし、一括償却資産は現物を除却や売却しても、そのまま 3 年間にわたって減価償却を続けます。

X1期にパソコン15万円、プリンター 17万円、テレビ10万円、計42万円を取得した。
X2期にパソコンが故障したため廃棄した。

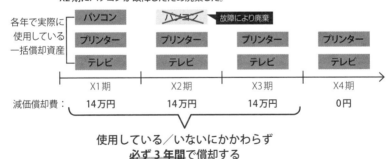

取得価額により減価償却の特例を受けられるときでも、特例の適用を受けずに通常の減価償却を選べるんだ。

Section

15 -5 | 設備の管理⑤ 廃棄・売却・修繕

> 設備の廃棄・売却と修繕の記録が必要なのだ。

廃棄

古くなったり使わなくなった固定資産を廃棄した場合、**廃棄するときの帳簿価額をその年の経費**とします。この場合の廃棄とは、捨ててしまうことで、売却ではありません。固定資産台帳に廃棄（会計ソフトによっては除却などという）したことを登録します。

売却

固定資産を売却した場合の売却代金は、原則として個人事業の収入に含めず、確定申告では事業所得とは別に（譲渡所得として）記載します。ただし、売却した固定資産が取得価額10万円未満の設備や一括償却資産（➡ P.184）の場合は、ケースによっては個人事業の収入（雑収入）に含めることもあります。判断が難しい場合は、個別に税務署へ確認します。取得価額が10万円未満の設備や一括償却資産を除き、固定資産台帳に売却したことを登録します。

●売却の処理のしかた

売却する固定資産	処理のしかた
耐用年数にわたって減価償却してきたもの	確定申告では別に記載（譲渡所得）
中小少額減価償却資産	
一括償却資産※ 取得価額10万円未満の設備※	
一括償却資産（※以外）	個人の事業の収入（雑収入）に含める
取得価額が10万円未満の設備（※以外）	
使用可能期間が1年未満	

※事業の遂行上必ず必要となる設備（主に製造業の製造設備、サービス業のサービス提供機材など）で、繰り返し売却しないもの。

memo > 修繕を固定資産台帳に登録する場合、もとの固定資産と同じ種類、同じ耐用年数、その修繕にかかった金額で新たな固定資産を取得したものとして登録する。

●資産を修繕したときの処理

固定資産の壊れた箇所を修復したり、はげた塗装を塗り直すような修繕は、その修繕をした年の経費とします。しかし、その修繕により固定資産の価値が高まったり、耐久性が増したりする場合は、その修繕をした年の経費とすることはできず、もとの固定資産と**同じ種類**で**同じ耐用年数**の固定資産を取得したものとして固定資産台帳に登録し減価償却をしていきます。修繕により固定資産の価値が高まったか、耐久性が増したのかの判断は、下記のフローチャートで判断します。

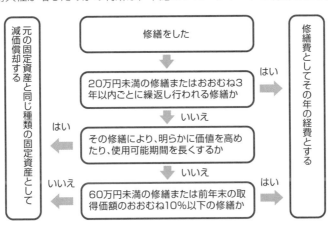

●科目の増減 「科目の増減」の使い方はP.134を参照してください。

取引	器具備品を「廃棄」した		
起きたこと	廃棄物処理業者に処分してもらった	勘定科目	雑費 ⊕ ➡[経費帳]
結果	器具備品が減った	勘定科目	器具備品 ⊖※
起きたこと	廃物処理業者に処理料を支払った	勘定科目	雑費 ⊕
結果	銀行口座が減った	勘定科目	普通預金 ⊖ ➡[預金出納帳]

※廃棄した年は減価償却をしないため、前年末時点の帳簿価額（未償却残高）

取引	器具備品（耐用年数にわたり減価償却をしているもの）を「売却」した		
起きたこと	器具備品の売却があった	勘定科目	事業主貸 ⊕
結果	器具備品が減った	勘定科目	器具備品 ⊖※1 ➡[総勘定元帳]
起きたこと	売却収入があった	勘定科目	事業主借 ⊕※2
結果	銀行口座が増えた	勘定科目	普通預金 ⊕※2 ➡[預金出納帳]

※1 売却した年は減価償却をしないため、前年末時点の帳簿価額（未償却残高）
※2 雑収入など事業の収入としません。

> memo
> 使用可能な期間が1年以上で取得価額が10万円未満の設備および一括償却資産のうち、繰り返し売却するものは雑収入とする。

●廃棄・売却の登録

固定資産台帳 兼 減価

蔵吹倶

自 令和 5年 1月 1日 至 令

勘定科目	資産コード	資産名	数量	供用年月	取得価額	償却方法 耐用年数	償却月数 償 却 率	期
建　　　物		内装工事	個 1.00	R. 4/ 4	500,000	定額 22	12 0.046	
		小　　計			500,000			
車 両 運 搬 具		プリウス6AA－ZVW55	台 1.00	R. 4/ 8	3,000,000	定額 6	11 0.167	
		小　　計			3,000,000			
工 具 器 具 備 品		VAIO　A1234	台 2.00	R. 3/ 8	400,000	即時	0	
工 具 器 具 備 品		応接セット一式	個 1.00	R. 3/ 8	600,000	定額 8	12 0.125	
工 具 器 具 備 品		複合機	台 1.00	R. 3/ 8	1,300,000	定額 5	12 0.200	
工 具 器 具 備 品		DELL　Z9876	台 4.00	R. 3/ 9	600,000	一括		
		小　　計			2,900,000			
電 話 加 入 権		電話加入権	個 1.00	R. 3/ 3	37,800			
		小　　計			37,800			
合　　　計					6,437,800			

取引　車両運搬具を廃棄した

起きたこと　取引業者に処分してもらった　　**勘定科目**　雑費 ⊕ ➡[経費帳]

結果　車両運搬具が減った　　**勘定科目**　車両運搬具 ⊖※

※廃棄した年は減価償却をしないため、前年末時点の帳簿価額（未償却残高）

「科目の増減」の使い方は P.134 を参照してください。

営業

経理

人事

総務・他

兼 減価償却計算表

期首帳簿価額の全額が減少する

日 至 令和 5年12月31日

償却月数 償却率	期首帳簿価額	期中増加資産	期中減少資産	当期償却額	期末帳簿価額	償却累計額
12 046	482,750	0	0	23,000	459,750	40,250
	482,750	0	0	23,000	459,750	40,250
11 167	2,791,250	0	2,791,250	0	0	208,750
	2,791,250	0	2,791,250	0	0	208,750
0	0	0	0	0	0	400,000
12 125	493,750	0	0	75,000	418,750	181,250
12 200	931,667	0	0	260,000	671,667	628,333
	1,425,417	0	0	335,000	1,090,417	1,209,583
	37,800	0	0		37,800	0
	37,800	0	0		37,800	0
	4,737,217	0	2,791,250	358,000	1,587,967	1,458,583

取引 車両運搬具を売却した

起きたこと 引取業者に売却した **勘定科目** 事業主貸 ＋

結果 車両運搬具が減った **勘定科目** 車両運搬具 －※1 ➡ [総勘定元帳]

起きたこと リサイクル料金相当額を受取った **勘定科目** 預け金 －

結果 銀行口座が増えた **勘定科目** 普通預金 ＋ ➡ [預金出納帳]

起きたこと 車両代金を受取った **勘定科目** 事業主借 ＋※2

結果 銀行口座が増えた **勘定科目** 普通預金 ＋ ➡ [預金出納帳]

※1 売却した年は減価償却をしないため、前年末時点の帳簿価額（未償却残高）

※2 車両代金は事業の収入ではないため、雑収入ではなく事業主借とする

固定資産台帳 兼 j

蔵吹倶

自 令和 5年 1月 1日 至

勘定科目	資産コード	資産名	数量	供用年月	取得価額	償却方法 耐用年数	償却月数 償却率
建 物		内装工事	個 1.00	R. 4/ 4	500,000	定額 22	12 0.046
		小 計			500,000		
車 両 運 搬 具		プリウス6AA－ZVW55	台 1.00	R. 4/ 8	3,000,000	定額 6	12 0.167
車 両 運 搬 具		プリウスカスタマイズ	台 1.00	R. 5/ 3	500,000	定額 6	10 0.167
		小 計			3,500,000		
工 具 器 具 備 品		VAIO A1234	台 2.00	R. 3/ 8	400,000	即時	0
工 具 器 具 備 品		応接セット一式	個 1.00	R. 3/ 8	600,000	定額 8	12 0.125
工 具 器 具 備 品		複合機	台 1.00	R. 3/ 8	1,300,000	定額 5	12 0.200
工 具 器 具 備 品		DELL Z9876	台 4.00	R. 3/ 9	600,000	一括	
		小 計			2,900,000		
電 話 加 入 権		電話加入権	個 1.00	R. 3/ 3	37,800		
		小 計			37,800		
合 計					6,937,800		

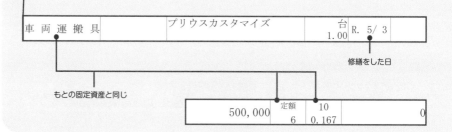

| 車 両 運 搬 具 | | プリウスカスタマイズ | 台 1.00 | R. 5/ 3 | | | |

修繕をした日

もとの固定資産と同じ

| 500,000 | 定額 6 | 10 0.167 | 0 |

兼 減価償却計算表

日　至 令和 5年12月31日

月数却率	期首帳簿価額	期中増加資産	期中減少資産	当期償却額	期末帳簿価額	償却累計額
2 046	482,750	0	0	23,000	459,750	40,250
／	482,750	0	0	23,000	459,750	40,250
2 167	2,791,250	0	0	501,000	2,290,250	709,750
0 167	0	500,000	0	69,584	430,416	69,584
／	2,791,250	500,000	0	570,584	2,720,666	779,334
0	0	0	0	0	0	400,000
2 125	493,750	0	0	75,000	418,750	181,250
2 200	931,667	0	0	260,000	671,667	628,333
／	1,425,417	0	0	335,000	1,090,417	1,209,583
／	37,800	0	0		37,800	0
／	37,800	0	0	0	37,800	0
／	4,737,217	500,000	0	928,584	4,308,633	2,029,167

500,000	0	69,584	430,416	69,584

修繕代

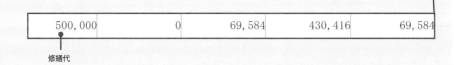

取引　　プリウスをカスタマイズした

起きたこと　車両運搬具が増えた　　勘定科目　車両運搬具 ＋※

結果　　銀行口座が減った　　勘定科目　普通預金 － ➡[預金出納帳]

※カスタマイズ代。固定資産台帳にはもとの車両運搬具（プリウス）とは別に新たな資産として登録する。
耐用年数は同じ。

「科目の増減」の使い方は P.134 を参照してください。

Section

16 資金繰り

> 資金ショートを避けるには、日ごろのデータの記録も重要。

資金ショートは絶対に避けたい事態

事業を行う上で、商品を仕入れたり、備品を購入したり、外注をしたり、多くの支払いが生じます。これら支払いが、商品やサービスの購入と同時に行われるのであれば、問題とはなりません。お金がなければ、そもそも買えないからです。問題は、お金がなくても買えることです。掛けで仕入れたり、翌月払いで購入したりすると、そのときはお金がなくても買えますが、期日になれば必ず支払いをしなければなりません。

また、本来であれば支払える予定であっても、取引先が支払ってくれないために、急に資金繰りが厳しくなることもあります。**お金の回収と支払い**を意識することが大切です。

資金繰り表で資金が足りないときを見つける

具体的に資金繰りをする際は、**資金繰り表** ^{DL} を作成します。資金繰りに余裕があれば、月ごとで大まかに作成すれば大丈夫ですが、資金繰りが厳しい際は、日ごとに作成することもあります。

資金繰り表はいろいろな種類のものがインターネットでダウンロードできたりしますが、最初から細かいものを作成しない方が無難です。なぜなら、慣れるまで資金繰り表の作成に一生懸命になってしまい、肝心のお金の出入りが抜け落ちたりしがちだからです。最初はコピー用紙の裏などに手書きで大まかに書いてみて、それを何度も検討してみましょう。検討する際は、売上は慎重に、支払いは余裕を見て多めに考えます。

| memo > | 納税時期（所得税確定申告 3 月 15 日、予定納税 1 回目 7 月末、予定納税 2 回目 11 月末など）、設備投資前、外注費がかさむ案件受注時などは、特に資金繰りに注意が必要。 |

●資金繰りの考え方

❶商品300を5月に支払う約束で掛けで仕入れた。手元現金は増減せず100のまま。
❷商品350を6月の入金の約束で掛けで500売上げた。手元現金は増減せず100のまま。
❸先に買掛金の支払期日がきたが、売掛金の入金がまだのため、手元現金100では支払いができない。

	1月	2月	3月	4月	5月	6月
手元現金	100	100	100	100	❸100	300
売掛金				❷500	500	不足
商品	50	50	❶50 / 300	❷0		
買掛金			❶300	300	❸300	0

現状	売上500受注	商品300入庫	商品350納品	買掛金支払？	売掛金500入金？

売上500を受注するためには商品300を仕入れる必要がある。しかし、買掛金の支払期日が売掛金の入金の前に来るために、支払いが不可能になる。

→ 資金繰りができていれば（手元現金が足りれば）利益が出せるが、現状では商品300の仕入ができない。これは「勘定合って銭足らず」と言われます。

→ 現実には、商品300を仕入れるために銀行から運転資金を借り入れて勘定合って銭足らずを回避します。

	1月	2月	3月	3月	4月	5月	6月
手元現金	100	100	400	400	400	100	600
売掛金					500	500	OK!
商品	50	50	50	350	0		
買掛金					300	300	0
借入金			300	300	300	300	300

現状	売上500受注	借入	商品300入庫	商品350納品	買掛金300支払	売掛金500入金

memo ▷ 外注費のかさむ案件を受託したときは、受託案件の入金後に外注費の支払いとなるよう、外注業者に協力してもらうことを検討する。

○年○月度　資金繰り表

予定入出金明細

前月繰越		800,000	1週	2週	3週	4週	5週	A社
	現金売上	270,000	50,000	50,000	50,000	50,000	70,000	
	売掛金回収	500,000						300,00
	手形取立て	0						
	手形割引き	0						
		0						
	計	770,000	1週	2週	3週	4週	5週	D社
	現金仕入	50,000	10,000	10,000	10,000	10,000	10,000	
	買掛金支払い	130,000						20,00
	未払金支払い	200,000						
	預り金支払い	5,000						
	人件費支払い	80,000						
	その他経費支払い	160,000						
	支払利息支払い	10,000						
		0						
	計	635,000						
	経 常 収 支	135,000						
設備投資（−）		0						
借入金		0						
借入金返済（−）		-70,000						
		0						
経 常 外 収 支		-70,000						
次月繰越		865,000						

【注意】作成後、必ず集計もれなどがないか検算します。列や行の追加・削除をした後は特に

営業

経理

人事

総務・他

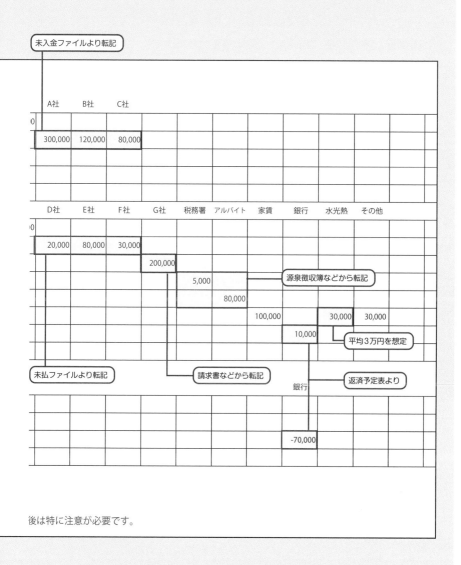

後は特に注意が必要です。

納税証明書を取得する

　入札や借入をする際など、納税証明の提出が求められることがあります。納税証明書は納付した税額や未納税額などを税務署が証明する書類です。納税証明書を取る際は、本人確認書類（運転免許証など）と番号確認書類（個人番号カードやマイナンバー入り住民票の写しなど）を所轄の税務署へ持参します。

　納税証明書には「その1」から「その4」まで4種類があり、どれが必要になるか、いつの年度のもの（令和○年など）が必要になるか事前に確認しておきます。

- **その1：納付すべき税額、納付した税額および未納税額などの証明**
- **その2：所得金額の証明**
- **その3：未納の税額が無いことの証明（税目を指定した「その3の2」（申告所得税及復興特別所得税と消費税及地方消費税）の証明もあります）**
- **その4：証明を受ける期間に、滞納処分を受けたことが無いことの証明**

納税証明書の取得には、原則として次の手数料が必要です。

- その1・その2…税目数×年度数×枚数× 400 円
- その3・その4…枚数× 400 円

なお、住民税にも納税証明書があり、こちらは市町村役場が窓口となります。

登記事項証明書を取得する

　新規に取引を行う際に、その取引先のホームページなどを見る以外に、その取引先が会社であれば、登記事項証明書で概要を知ることができます。

　登記事項証明書には、その会社の商号（会社名のこと）、本店の所在地、設立年月日、事業内容などが記載されています。登記事項証明書は、取引先の本店最寄りの登記所だけではなく、事業主の最寄りの登記所などでも取得できます。数百円の手数料で、誰でも入手することができます。

　登記事項証明書には、発行日現在の内容が記載された現在事項証明書、過去3年分程度の内容が記載された履歴事項証明書、会社を閉じてしまった場合などの閉鎖事項証明書の3種類があります。また、それぞれについて、すべてが記載された全部事項と一部が記載された一部事項があります。通常は、履歴事項証明書の全部事項を取ればよいでしょう。

　登記事項証明書に記載された内容をパソコンで確認（印刷も可）するだけであれば、「登記情報提供サービス」を利用することができます。証明書自体を取るよりも手数料は割安です。

memo 登記所とは登記の事務を担当するところで、法務局、地方法務局、支局や出張所がある。登記所の所在地は法務局のホームページで調べることができる。

Chapter

4

年に1回
行う事務

Keyword

決算 / 青色申告 / 棚卸表 / 締め後売上 /
締め後仕入 / 前払費用 / 未払費用 / 減価償却 /
礼金 / 開業費 / 仕掛り / 原価 /
青色申告決算書 / 法定調書 / 償却資産申告

Section
01 | 法定調書の
流れをつかもう

簡単に言うと「今年はこれだけの報酬を支払いました」と税務署に報告する書類です。

●法定調書作成のスケジュール

1 業務の対象者の確認

業務に取り掛かる前

P.200 の上図で自分がこの業務の対象かを確認。対象外ならこの業務を行う必要なし。

> P.200

2 対象となる支払いをピックアップ

1月25日まで

帳簿から、該当する支払いを拾い出して、法定調書集計表を作成する

> P.202

3 支払調書の作成

1月27日まで

法定調書集計表にもとづき、一定金額以上のものについて、支払調書を作成する

> P.202

4 法定調書合計表の作成

1月27日まで

法定調書集計表にもとづき、法定調書合計表などを作成する

> P.206

5 税務署と市町村役場に提出

1月31日まで

法定調書合計表などを提出する

> P.206

まず、P.200 の図で自分がこの業務をしなければならないのかを確認するのだ。

　法定調書とは、税務署へ提出が義務付けられている支払いなどに関する書類で、「給与所得の源泉徴収票」や「報酬、料金、契約金及び賞金の支払調書」などがあります。これらをまとめて法定調書と呼びます。

　税務署は法定調書を給与や報酬などの支払い側に提出させることで、それが受取り側できちんと申告されているかどうかを確認（反面調査）したりするのに使います。本書では、個人事業で主に必要なものにしぼって解説します。

　作成のポイントは、支払調書の対象となる支払いの種類や金額の範囲をよく確認

このセクションで身につくこと

- ☑ 法定調書を作成・提出しなければならない場合
- ☑ 法定調書を作成する方法
- ☑ 法定調書の記載方法

●法定調書の全体像

> 自分が提出する事業主にあたるかどうかは次ページで確認できる。まずはそこからなのだ。

税務署へ提出する書類

給与所得の源泉徴収票等の法定調書合計表（A4サイズ）…P.207 ➡ 対象となるすべての支払先を集計する

- 給与所得の源泉徴収票（Ａ４の半分）…P.310
- 報酬、料金、契約書及び賞金の支払調書（Ａ４の1/4）…P.203
- その他

➡ 一定金額以上の支払先分のみ作成

市町村役場へ提出する書類

給与支払報告書総括表（Ａ４の半分）…P.211 ➡ 従業員の住所にもとづき提出先市町村分を作成

＋

給与支払報告書（Ａ４の半分） ➡ 全従業員分を作成

（注）法定調書は税務署へ提出する書類、給与支払報告書（総括表）は市町村役場へ提出する書類ですが、本書ではまとめて法定調書として記載しています。

することと、支払調書へ記載する前に、エクセルなどに一度集計することです。集計した表は翌年以降にも活かせます（給与所得の源泉徴収票の作成はP.310参照）。

　具体的な作業としては、まず帳簿から、1年間の対象となる支払いを拾い出し、**法定調書集計表にエクセルなどで集計**します。集計する際は、金額の大小にかかわらず、対象となる支払いをすべて拾い出します。次に、その拾い出したもののうち、一定の金額を超えるものについて、**個別に支払調書を作成**します。

　源泉徴収票は必ず従業員に渡しますが、支払調書は税務署へ提出するだけで、支払先に渡す義務はありません（もし、相手先が欲しいと言ったら渡しても構わない）。

 memo 支払調書の作成や提出には税金がかからないが、提出しない場合には罰則がある。通常は提出を忘れると税務署から確認が入り、いきなり罰則の適用は無い。

●法定調書の作成義務の有無と書類の種類・提出先

P.168の「所得税を差引かなくてよい事業主」と考え方は同じ。

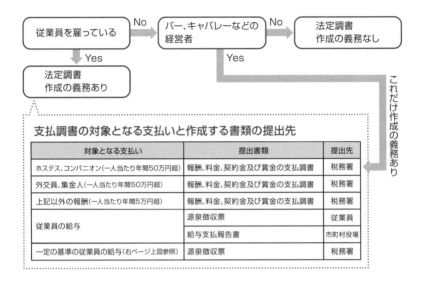

支払調書の対象となる支払いと作成する書類の提出先

対象となる支払い	提出書類	提出先
ホステス、コンパニオン（一人当たり年間50万円超）	報酬、料金、契約金及び賞金の支払調書	税務署
外交員、集金人（一人当たり年間50万円超）	報酬、料金、契約金及び賞金の支払調書	税務署
上記以外の報酬（一人当たり年間5万円超）	報酬、料金、契約金及び賞金の支払調書	税務署
従業員の給与	源泉徴収票	従業員
	給与支払報告書	市町村役場
一定の基準の従業員の給与（右ページ上図参照）	源泉徴収票	税務署

●法定調書であつかう報酬とは

（広い意味での報酬）労働の対価として支払う金銭など

相手と雇用契約がある（従業員として雇っている）

例 給与・賞与
　　➡ 給与所得の源泉徴収票

例 退職金、退職手当
　　➡ 退職所得の源泉徴収票

法定調書では給与所得、退職所得と呼ぶ

相手と雇用契約が無い（業務委託など）

例 外注費、料金、指導料、使用料など
　　➡ 報酬、料金、契約金及び賞金の支払調書

法定調書で扱う、狭い意味での報酬

※相手が会社などの法人でも、支払いの内容が該当すれば作成の対象になります。

memo ＞ 不動産の使用料等の支払調書などは、不動産業者以外の個人事業主は提出する必要が無い。

●給与所得に関する税務署への源泉徴収票の提出の有無

一定の基準にあてはまる従業員のものを提出します。年の中途で退職した従業員は、「年末調整を受けた」で No を選択します。

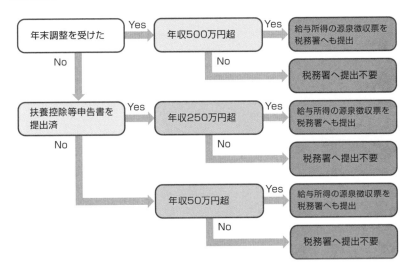

※給与所得の源泉徴収票の作成は P.310 参照。

基本的には、パート・アルバイトを雇っていると、法定調書を作らなければならないのだ。

対象：報酬などを支払う事業主

Section
01
-1

法定調書① 報酬、料金、契約金及び賞金の支払調書

「報酬、料金、契約金及び賞金の支払調書」は報酬などを支払った場合に提出する書類です。

対象となる支払先は法人の場合もある

税理士報酬や講演料など対象となる支払いであれば、支払先は個人事業主だけではなく、税理士法人や株式会社など**法人も含まれます**。支払う際に所得税を差引く報酬は個人に対する支払いに限られます（➡P.166）が、支払調書を作成するのは所得税を差引く必要の無い法人への支払いも含まれます。対象となる支払いは多岐に渡りますが、次ページの「報酬・料金・契約金及び賞金の支払調書の主な対象者」に記載のものが実務ではよく出てきます。

支払調書の作成の手順

支払調書を作成する支払先は、年間の支払金額が一定の金額を超えるもので、すべての支払先の分を作成するわけではありません。そこで、作成の手順としては、①対象となる支払いを確認し、会計ソフトや帳簿を見ながら、いったん**法定調書「集計表」**（➡P.204）へ対象となる支払いをエクセルなどですべて集計します。②「集計表」をもとに、**一定金額を超える支払先に関して支払調書を作成**します。③「集計表」に集計したすべての支払先に関して、法定調書合計表（➡P.207）を作成します。

支払調書には、マイナンバー（個人番号）または法人番号を記載する必要があります。法人番号はインターネット「国税庁　法人番号公表サイト」で検索することができます。しかし、マイナンバーは本人に直接確認する必要があり、取引開始時に確認していなければ、すぐに確認します（➡P.050）。確認したにもかかわらず、教えてもらえない場合には、支払調書の個人番号欄は空欄となります。

memo > マイナンバーを確認したにもかかわらず教えてもらえなかった場合、その支払先の名前と問合せた日付を記録して、保存しておく。

●報酬、料金、契約金及び賞金の支払調書の主な対象者

対象者	1人当たり支払総額
外交員、バー・キャバレーなどのホステス・コンパニオンなど	年50万円超
税理士、司法書士、公認会計士、弁護士、中小企業診断士、カメラマン、デザイナー、講師、通訳など	年5万円超

請求書で消費税額が支払金額とは別に記載されている場合は、支払金額が対象額を超えるかどうかは、税抜き金額で判定します。消費税抜きの金額で対象額の判定をし、支払調書に税込み金額で記載します。

※上記以外の対象者はmemo参照。

一般的に行政書士への支払いは支払調書を作成する対象となりません。

●報酬、料金、契約金及び賞金の支払調書

支払金額は、その年に支払いが確定したもの（基本的には請求書を受取ったもの）を記載するため、支払調書を作成・提出する時点で未払いのものも含みます。その場合、未払いの支払金額と源泉徴収税額（所得税）を「内」の横に内書きします。

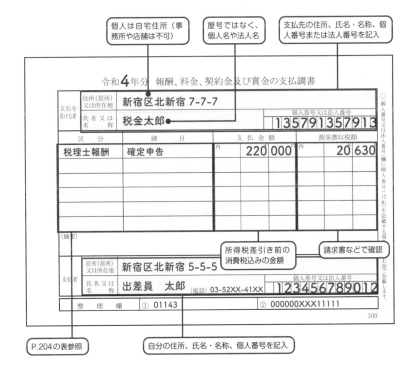

個人は自宅住所（事務所や店舗は不可）

屋号ではなく、個人名や法人名

支払先の住所、氏名・名称、個人番号または法人番号を記入

令和**4**年分　報酬、料金、契約金及び賞金の支払調書

| 支払を受ける者 | 住所(居所)又は所在地 | 新宿区北新宿 7-7-7 | | |
| | 氏名又は名称 | 税金太郎 | 個人番号又は法人番号 13579 1357913 | |

区分	細目	支払金額	源泉徴収税額
税理士報酬	確定申告	内 220 000	内 20 630

(摘要)

所得税差し引き前の消費税込みの金額

請求書などで確認

| 支払者 | 住所(居所)又は所在地 | 新宿区北新宿 5-5-5 | | |
| | 氏名又は名称 | 出差員　太郎 (電話)03-52XX-41XX | 個人番号又は法人番号 123456789012 | |

| 整理欄 | ① 01143 | ② 000000XXX11111 |

309

個人番号又は法人番号欄に個人番号（12桁）を記載する場合は、右詰で記載します。

P.204の表参照

自分の住所、氏名・名称、個人番号を記入

この表は、法定調書合計表を作成するための準備資料です。記載事項が少ないなど、この表を利用しないで、直接、法定調書合計表を作成してもかまいません。

法定調書集計表

住所	氏名・名称	
豊島区○○町1-1-1	橋本　潤	
豊島区○○町1-1-1	橋本　潤	
千代田区○○町　2-2-2	株式会社グローバルワン	765

> 支払先の住所、氏名・名称を入力する。
> 同じ支払先のデータは続けて入力する。

●代表的な区分と細目の例

「区分」には報酬料金の名称を、「細目」には案件名を記入することが一般的です。

区分	細目
指導料	指導内容
講演料	講演名
翻訳料	案件名
通訳料	案件名
撮影料	案件名
デザイン料	案件名
税理士報酬	確定申告など

> 会計ソフトにはたいていキーワード検索や絞込み機能があります。会計ソフトに登録する際、取引ごとに支払先の名前を登録し、検索や絞込みをうまく活用すれば便利です。

memo ▷ 法定調書集計表は本書独自のもので税務署などでは配布していない。

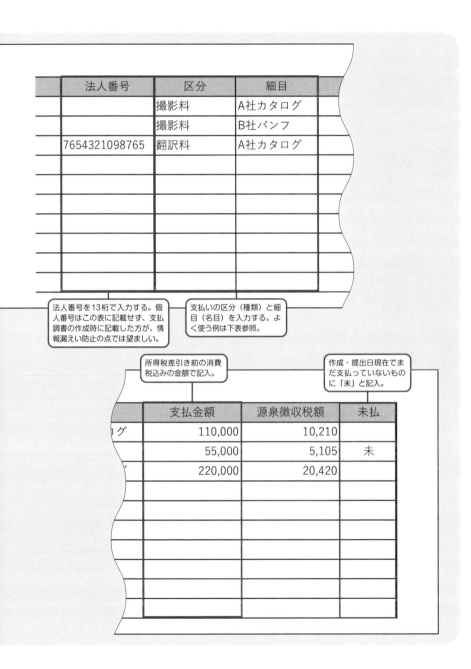

法人番号	区分	細目	
	撮影料	A社カタログ	
	撮影料	B社パンフ	
7654321098765	翻訳料	A社カタログ	

法人番号を13桁で入力する。個人番号はこの表に記載せず、支払調書の作成時に記載した方が、情報漏えい防止の点では望ましい。

支払いの区分（種類）と細目（名目）を入力する。よく使う例は下表参照。

所得税差引き前の消費税込みの金額で記入。

作成・提出日現在でまだ支払っていないものに「未」と記入。

	支払金額	源泉徴収税額	未払
ﾛｸﾞ	110,000	10,210	
	55,000	5,105	未
ﾟ	220,000	20,420	

Section

01 -2

法定調書② 給与所得の源泉徴収票等の法定調書合計表

「給与所得の源泉徴収票等の法定調書合計表」には、1年間に支払った給与や報酬などの合計を記載します。

1年間の支払金額を税務署へ提出するための書類

給与所得の**源泉徴収票等の法定調書合計表**（以下「法定調書合計表」）とは、給与、報酬、家賃などの支払いについて、1年間の支払金額を記載して税務署へ提出する書類です。法定調書合計表には、源泉徴収票や支払調書を税務署へ提出する分だけではなく、支払金額が一定の金額以下などで支払調書を提出しない支払いも集計して記載します。作成後、個別の源泉徴収票や支払調書と一緒に提出します。

法定調書合計表の作成の手順

従業員がいる場合、「1.給与所得の源泉徴収票合計表」を記載し、さらに退職金の支払いがあれば「2.退職所得の源泉徴収票合計表」も記載します。中途入社の従業員で、**源泉徴収票に前職の給与を含んでいる者**がいる場合は、P.208の「中途入社の従業員の計算」を作成し、「1.給与所得の源泉徴収票等の法定調書合計表」の「Ⓐ俸給、給与、賞与等の総額」の行へ書き写します。そのような者がいない場合には、「Ⓐ俸給、給与、賞与等の総額」の行には、すべての従業員の源泉徴収票の合計額を記載します。「Ⓑ源泉徴収票を提出するもの」の行には、源泉徴収票を税務署へ提出する従業員分の合計額を記載します。

また、法定調書集計表をもとに、「3.報酬、料金、契約金及び賞金の支払調書合計表」へ記載します。

法定調書合計表の作成が終わったら、給与所得の源泉徴収票や支払調書と一緒に1月31日（土日・祝日のときは休み明けの日）までに税務署へ提出します。

営業

経理

人事

総務・他

memo ▷ 個人事業主が従業員へ退職金を支払っても、退職所得の源泉徴収票を税務署へ提出する義務はありません。法定調書合計表へのみ記載します。

●給与所得の源泉徴収票等の法定調書合計表

1年間に支払った給与や報酬などの合計額を記載したものです。

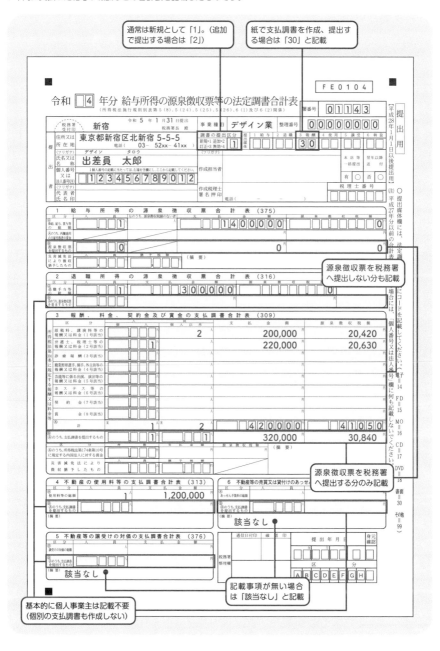

通常は新規として「1」。(追加で提出する場合は「2」)

紙で支払調書を作成、提出する場合は「30」と記載

源泉徴収票を税務署へ提出しない分も記載

源泉徴収票を税務署へ提出する分のみ記載

記載事項が無い場合は「該当なし」と記載

基本的に個人事業主は記載不要(個別の支払調書も作成しない)

●中途入社の従業員がいるとき

「1. 給与所得の源泉徴収票等の法定調書合計表」の「Ⓐ俸給、給与、賞与等の総額」の行を記載するためには、中途入社の従業員について、前職分の給与等を差引く必要があり、それを計算する表です。

対象者	支払金額	源泉徴収税額
中途入社以外		
中途入社	※1	※2
合計		

Ⓐ俸給、給与、賞与等の総額へ

※1 源泉徴収票をもとに、前職分を除き集計する。
※2 源泉徴収票に記載した金額（①）から、前職分（②）を差引いた金額（①≦②の場合は0円）を記載する。

中途入社の従業員がいるときは、別に計算が必要なのです。

もっと詳しい情報が欲しいときは……

法定調書に関してもっと詳しい情報が欲しいときは、「給与所得の源泉徴収票等の法定調書の作成と提出の手引」がひととおりまとまっています。この手引きは税務署でもらうことができますし、国税庁のホームページからも入手することができます。

令和4年分

給与所得の源泉徴収票等の法定調書の作成と提出の手引

法定調書には多くの種類がありますが、この手引きは、そのうち、多くの方が提出をしなければならない6種類の法定調書の作成や提出方法についてまとめたものです。

お知らせ

この手引に示す法定調書の提出期限は、**令和5年1月31日（火）**です。

法定調書の提出は

で手続を!!

- e-Taxを利用することで、自宅や事務所などから法定調書の作成や提出の手続を行うことが可能です。
- 自宅等からのe-Taxは、感染リスク軽減にも有効です。是非e-Taxで手続をお願いします。

動画でも作成方法を説明しています。

※　この手引は、令和4年9月1日現在の法令に基づいて作成しています。

 国　税　庁

法人番号　7000012050002

Chapter

4

年に1回行う事務

Section 01-3

法定調書③ 給与支払報告書の作成

市町村が従業員の住民税を計算するための書類なのだ。

給与支払報告書は給与の支払を市町村に伝える書類

　給与支払報告書の書式は、給与所得の源泉徴収票（➡P.311）とほぼ同じです。税務署で給与所得の源泉徴収票をもらってくると、複写用紙になっています。給与支払報告書はすべての従業員分を1月31日までに提出します。ただし、退職者で支払金額が30万円以下の従業員に関しては提出不要です。

　提出先は、提出する年の1月1日（中途退職者は退職日）時点の従業員の住所のある市町村になります。提出する際は、従業員別に給与支払報告書を1枚ずつ作成し、それらを提出先の市町村ごとに分け、提出先ごとに給与支払報告書総括表1枚を添えて提出します。提出を受けた市町村は、この給与支払報告書にもとづき、従業員の住民税を計算します。

給与支払報告書総括表は各市町村から入手する

　給与支払報告書総括表は前年11月中旬から12月中旬ごろに、各市町村から郵送されてきます。郵送されてこなかった場合には、問い合わせて郵送してもらうか、または、全市町村共通の用紙があるので、インターネットや近くの役所で入手して作成します。

営業

経理

人事

総務・他

●提出書類のまとめ方のイメージ

提出先ごとに総括表をつけて提出します。

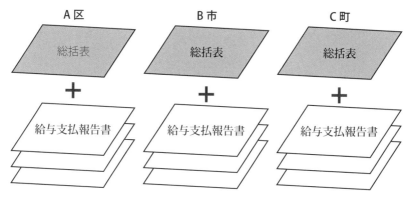

❶すべての従業員分の給与支払報告書を、市町村別に分けます。
❷提出する市町村ごとに、給与支払報告書総括表を作成します。
❸給与支払報告書総括表と給与支払報告書をクリップでとめて、
　各市町村へ郵送または持参します。

●給与支払報告書総括表

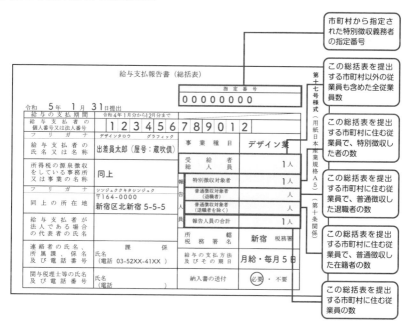

Section 02 | 償却資産申告の流れをつかもう

償却資産税は減価償却資産にかかる税金。取得した資産の取得価額を申告する手続きをしよう。税額は市町村で計算してくれる。

● 償却資産申告のスケジュール

1 固定資産台帳の追加・修正・削除
1月20日まで

前年1月2日から当年1月1日までに取得や廃棄・売却した資産を、固定資産台帳へ登録する

2 償却資産のピックアップ
1月25日まで

固定資産台帳に登録されている資産のうち、償却資産を確認する

> P.214

3 種類別明細書の作成
1月25日まで

新たに取得した資産、廃棄した資産などを、種類別明細書に記載する

> P.214

4 償却資産申告書の作成・提出
1月31日まで

償却資産申告書を作成し、市町村役場へ提出する

> P.214

5 償却資産税の納税
納税通知書記載の期限まで

送られてくる納税通知書をもとに償却資産税を納税する

営業
経理
人事
総務・他

　償却資産とは基本的に建物以外の減価償却資産（➡ P.214）を指します。償却資産を持っているとかかる税金が償却資産税です。償却資産があっても、**課税標準額（償却資産の取得価額から減価償却を差引いた金額）が合計150万円未満**であれば、税金はかかりません。ただし、課税標準額が150万円未満であっても、償却資産を所有する限り、原則として申告をする義務があります。償却資産税は償却資産が置いてある市町村役場が申告の窓口となります。**申告期限は毎年1月31日**です。

　償却資産を複数の市町村に置いて使っている場合には、市町村ごとに償却資産申

memo > 申告する償却資産が数十万円など少額で、償却資産に増減も無い場合、申告を省略してよい旨の通知が市町村役場から来ることがある。

このセクションで身につくこと

- ☑ 償却資産申告書が必要な事業主
- ☑ 償却資産申告書の記入方法
- ☑ 償却資産申告書の記入のポイント

次セクションから、詳しく見ていこう!

● 償却資産申告書

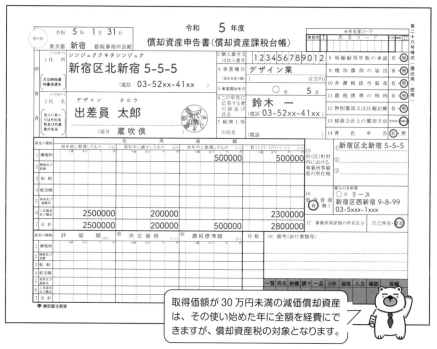

取得価額が30万円未満の減価償却資産は、その使い始めた年に全額を経費にできますが、償却資産税の対象となります。

告書を作成・提出します。市町村役場では、提出された償却資産申告書にもとづいて税額を計算し、納税通知書を送ります。税率は一般的には**課税標準額の1.4%**です。

納税通知書が届いたら税金を納付します。たとえば東京都では6月ごろに納税通知書が送られ、6月、9月、12月、翌年2月の計4回に分けて納税します。

前年以前に提出した償却資産申告書の内容は、市町村役場で記録されているため、翌年からは増加または減少した償却資産のみ申告します。

Section

02
-1

償却資産申告①
償却資産申告書の作成

資産の中には償却資産に該当するものと該当しないものがある。あらたに取得した設備と廃棄等した設備を申告しよう。

💰 償却資産とは

　固定資産のうち、電話加入権や土地以外の減価償却を行うものを**減価償却資産**といい、減価償却資産のうち建物以外のものを**償却資産**といいます。たとえば、店舗のショーケースや内装工事、作業場にある機械設備、パソコンなどです。ただし、右ページの資産の種類別の表にあるとおり、自動車税がかかる乗用車など対象外のものもあります。

　注意が必要なのは、取得価額が30万円未満の減価償却資産を取得時に全額経費にした場合（右ページ参照）であっても、それは償却資産の対象となる点です。

わからなかったら市町村役場の償却資産係に聞こう！

💰 申告書作成前に固定資産台帳の登録を完了する

　償却資産申告書は**1月1日時点**で所有する償却資産が対象です。そのため、1月に入ったら、1月1日までに取得した資産がもれなく固定資産台帳に登録されているか、1月1日までの廃棄や売却が登録されているか確認します。

　償却資産申告書の提出先は、原則としては償却資産がある市町村役場ですが、例外的に償却資産専門の集中事務処理センターを設置しているところもあります。提出先は、所轄から送られてくる手引きなどを確認します。償却資産申告書を提出する際、前年1月2日から当年の1月1日までに取得した資産があれば、種類別明細書（増加資産・全資産用）もあわせて提出し、同期間に廃棄・売却などして減少した償却資産があれば種類別明細書（減少資産用）もあわせて提出します。

---

　memo ＞　1月1日までに取得した償却資産は種類別明細書（増加資産・全資産用）に記載し、1月1日までに廃棄や売却した償却資産は種類別明細書（減少資産用）に記載する。

●償却資産の対象と対象外

▶青色決算書

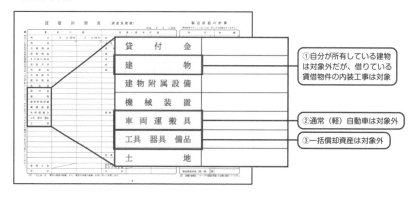

①自分が所有している建物は対象外だが、借りている賃借物件の内装工事は対象

②通常（軽）自動車は対象外

③一括償却資産は対象外

▶償却資産の対象としないでよいもの

資産の種類	例示
無形固定資産	ソフトウェアなど
自動車税種別割や軽自動車税種別割がかかっているもの	乗用車、フォークリフトなど
少額減価償却資産	取得価額が10万円未満などで取得時に全額経費で処理したもの
一括償却資産	取得価額が20万円未満の減価償却資産で、3年間で経費にするように所得税の申告をしたもの
所有権移転外リース資産（借手側）	リースで借りたパソコンなど
繰延資産	開業費など
書画骨董	ただし減価償却をするものは対象

▶償却方法の選択と償却資産税

－：償却資産の対象外 ○：償却資産の対象

償却方法 ＼ 取得価額	10万円未満	10万円以上20万円未満	20万円以上30万円未満
少額減価償却資産	－		
一括減価償却資産（➡ P.185）	－	－	
中小少額減価償却資産（➡ P.185）		○	○
通常の減価償却	○	○	○

中小少額減価償却資産として取得時に全額減価償却することができるが、償却資産税がかかる。一括償却資産として処理すれば償却資産税はかからないが、3年かけて減価償却する。トータルでの税負担は一括償却資産として処理したほうが有利。

●償却資産申告書の記入例

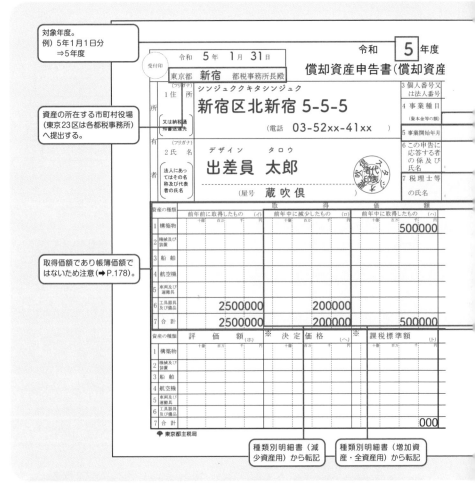

対象年度。
例）5年1月1日分
⇒5年度

資産の所在する市町村役場
（東京23区は各都税事務所）
へ提出する。

取得価額であり帳簿価額で
はないため注意（➡P.178）。

種類別明細書（減
少資産用）から転記

種類別明細書（増加資
産・全資産用）から転記

●欄8 ～ 14の記入方法

項目	記入方法
短縮耐用年数の承認 増加償却の届出	所得税で耐用年数の短縮や増加償却を適用し、償却資産税でも所定の届書を提出してれば「有」、通常は「無」
非課税該当資産 課税標準の特例	償却資産の種類によっては償却資産税が非課税とされたり軽減されるものがあり、非課税申告書や特例届出書を提出していれば「有」、通常は「無」
特別償却又は 圧縮記帳	所得税で適用を受けていれば「有」、償却資産税ではこれらの適用が無いため、種類別明細書は適用が無い金額を使用する

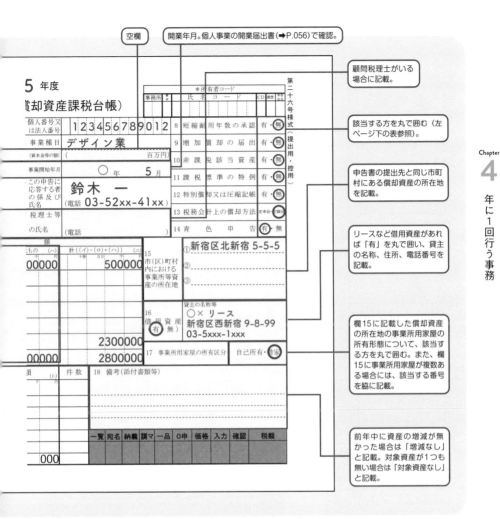

空欄

開業年月。個人事業の開業届出書(➡P.056)で確認。

顧問税理士がいる場合に記載。

該当する方を丸で囲む（左ページ下の表参照）。

申告書の提出先と同じ市町村にある償却資産の所在地を記載。

リースなど借用資産があれば「有」を丸で囲み、貸主の名称、住所、電話番号を記載。

欄15に記載した償却資産の所在地の事業所用家屋の所有形態について、該当する方を丸で囲む。また、欄15に事業所用家屋が複数ある場合には、該当する番号を脇に記載。

前年中に資産の増減が無かった場合は「増減なし」と記載。対象資産が１つも無い場合は「対象資産なし」と記載。

項目	記入方法
税務会計上の償却方法	通常は「定額法」を選択、償却方法の届出書で定率法を選択していれば「定率法」
青色申告	所得税で青色申告書を提出していれば「有」、提出していなければ「無」

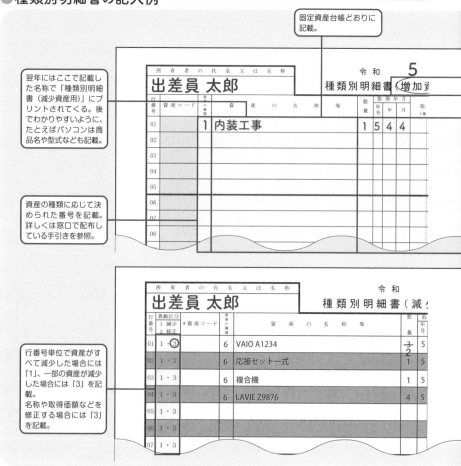

固定資産台帳どおりに記載。

翌年にはここで記載した名称で「種類別明細書（減少資産用）」にプリントされてくる。後でわかりやすいように、たとえばパソコンは商品名や型式なども記載。

令和 5
種類別明細書（増加資

行番号	資産コード	資産の種類	資産の名称等	数量	取得年月		取得価
01		1	内装工事	1	5	4	4
02							
03							
04							
05							
06							
07							
08							

資産の種類に応じて決められた番号を記載。詳しくは窓口で配布している手引きを参照。

令和
種類別明細書（減少

行番号	異動区分 1減少 3修正	資産コード	資産の種類	資産の名称等	数量	取得年号
01	1 · 3		6	VAIO A1234	2	5
02	1 · 3		6	応接セット一式	1	5
03	1 · 3		6	複合機	1	5
04	1 · 3		6	LAVIE Z9876	4	5
05	1 · 3					
06	1 · 3					
07	1 · 3					

行番号単位で資産がすべて減少した場合には「1」、一部の資産が減少した場合には「3」を記載。
名称や取得価額などを修正する場合には「3」を記載。

所有者の氏名又は名称
出差員 太郎

営業

経理

人事

総務・他

償却資産税の役所はどこ？

　設備の所在する市町村役場になります。しかし、東京都23区の場合、所轄はいずれも都税事務所です（区役所へ申告書などは提出しません）。

　[インターネットでの調べ方]

・東京都23区の場合

　P.246の事業税と同じ。

memo

税制改正により耐用年数が変更された場合、過去に申告した償却資産について自動的に市町村役場で新しい耐用年数へ更新することはない。種類別明細書（減少資産用）で耐用年数変更を記載する。

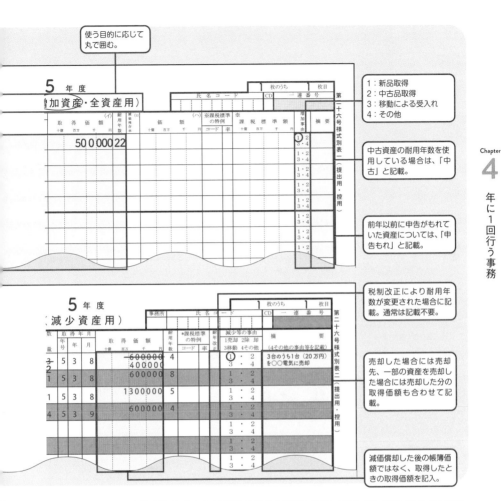

使う目的に応じて
丸で囲む。

1：新品取得
2：中古品取得
3：移動による受入れ
4：その他

中古資産の耐用年数を使用している場合は、「中古」と記載。

前年以前に申告がもれていた資産については、「申告もれ」と記載。

税制改正により耐用年数が変更された場合に記載。通常は記載不要。

売却した場合には売却先、一部の資産を売却した場合には売却した分の取得価額も合わせて記載。

減価償却した後の帳簿価額ではなく、取得したときの取得価額を記入。

・その他の地域

キーワード「○○市 償却資産税」で検索する。

例：東京都八王子市の場合：「八王子市　償却資産税」のキーワードで検索し、八王子市市役所のホームページの下記のページを表示する

トップ＞くらしの情報＞税金＞税金について＞固定資産税・都市計画税＞固定資産税・都市計画税についての説明＞償却資産について

memo ＞ 税制改正による耐用年数の変更は、直近では平成20年に行われた。

Section

03 ｜ 決算の流れをつかもう

1年間の実績を整理して、
まとめる作業が決算だ。

●決算のスケジュール

1　棚卸表の作成

年始の営業開始前まで

年末時点における在庫の
数と単価を確認する

> P.228

2　締め後売上、締め後仕入

2月中

売上と仕入について、年
末最後の締め日の翌日か
ら年末までの分を帳簿に
記録する

> P.230

3　前払費用、未払費用の処理

2月中

年をまたぐサービス提供を
受ける場合、そのサービス
を年末までの分と翌年分に
分け、帳簿に記録する

> P.232

4　減価償却と開業費と礼金の処理

2月中

固定資産台帳を確認し
て、減価償却費を帳簿に
記録する

> P.234

5　在庫と仕掛りの処理

2月中

棚卸表をもとに、在庫と
仕掛りを帳簿に記録する

> P.238

6　所得税青色申告決算書などの作成

3月上旬まで

決算が締まったら、帳簿
にもとづき所得税青色申
告決算書（または収支内
訳書）を作成する

> P.240

7　確定申告書の作成・納税

3月15日まで

青色申告決算書、各種控
除証明書などをもとに、
確定申告書を作成して、
提出・納税する

> P.240

営業

経理

人事

総務・他

220

このセクションで身につくこと

- ☑ 決算作業が必要な理由
- ☑ 決算作業の処理のしかた
- ☑ 決算作業の帳簿の記録のしかた

　1年が終わると翌年3月15日までに、所得税青色申告決算書と確定申告書の作成と所得税の納税をします。毎月帳簿に記録していても、所得税青色申告決算書は、それだけでは作成できません。1年間の取引を整理しまとめる作業（決算作業）が必要になります。この決算をまとめることを、「**決算を締める**」といいます。

●確定申告書の作成に必要な資料

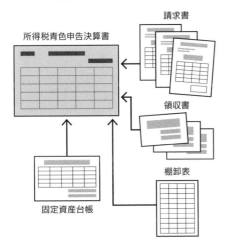

事業（もうけ）の計算

所得税青色申告決算書

請求書

領収書

棚卸表

固定資産台帳

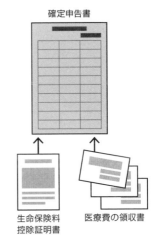

事業以外の所得を含めた税金計算

確定申告書

生命保険料
控除証明書

医療費の領収書

●決算作業の位置付け

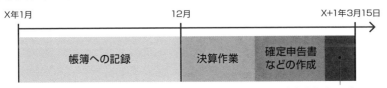

X年1月　　　　　　　　12月　　　　　　　　X+1年3月15日

帳簿への記録　　決算作業　　確定申告書
などの作成

確定申告書などの
提出・納税

●決算作業はなぜ必要か

　1月から12月まで1年間にわたり帳簿に記録すると、売上高、仕入高、経費などの各勘定科目の金額が出ます。しかし、これらの金額は正しい1年間の金額ではありません。たとえば、次のような問題があります。

- **・売上高**：12月の締め日後の売上が記録されていない。
- **・仕入高**：12月の締め日後の仕入が記録されていない。
　今年売れ残った仕入が含まれている。
- **・経費**：　今年かかった経費のうち支払いが来年のものが含まれていない。来年以降の経費を先払いしたものが今年の経費に含まれている。
　固定資産に関する減価償却費が含まれていない。

　確定申告で必要なのは、お金の受取りや支払いがあったかどうかではなく、今年の売上、仕入、経費の金額です。月々、帳簿に記録する際は、主にお金の受取りと支払いをもとに行っていました。これを、決算作業により、今年の分になるように次のような調整（決算作業）をしていきます。

- **・売上高**：12月の締め日後の売上の記録
- **・仕入高**：12月の締め日後の仕入の記録
　今年売れ残った商品をマイナスする記録
- **・経費**：　今年かかった経費のうち支払いが来年中のものの記録
　来年以降の経費で先払いしたものをマイナスする記録
　固定資産に関する減価償却費の記録

　これらの調整をするには、まず調整する理由と内容を理解し、次に調整する金額を集計して計算し、最後に帳簿に記録する流れとなります。

要するに1月1日から12月31日までのお金の
流れをより厳密に確定する作業なのだ。

●必要な決算作業

　決算作業にはさまざまな種類があります。しかし、これらのすべてが必要になるわけではありません。事業の種類や取引先との取引条件などにより、不要なものもあります。まずは、どの決算作業が必要になるかを確認し、それらの処理の内容を理解します。

事業内容など	決算作業の種類				
	棚卸表の作成	締め後売上、締め後仕入	前払費用、未払費用の処理	減価償却費と開業費と礼金の処理	在庫と仕掛りの処理
在庫がある 　　商品、製品、仕掛品など	✓				✓
掛売りがある 　　売掛金		✓			
掛仕入がある 　　買掛金		✓			
経費の前払いがある 　　保険料、保守料など			✓		
経費の未払いがある 　　経費一般			✓		
減価償却資産がある 　　機械装置、工具器具備品など				✓	
開業費がある 　　開業費				✓	
礼金がある 　　長期前払費用				✓	
仕掛り中の案件がある 　　仕掛品、受注生産の事業者					✓

個々の決算作業のポイントについては、
P.228 から解説していきます。

「科目の増減」の使い方は P.134 を参照してください。

◎決算作業に関する科目の増減（「締め後の処理」 ➡ P.230）

決算作業 締め後売上

12月の締め日の翌日から12月末までの売上を記録します。

| 起きたこと | 締め後に売上があった | 勘定科目 | 売上高 ⊕ …12月の締め日の翌日から年末までの分 |
| 結果 | 売掛金が増えた | 勘定科目 | 売掛金 ⊕ ➡[売掛帳] |

決算作業 締め後仕入

12月の締め日の翌日から12月末までの仕入を記録します。

| 起きたこと | 締め後に仕入があった | 勘定科目 | 仕入高 ⊕ |
| 結果 | 買掛金が増えた | 勘定科目 | 買掛金 ⊕ ➡[買掛帳] |

◎決算作業に関する科目の増減（「前払費用の処理」 ➡ P.232）

取引	12月に2年分の保険料を支払った（12月の処理時）
起きたこと	保険料を支払った	勘定科目	損害保険料 ⊕※
結果	銀行口座が減った	勘定科目	普通預金 ⊖ ➡[預金出納帳]

※いったん2年（24カ月）分の保険料全額を経費に記録

決算作業 12月に2年分の保険料を支払っている（今年の前払費用の処理）

保険料支払い時に24か月分の保険料を経費として記録していますが、来年1月以降の23か月分を、損害保険料を減らして前払費用（資産）を増やします。

| 起きたこと | 今年払った保険料のうち来年以降分の保険料が減った | 勘定科目 | 損害保険料 ⊖ ➡[経費帳] |
| 結果 | 前払費用が増えた | 勘定科目 | 前払費用 ⊕ |

◎決算作業に関する科目の増減（「未払費用の処理」 ➡ P.232）

決算作業 今年行った修繕料をまだ支払っていない（今年の未払費用の処理）

| 起きたこと | 修繕費が増えた | 勘定科目 | 修繕費 ⊕ ➡[経費帳] |
| 結果 | 未払費用が増えた | 勘定科目 | 未払費用 ⊕※ |

※今年の年末までに完了した修繕代で未払いのもの

営業

経理

人事

総務・他

◎決算作業に関する科目の増減（「減価償却費などの処理」 ➡ P.234）

決算作業 減価償却費の処理（➡P.234）

起きたこと	減価償却をする	勘定科目	減価償却費 + ➡[経費帳]
結果	工具器具備品が減った	勘定科目	工具器具備品 −※

※減価償却資産の勘定科目ごとに帳簿に記録する。

決算作業 開業費の処理（➡P.236）

起きたこと	開業費を償却する	勘定科目	開業費償却 + ➡[経費帳]
結果	開業費が減った	勘定科目	開業費 −

決算作業 礼金の処理（➡P.234）

起きたこと	礼金を償却する	勘定科目	長期前払費用償却 + ➡[経費帳]
結果	長期前払費用が減った	勘定科目	長期前払費用 −

◎決算作業に関する科目の増減「在庫と仕掛りの処理」（➡ P.238）

決算作業 材料の棚卸しの処理（今年分の調整）

今年仕入れた材料のうち未使用分だけ材料を減らして、貯蔵品（資産）を増やす記録をします。

起きたこと	今年の材料費が減った	勘定科目	材料費 − ➡[経費帳]
結果	貯蔵品が増えた	勘定科目	貯蔵品 +

決算作業 材料の棚卸しの処理（前年分の調整）

前年残った材料がある場合、今年使用した材料は、前年残った材料と今年仕入れた材料の合計から、今年残った材料を差引いたものになります。そこで、前年残った分の材料費を増やして、貯蔵品（資産）を減らす記録をします。

起きたこと	今年の材料費が増えた	勘定科目	材料費 + ➡[経費帳]
結果	貯蔵品が減った	勘定科目	貯蔵品 −

（注）開業2年目以降は原則として決算時に今年分の調整と前年分の調整の両方をします。

決算作業 商品や製品と仕掛りの処理（今年分の調整）

今年仕入れた商品等のうち売残り分だけ売上原価を減らして、商品等（資産）を増やす記録をします。

起きたこと	今年の売上原価が減った	勘定科目	期末商品(製品)棚卸高※ ⊕ ➡[経費帳]
結果	商品(製品、仕掛品)が増えた	勘定科目	商品(製品、仕掛品) ⊕

※期末商品（製品）棚卸高は、売上原価を減らす勘定科目になります。仕掛品であれば、今年仕掛り途中まででかかった、材料費と人件費と経費の合計額
(注) 正しくは、仕掛品については、勘定科目は期末仕掛品棚卸高（製造原価の計算）になります。本書では簡便的に期末商品（製品）棚卸高（損益計算書）を使っています。

決算作業 商品や製品と仕掛りの処理（前年分の調整）

前年売残った商品等がある場合、今年販売した商品等は、前年売残った商品等と今年仕入れた商品等の合計から、今年売残った商品等を差引いたものになります。そこで、前年売残った分の売上原価を増やして、商品等（資産）を減らす記録をします。

起きたこと	今年の売上原価が増えた	勘定科目	期首商品(製品)棚卸高※ ⊕ ➡[経費帳]
結果	商品(製品、仕掛品)が減った	勘定科目	商品(製品、仕掛品) ⊖

※期首商品（製品）棚卸高は、売上原価を増やす勘定科目になります。仕掛品であれば、前年仕掛り途中まででかかった、材料費と人件費と経費の合計額
(注) 開業2年目以降は、原則として、今年分の調整と前年分の調整の両方をします。

●翌年度の処理（参考）

「科目の増減」の使い方はP.134を参照してください。

翌年の請求書発行時の処理（売上高）

取引 1月度の掛け売上の請求書を発行した

12月の締め日の翌日から1月の締め日までの売上高を記録すると、前年分（12月の締め日の翌日から12月末まで）も記録してしまいます。1月1日から1月の締め日までの売上を記録します。

起きたこと	掛けで売上げた	勘定科目	売上高 ⊕ …1月1日から1月の締め日までの分
結果	売掛金が増えた	勘定科目	売掛金 ⊕ ➡[売掛帳]

翌年の請求書受取り時の処理（仕入高）

取引 1月度の掛け仕入の請求書を受取った

12月の締め日の翌日から1月の締め日までの仕入高を記録すると、前年分（12月の締め日の翌日から12月末まで）も記録してしまいます。1月1日から1月の締め日までの仕入を記録します。

起きたこと	掛けで仕入れた	勘定科目	仕入高 ⊕ …1月1日から1月の締め日までの分
結果	買掛金が増えた	勘定科目	買掛金 ⊕ ➡[買掛帳]

営業

経理

人事

総務・他

翌年の決算時の処理（前払費用）

取引　前年の12月に2年分の保険料を支払っている

23か月分の保険料が前払費用に記録されているので、そのうち今年分だけ、前払費用を減らして、損害保険料を増やします。

起きたこと　今年分の保険料が増えた　　**勘定科目**　損害保険料 ＋ ※ ➡ [経費帳]

結果　前払費用が減った　　**勘定科目**　前払費用 −

※12カ月分。再来年も同様（ただし、残り11か月分）になる。

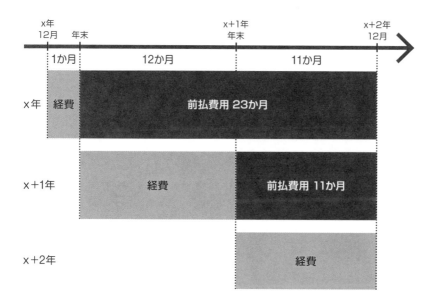

翌年の支払時の処理（未払費用）

取引　前年と今年行った修繕料をまとめて支払った

前年分は前年に修繕費を記録しているため、前年分は未払費用を減らす記録をして、今年分を修繕費として記録します。

起きたこと　未払の修繕料を支払った　　**勘定科目**　未払費用 − ※ ┐
結果　銀行口座が減った　　**勘定科目**　普通預金 − ※ ➡ [預金出納帳] ┘ 合計が請求された額
起きたこと　修繕費が増えた　　**勘定科目**　修繕費 ＋ ┐
結果　銀行口座が減った　　**勘定科目**　普通預金 − ➡ [預金出納帳] ┘ 合計が請求された額

※前年の年末までに完了した修繕代で前年に未払いのもの

Section 03 -1 決算① 棚卸表の作成

今年の売上にかかった
経費を計算しよう。

棚卸表とは

商品や製品、または作業途中の仕掛品などをまとめて、**棚卸資産**といいます。これら棚卸資産の年末にある数を数えることを棚卸といい、棚卸した結果を記録した書類を**棚卸表**といいます。

棚卸表には、棚卸資産の種類別に、商品名、数、単価などを記載します。棚卸表を作成すると、年末に残った棚卸資産がいくらあるかが計算できます。

棚卸表の単価は商品によって考え方が変わる

単価は、他所から仕入れた商品は**その年一番最後に仕入れた単価**を、自分で作っている製品は製造にかかった単価を、作業途中の仕掛品はその途中まで製造するのにかかった金額です。製品の単価や仕掛品のかかった金額は、作るのにかかった材料費、人件費、経費を集計して計算します（右ページ参照）。水道光熱費のように何個分の経費かわからないものは、年間のその経費の金額を年間の製造個数で割り、単価を計算する方法などが考えられます。

●商品の単価

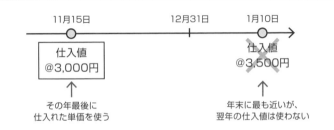

製品の単価や仕掛品のかかった金額を計算するためには、まずP.237まで決算の処理を済ませておく。数は先に数えておこう。

memo

缶に半分ぐらい残った油などは、厳密には量りで測るべきですが、実際には目分量で半分や1/4などとしても、基本的に大きな問題はありません。

営業

経理

人事

総務・他

● 棚卸表

棚卸表

商品名	数量	単価	金額
手袋	10	3,000	30,000
マフラーA	5	2,000	10,000
マフラーB	6	1,500	9,000
帽子	8	1,000	8,000
サングラス	20	600	12,000
合計	49		69,000

仕入を消費税込みで帳簿に記録していれは、単価も消費税込みになります。

数を書き出した書類

商品名	数量
手袋	正 正
マフラーA	正
マフラーB	正 ヽ
帽子	正 下
サングラス	正 正 正 正

棚卸表を作成する前に、数を手書きで「正」の字で書きだします。その書出した書類も棚卸表と合わせて保存します。

● 製品の単価の計算のしかた

材料費、人件費、経費の製品1個あたりの価格を合計したものを製品単価とします。

項目	考え方	計算例
材料費	製品1個あたり標準的にかかる金額 （具体例）生地、ボタン、ビーズなど	生地　20円 ボタン　10円 合計　30円
人件費	製品1個あたり標準的にかかる金額 （具体例）従業員の給与など （注）店頭の販売員は除く。個人事業主にはももと給与がなく、個人事業主が製作しても人件費には関係しません。	1時間あたり給与2,500円 1時間あたり5個製作 ⇒1個あたり500円 （＝2,500円÷5個）
経費	その年の経費の金額÷その年に製造した個数 （具体例）水道光熱費、作業スペースの家賃など （注）店頭の分は除く。店頭と作業スペースをまとめて支払っている場合は、床面積などで作業スペース分を按分します。	1年分の水道光熱費30万円 1年あたり製造数5,000個 ⇒60円（＝30万円÷5,000個）

製品の単価 材料費 ＋ 人件費 ＋ 諸経費
30円 ＋ 500円 ＋ 60円 ＝ 590円

製品の製造販売では上記のような少し難しい計算が必要になる。単価の計算が複雑だったり、売上原価が大きい事業では税理士に依頼する方がベターかも……。

memo ＞ 食べ物を扱う小売店などで、年末に廃棄してしまう棚卸資産は棚卸に含める必要はありません。

229

Section
03
-2

決算②
締め後売上、締め後仕入

> まだ発行していない請求書のうち、今年の分を記録するのが締め後売上だ。

最後の締め日後〜年末までの売上を記録する

締め後売上とは、**その年最後の請求書の締め日の翌日から、年末までの売上**のことです。決算では年末までの売上を帳簿に記録する必要があり、毎月請求書ごとに売上を記録していると、最後の請求書の締め日までしか売上が記録できません。そこで、納品書控えや年末をまたぐ請求書控えなどを確認して、年末までの分を記録します。

商品や製品の売上であれば、商品や製品を顧客に発送した日、顧客が検収をした日など、月々の請求書を作成する際に売上日としていた日が年末までのものが今年の売上となります。受託案件で、年末までに受け取った手付金は、仮に顧客都合でキャンセルされても手付金を返金する義務がなければ今年の売上となります。しかし、受託した業務の完了前に単に代金入金がなされても、それは今年の売上とはならずに業務が完了した年の売上となります。

締め後仕入も、同様に処理をします。

翌年の締め後売上の二重記録に注意しよう

翌年の帳簿の記録を始めるときに翌年の最初の請求書にもとづいて、その全額を売上として記録をすると、前年に記録ずみの締め後売上が2重に記録されてしまいます。これをさけるために、請求書に前年分が含まれている場合は、その分は含めずに、翌年分だけ売上を記録します。

memo > 翌年の処理のしかたには、締め後売上（仕入）として記録した金額をマイナスの金額で記録し、翌年の初めの請求書は請求書どおりの金額で記録する方法もある。

営業

経理

人事

総務・他

●締め後売上（15日締め翌月５日払いのケース）

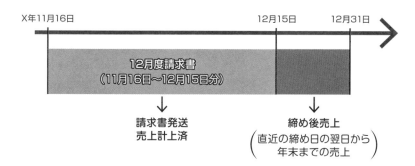

X年11月16日   12月15日   12月31日

12月度請求書
（11月16日〜12月15日分）

↓
請求書発送
売上計上済

↓
締め後売上
（直近の締め日の翌日から
年末までの売上）

会計上では今年の分の売上
にするけど、実際に請求書
を出すのは年明けなのだ。

●翌年の処理（15日締め翌月５日払いのケース）

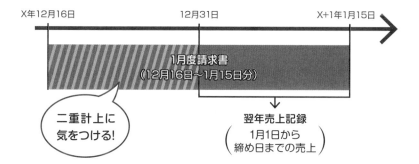

X年12月16日   12月31日   X+1年1月15日

1月度請求書
（12月16日〜1月15日分）

二重計上に
気をつける！

↓
翌年売上記録
（1月1日から
締め日までの売上）

翌年の売上の処理では、1月度
の請求書から前年に計上した分
を除くことが必要になるのです。

---

memo ＞ 締め後売上は決算を締めるために行うものであり、締め後売上だけの請求書を顧客に送る必要は無
い。

Section

03
-3

決算③
前払費用と未払費用の処理

お金の支払いにかかわらず、その年の分を経費とするのです。

前払費用と未払費用の意味

　たとえば2年分の保険料を今年支払ったとしても、その全額が今年の経費とはなりません。保険期間のうち、**今年の期間に対応する分**を経費とします。このとき、翌年以降に対応する分を**前払費用**といい、翌年の経費とします。

　逆に、今年に設備を借りて、賃借料の支払いが翌年であったとしても、賃借期間のうち、今年の期間に対応する分を経費とします。このとき今年に対応する分を**未払費用**といいます。

　支払った金額のうち、今年の分と翌年の分に分けるときは基本的に月数按分でかまいません。たとえば、保険期間が12月26日から翌々年12月25日の保険料24,000円を支払った場合、今年の経費は1か月分1,000円、前払費用23か月分23,000円となります。

1年以内の前払費用は今年の経費にしていい

　来年の経費となる前払費用であっても、**支払日から1年以内**のものであれば、例外的に今年の経費としてよいことになっています。たとえば、1年分の保険料をまとめて支払ったような場合です。これは事務処理の軽減などのために認められているものです。したがって、1年を超えない支払いは、支払った年に全額を経費とすることができ、前払費用として処理する必要はありません。ただし、この処理は毎年継続して行う必要があり、今年は支払った全額を経費とし、来年は期間に対応する経費とすることはできません。

前払費用と未払費用は、個人事業主が支払う側である経費に関するものです。一方で、個人事業主が受取る側である収入に関するもの（前受収益と未収収益）もありますが、説明を省略しています。

●前払費用と未払費用（原則）

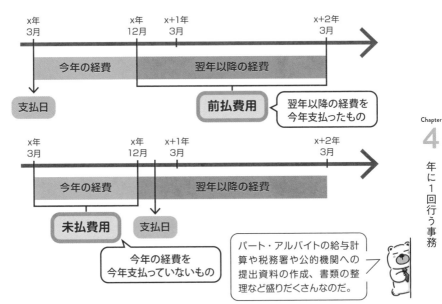

●１年以内の前払費用（例外）

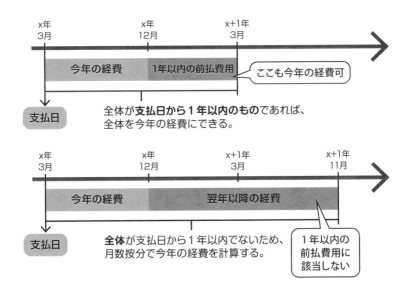

Section 03-4 決算④ 減価償却と礼金の処理

基本は会計ソフトの固定資産台帳へ登録し、自動で計算するのがいいだろう。

減価償却は会計ソフトに任せよう

　その年に取得した設備が固定資産台帳にもれなく登録されているか、廃棄や売却した設備が残っていないか、取得時の請求書などを見返して確認します。固定資産の数が多い場合は会計ソフトで処理するのが便利で、これらがもれなく固定資産台帳（➡ P.178）に登録されていれば、減価償却費は基本的に会計ソフトが自動で計算してくれます。なお、減価償却費の計算は正確に行う必要があります。仮にその年の減価償却費が30万円のところ、確定申告に20万円しか記載しなかった場合、不足した10万円は来年以降の経費にすることはできませんし、前年に減価償却を忘れたからといって今年に2年分をまとめて記録することもできません。

礼金は原則5年で償却する

　礼金（➡ P.330）は、**原則として5年で償却**します。ただし、賃借期間が5年未満で、かつ、更新時に更新料の支払いが必要な場合は、その賃借期間で償却します。

2章で解説している固定資産台帳の管理がうまくいっていれば、それほど問題は無いかも……。

●減価償却費の計算

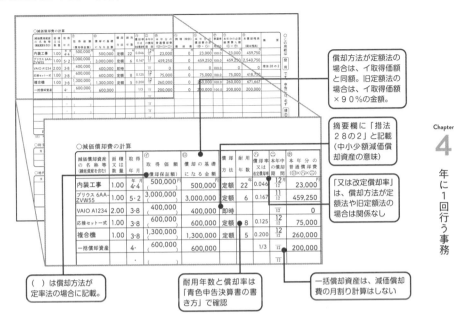

○減価償却費の計算

減価償却資産の名称等（繰延資産を含む）	面積又は数量	取得年月	取得価額（償却保証額）	償却の基礎になる金額	償却方法	耐用年数	①償却率又は改定償却率	本年中の償却期間	本年分の普通償却費（ⓑ×ⓒ×ⓓ）
内装工事	1.00	年 月 4·4	500,000	500,000	定額	22	0.046	12月 12	23,000
プリウス 6AA-ZVW55	1.00	5·2	3,000,000	3,000,000	定額	6	0.167	11 12	459,250
VAIO A1234	2.00	3·8	400,000	400,000	即時			12 12	0
応接セット一式	1.00	3·8	600,000	600,000	定額	8	0.125	12 12	75,000
複合機	1.00	3·8	1,300,000	1,300,000	定額	5	0.200	12 12	260,000
一括償却資産		4·	600,000	600,000			1/3	12	200,000

吹き出し注記：

- 償却方法が定額法の場合は、イ取得価額と同額。旧定額法の場合は、イ取得価額×90％の金額。
- 摘要欄に「措法28の2」と記載（中小少額減価償却資産の意味）
- 「又は改定償却率」は、償却方法が定額法や旧定額法の場合は関係なし
- （　）は償却方法が定率法の場合に記載。
- 耐用年数と償却率は「青色申告決算書の書き方」で確認
- 一括償却資産は、減価償却費の月割り計算はしない

●減価償却の方法

資産の種類	取得日※１	減価償却の方法
建物 建物附属設備 構築物	平成 19 年 4 月 1 日以後	定額法 ※2
機械装置 車両運搬具 工具器具備品	平成 19 年 3 月 31 日以前	旧定額法 ※3

※1 事業供用日ではなく、取得した日で減価償却の方法が分かれます。

※2 定額法の減価償却費＝取得額×定額法の償却率 ※4

※3 旧定額法の減価償却費＝取得価額×90％×旧定額法の償却率 ※4

※4 定額法と旧定額法の償却率は、「青色申告決算書の書き方」などで確認します。また、年の途中で事業供用した場合には、事業に使用していた月数分だけ月割り計算をします。

Chapter **4**

年に１回行う事務

---

memo ▷ 償却の方法が定額法か旧定額法かは、取得した日で決まる（事業供用日ではない）。最初に旧定額法とされた資産はその後もずっと旧定額法で減価償却する。

Section

03-5 | 決算⑤ 開業費の処理

開業費はいつでも自由に経費にできる。

開業費とは

個人事業を開始するまでの間（➡ P.057「開業日とは」参照）に、開業準備のために特別に支払う経費（右ページ参照）が該当します。その経費の合計額を**開業費**（資産の科目）として帳簿に記録します。同時に固定資産台帳にも登録します。

なお、個人事業とは関係の無いプライベートのための支払いは該当しません。また、開業後の経費を開業準備期間中に前払いしたものは、前渡金とします。

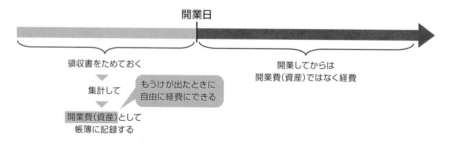

開業日

領収書をためておく

集計して

もうけが出たときに自由に経費にできる

開業費(資産)として帳簿に記録する

開業してからは開業費(資産)ではなく経費

開業費の経費のしかた

開業費は開業初年度に全額を減価償却することも、将来的に利益がでてから減価償却することもできます。その減価償却の金額は、そのつど、決めることができます。つまり、**自由に減価償却をすることができます**。固定資産台帳の減価償却の方法としては、一般的に任意償却を選びます。

開業費と言うけれど、経費ではなく資産。その後、減価償却をして経費にしていくのだ。

営業

経理

人事

総務・他

memo

設備の取得に充てるための借入金の利子で開業準備中のものは、設備の取得価額（➡ P.178）とします。開業後のものは利子割引料となる。

●開業費の例

開業準備中は売上がありません。その期間中に支払ったものは、いったん開業費として帳簿に記録し、開業後に経費とします。開業を意識したときから、領収書はしっかり保存しておくと、節税につながります。

開店チラシ作成料	交通費	宿泊代
マーケットリサーチ料	事務所や店舗の家賃	電気・ガス・水道の料金
諸経費に充てるための借入金の利子	その他	

●科目の増減 「科目の増減」の使い方は P.134 を参照してください。

取引	開業費の支払いをした		
起きたこと	開店チラシ作成料と店舗の家賃を支払った	勘定科目	開業費 ＋➡［総勘定元帳］
結果	プライベート用の現金が減った	勘定科目	元入金 ＋※

※開業費の支払いは、事業主借ではありません。

取引	開業費の減価償却をした		
起きたこと	開業費の減価償却をした	勘定科目	開業費償却 ＋※➡［経費帳］
結果	開業費が減った	勘定科目	開業費 －

※会計ソフトによっては、繰延資産償却という勘定科目のこともあります。

Column

開業費に含めることができる／できないの線引き

　開業準備中は、開業するために必要なこと以外にも、開業後の売上アップを考えいろいろなことをします。たとえば、同窓会に参加して、開業予定であることを伝える。お客に外国人が来ることもあるので英会話を始める。これらを開業費としたいところですが、これらに関する支払いはいずれも開業費と認められにくいものばかりです。なぜなら、同窓会に参加することは、たしかに営業にはなりますが、プライベートとしての側面が無いとは言い切れません。一般的な英会話の場合、自己研鑽としての側面が無いとは言い切れません。

　開業費と認められやすいものとしては、食品販売業であれば、店舗周辺で開店チラシと一緒にサンプルを配布することや、翻訳業であれば、外国語に関する専門的な研修に参加するなど、プライベートとしての色彩が無い支払いが無難です。迷ったら、いったん領収書を保存しておき、後から税務署へ相談します。

Section
03
-6

決算⑥
商品や製品と仕掛りの処理

仕入や製造にかかった経費などを売上と対応させるのだ。

今年販売した商品の原価は経費にできる

　決算時の売上高は、1月1日から12月31日の事業活動の中で販売した商品の合計額で求めます。そのときに販売した商品は仕入先から仕入れたものか、自分で製造したものであり、これらにかかった費用（売上原価）は申告時に経費として処理することができます。

　これを在庫の面から見ると、1年間に販売された商品は「（前年末までに仕入れた）1月1日現在の在庫」「今年仕入れた商品」のどちらかです。売れ残っている商品は、（来年に販売する）「12月31日現在の在庫」となります。

　申告時に**経費にできるのは、1年間に販売された商品に対応する在庫と仕入のみ**です。これを計算式で表すと「**申告時に経費にできる金額＝1月1日現在の在庫＋今年仕入た商品－12月31日現在の在庫**」となります。これを青色申告決算書に記入するときは右ページ上図のように②～⑥の項目に記入します。

青色申告決算書の記入項目	金額	備考
売上(収入)金額①	1年間の売上高	
期首商品(製品)棚卸高②	1月1日現在の在庫	前年末の棚卸高
仕入金額(製品製造原価)③	今年仕入れた商品	今年の締め後仕入も含む
期末商品(製品)棚卸高⑤	12月31日現在の在庫	今年末の棚卸高
差引原価(④-⑤)⑥	申告時に経費にできる金額	今年の売上原価

年をまたいで作業をしたときは今年の経費にならない

　家具の製作や工事など作業の完了に時間がかかる場合、**年をまたいで作業をしたとき**は、その作業の経費は今年の経費とはなりません。その作業にかかった経費を集計（右ページ参照）して、期末商品（製品）棚卸高へ記録します。

memo ▷ 製造業の場合は製造原価を「仕入金額」に計上する。

●青色申告決算書への記入

青色申告決算書での売上と売上原価の記入は、①〜⑥の項目へ行います。

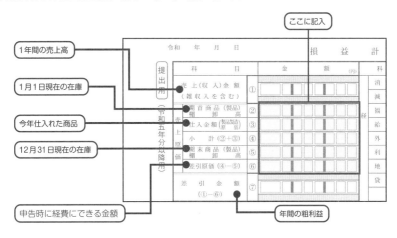

●仕掛りの処理のイメージ

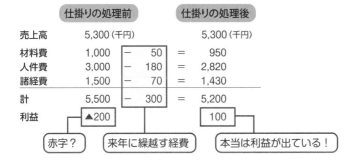

	仕掛りの処理前					仕掛りの処理後
売上高	5,300（千円）					5,300（千円）
材料費	1,000	−	50	=		950
人件費	3,000	−	180	=		2,820
諸経費	1,500	−	70	=		1,430
計	5,500	−	300	=		5,200
利益	▲200					100

赤字？　　来年に繰越す経費　　本当は利益が出ている！

来年に繰越す経費の内訳

材料費	A部品			20千円
	B部品			30千円
				50千円

人件費	従業員	@2,000	90時間	**180千円**

諸経費	家賃	月10万円	10日/31日	32千円
	水道光熱費	月5万円	10日/31日	16千円
	⋮		⋮	⋮
				70千円

あとでわからなくなるので、計算過程はメモでよいので残しておこう。

---

memo

ちなみに青色申告決算書の「売上高①」から「差引原価⑥」を引いた「差引金額⑦」がその年の粗利益となる。

239

Section

03
-7

決算⑦
確定申告書のポイント

まず、青色申告決算書を作るのです。

まずは青色申告決算書を作成する

決算作業が終わったら、青色申告決算書（→ P.242）を作成します。1ページ目は**損益計算書**と言われるもので、今年の売上高や各種経費を記載して、所得金額（もうけ）を計算します。2 ～ 3ページ目は、月別の売上高や仕入高の内訳など、1ページ目の損益計算書の明細や内訳を記載します。4ページ目は**貸借対照表**と言われるもので、今年の1月1日と12月31日の財産の金額を科目ごとに記載します。いずれも、各帳簿から書き写します。会計ソフトを利用していれば、その試算表などを見ながら記載していきますが、会計ソフトによっては、決算作業を終えれば、青色申告決算書の一部を、自動で作成してくれるものもあります。

確定申告書は確定申告の手引きを参考にする

青色申告決算書の作成ができたら、いよいよ**確定申告書**の作成に取掛かります。まずは、事業所得の収入金額と所得金額を記載します。それから、事業以外の所得や所得控除などの金額を記載していきます。わからないところがあれば、税務署から送られてきたり、国税庁のホームページからダウンロードできる「確定申告の手引き」の該当するところを中心に読んで記載します。

また、確定申告書の記載のしかたに関する書籍も発売されるので、それらを参考にする方法もあります。青色申告決算書も確定申告書も用紙に手書きで記載して提出できますが、国税庁ホームページには、確定申告書を画面の指示に従って作成できるしくみもありますので、うまく活用しましょう。

memo　　青色申告承認申請書を提出していない方（白色申告者）は、青色申告決算書ではなく、収支内訳書を作成する。

●確定申告書

　この書類が最終的に作成する税金を計算する書類。実際には次ページにある青色申告決算書を先に作成します。

青色申告決算書の売上（収入）金額①を書き写す（農業以外は⑦）

青色申告決算書の所得金額㊺を書き写す

確定申告書 第一表（令和四年分以降用）

新宿 税務署長　令和6年 3月15日　令和 05 年分の 所得税及び復興特別所得税 の 申告書　FA2202

納税地 〒169-85XX　個人番号 123456789012　生年月日 3 35 08 11

現在の住所又は居所事業所 東京都新宿区北新宿5-5-5

フリガナ テ゛サ゛インタロウ　氏名 出差員 太郎

職業 デザイナー　屋号・雅号 スタジオ蔵吹員　世帯主の氏名 出差員 太郎　世帯主との続柄 本人

種類 ○　整理番号 00000000　電話番号 03-52XX-41XX

収入金額等
事業 営業等	㋐	8960000	
事業 農業	㋑		
不動産	㋒		
配当	㋓		
給与	㋔		
雑 公的年金等	㋕		
雑 業務	㋖		
雑 その他	㋗		
総合譲渡 短期	㋘		
総合譲渡 長期	㋙		
一時	㋚		

所得金額等
事業 営業等	①	4181000
事業 農業	②	
不動産	③	
利子	④	
配当	⑤	
給与	⑥	
雑 公的年金等	⑦	
雑 業務	⑧	
雑 その他	⑨	
⑦から⑨までの計	⑩	
総合譲渡・一時	⑪	
合計	⑫	4181000

所得から差し引かれる金額
社会保険料控除	⑬	200000
小規模企業共済等掛金控除	⑭	
生命保険料控除	⑮	20000
地震保険料控除	⑯	2000
寡婦、ひとり親控除	⑰⑱	0000
勤労学生、障害者控除	⑲⑳	0000
配偶者控除	㉑㉒	0000
扶養控除	㉓	0000
基礎控除	㉔	480000
⑬から㉔までの計	㉕	702000
雑損控除	㉖	
医療費控除	㉗	
寄附金控除	㉘	
合計	㉙	702000

税金の計算
課税される所得金額	㉚	3479000
上の㉚に対する税額	㉛	268300
配当控除	㉜	
	㉝	
政党等寄附金等特別控除	㉞	00
住宅借入金等特別控除	㊵	268300
災害減免額	㊷	
再差引所得税額（基準所得税額）	㊸	268300
復興特別所得税額	㊹	5634
所得税及び復興特別所得税の額	㊺	273934
外国税額控除等	㊻	
源泉徴収税額	㊽	200000
申告納税額	㊾	73900
予定納税額（第1期分・第2期分）	㊿	
第3期分の税額 納める税金	○51	73900
還付される税金	○52	△

その他
修正前の第3期分の税額	○53	
第3期分の税額の増加額	○54	00
公的年金等以外の合計所得金額	○55	
配偶者の合計所得金額	○56	
専従者給与（控除）額の合計額	○57	
青色申告特別控除額	○58	650000
雑所得・一時所得等の源泉徴収税額の合計額	○59	
未納付の源泉徴収税額	○60	
本年分で差し引く繰越損失額	○61	
平均課税対象金額	○62	
変動・臨時所得金額	○63	
申告期限までに納付する金額	○64	00
延納届出額	○65	000

公金受取口座登録の同意　公金受取口座の利用

整理欄 A B C D E F G H I J K

> 令和2年分からは、青色申告特別控除は55万円になった。ただし、e-TAXによる電子申告または「優良な電子帳簿の保存」の要件を満たせば特別控除額が10万円上乗せされる

memo 社会保険料控除⑬以降は、税務署でもらえる「所得税及び復興特別所得税の確定申告の手引き」を参考に作成。

決算作業が終わったら会計ソフトや帳簿から書き写すだけでほぼ完成します。

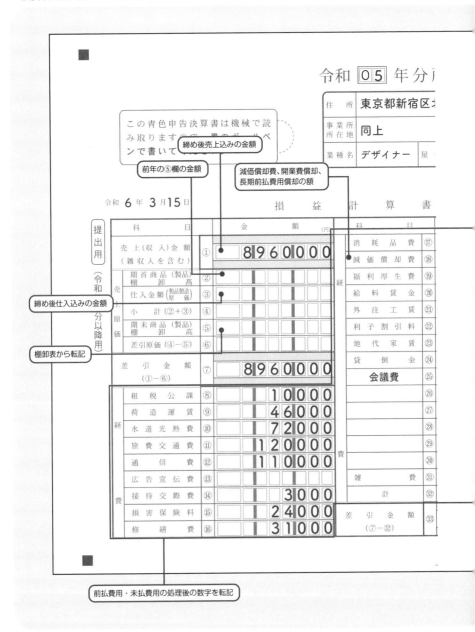

令和 [05] 年分

住　　所	東京都新宿区
事業所所在地	同上
業種名	デザイナー　屋

この青色申告決算書は機械で読み取りますので、黒のボールペンで書いて

締め後売上込みの金額

前年の⑤欄の金額

減価償却費、開業費償却、長期前払費用償却の額

令和 6 年 3 月 15 日

損　益　計　算　書

	科　　目		金　額 (円)	科　　目	
提出用	売上（収入）金額（雑収入を含む）	①	8 9 6 0 0 0 0	消　耗　品　費	⑰
（令和	期首商品（製品）棚　卸　高	②		減　価　償　却　費	⑱
売上原価	仕入金額(製品製造)原価	③		福　利　厚　生　費	⑲
	小　　計 (②+③)	④		給　料　賃　金	⑳
分以降用）	期末商品（製品）棚　卸　高	⑤		外　注　工　賃	㉑
	差引原価 (④-⑤)	⑥		利　子　割　引　料	㉒
	差　引　金　額 (①-⑥)	⑦	8 9 6 0 0 0 0	地　代　家　賃	㉓
				貸　倒　金	㉔
	租　税　公　課	⑧	1 0 0 0 0	会議費	㉕
	荷　造　運　賃	⑨	4 6 0 0 0		㉖
経	水　道　光　熱　費	⑩	7 2 0 0 0		㉗
	旅　費　交　通　費	⑪	1 2 0 0 0 0		㉘
	通　信　費	⑫	1 1 0 0 0 0		㉙
	広　告　宣　伝　費	⑬			㉚
費	接　待　交　際　費	⑭	3 0 0 0	雑　　費	㉛
	損　害　保　険　料	⑮	2 4 0 0 0	計	㉜
	修　繕　費	⑯	3 1 0 0 0	差引金額 (⑦-㉜)	㉝

締め後仕入れの金額

棚卸表から転記

前払費用・未払費用の処理後の数字を転記

営業

経理

人事

総務・他

F A 3 0 0 1

分所得税青色申告決算書（一般用）

区北新宿 5-5-5	フリガナ氏　名	デザイン　タロウ**出差員 太郎**	依頼税理士等	事務所所在地	
	電話番号	（自宅）03 52XX 41XX（事業所）		氏名（名称）	
屋号 スタジオ蔵吹具	加入団体名			電話番号	

整理番号 ０ ０ ０ ０ ０ ０ ０ ０

書（自 １月 １日至 １２月 ３１日）

	金　額（円）		科　目		金　額（円）
⑰	95000	各種引当金・準備金等 繰戻額等	貸倒引当金 ㉞		
⑱			㉟		
⑲			㊱		
⑳			計 ㊲		
㉑	2400000	繰入額等	専従者給与 ㊳		
㉒			貸倒引当金 ㊴		
㉓	1200000		㊵		
㉔			㊶		
㉕	18000		計 ㊷		
㉖		青色申告特別控除前の所得金額（㉝＋㊲－㊷）㊸			4831000
㉗		青色申告特別控除額 ㊹			650000
㉘		所　得　金　額（㊸－㊹）㊺			4181000
㉙					
㉚					
㉛		●青色申告特別控除については、「決算の手引き」の「青色申告特別控除」の項を読んでください。			
㉜	4129000				
㉝	4831000	●下の欄には、書かないでください。			

㉛		㊝	
㉜		㊞	
㉝		㊟	
Ⓐ㉞		㊡	

－1－

Section
03
-8

決算⑧
消費税申告書のポイント

まずは自分に消費税を申告・納税する義務があるか確認しよう。前々年の課税売上高が1,000万を超えるかがポイントだ。

自分が消費税の納税義務があるか判断する

消費税を申告して納税する義務がある個人事業主を、**課税事業者**といいます。課税事業者に該当するかどうかは、右ページ（「課税事業者かどうかの判定」）のフローチャートで判定します。

なお、課税事業者となった場合には、帳簿の記録も複雑になるため、このタイミングで税理士へ依頼することも検討するとよいでしょう。

消費税の処理は会計ソフトに任せると便利

消費税は原則として、国内における商品の販売やサービスの提供に対してかかります。ただし、利息の受取りや土地の販売など消費税がかからないものもあります。

会計ソフトに仕訳を登録する際に、消費税に関する情報（10%、8%など）を登録しておけば、基本的に申告書の作成に必要な情報を集計することができます。会計ソフトによっては、自動で消費税の申告書まで作成してくれるものもあります。

いずれにしても、課税事業者となってから、事業主自身で青色申告決算書、確定申告書および消費税申告書をまとめていくのは、原則としては、簿記の知識があり、かつ、会計ソフトをうまく使っていくことが必須になります。

免税事業者だけど、課税事業者になったほうがトクになることもあるのだ。

memo 消費税率の推移：平成元年4月〜3%、平成9年4月〜5%、平成26年4月〜8%、令和元年10月〜10%。

●課税事業者かどうかの判定

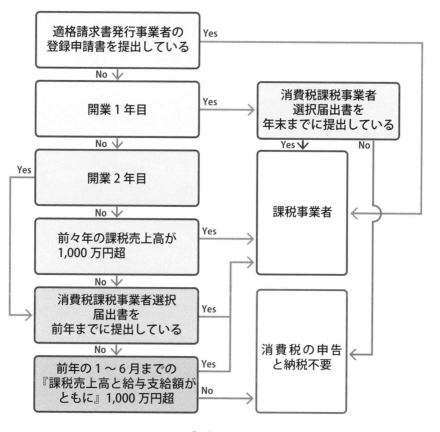

Column

課税事業者になったほうが得な場合とは

　前々年の課税売上高が 1,000 万円以下で課税事業者に該当しない場合でも、あえて消費税課税事業者選択届出書または消費税課税事業者届出書（特定期間用）を提出して、課税事業者をみずから選択することもあります。たとえば、翌年以降に設備投資を行う予定がある場合などです。インボイスを発行したい場合には、併せて適格請求書発行事業者の登録申請書（➡ P.083）を提出します。その判断は複雑になりますので、該当しそうな場合は税務署へ相談します。

　設備投資をする予定などのため、課税事業者を選択すれば消費税が還付される見込みであっても、消費税の申告をする手間を考えて、あえて選択しないこともあります。

---

memo 前年1月～6月の期間で課税売上高と給与支給額のいずれかが 1,000 万円超の場合に、設備投資の予定があるときなどは、課税事業者の選択も可。その場合は消費税課税事業者届出書（特定期間用）を提出する。

税金関係の所轄の調べ方

所得税と消費税

　個人事業主の自宅住所を所轄する税務署になります。

例：東京都北区の場合➡王子税務署

キーワード：国税局・税務署を調べる

ホーム＞国税庁等について＞組織（国税局・税務署等）＞税務署の所在地などを知りたい方

住民税と事業税

　個人事業主の住所を所轄する都道府県税事務所（個人事業税）と市町村役場（住民税）になります。しかし、個人事業税で東京都23区の場合、所轄は必ずしも住所地にある都税事務所ではなく、その近隣にある都税事務所が複数の区をまとめて取扱います。

［インターネットでの調べ方］

・東京都23区の場合

　検索キーワード「東京都主税局　所管事務所」で表示される画面で「東京都主税局」のホームページの「所管事務所を確認する」をクリックする。

　例：東京都北区➡荒川都税事務所

・その他の地域

　キーワード「〇〇市 個人市民税」で検索する。

　例：東京都立川市の場合：「立川市　個人市民税」のキーワードで検索し、立川市役所のホームページの下記のページを表示する

　　　ホーム＞くらし・環境＞税金＞市・都民税（個人・法人）＞個人市民税のあらまし

memo ＞ 土地、家屋、償却資産を所有する者には固定資産税がかかる。固定資産税のうち、償却資産に係るものを特に償却資産税といい、市町村の固定資産税課や資産税課が担当する。

人を雇ったときの
事務

Keyword

採用 / 雇用保険の加入 / 給与計算 / 所得税の納付 /
賞与 / 年末調整 / 退職

Section
01

従業員の採用
募集・面接

募集から面接まで、結構
時間がかかるものなのだ。

まずは募集方法を決める

　従業員を採用することが決まったら、まずどのような方法で募集するかを検討します。たとえば、ハローワークへの求人掲載、インターネットでの求人情報掲載、紙媒体での掲載、近くの大学の掲示板への掲載、知人のつて、など方法は多岐にわたります。

　応募があった場合は、**履歴書**を事前に郵送もしくは画像やPDFをメールで送ってほしい旨の連絡と面接日の調整をします。その際、前もってZoomなどオンラインで面接を行い、実際に会うかどうかを決めることもあります。面接の前には、履歴書をもとに、事前に応募者に確認しておきたいことを整理しておきます。面接の結果、採用ならその旨を電話で連絡し、不採用の場合は、預かった履歴書を同封して、**不採用通知書**^{DL} とともに発送します。

面接はお互いが相手をチェックする場でもある

　応募者は優れた人ほど、他所でも就職できます。したがって、応募者から本当に就職してよいか逆に面接されているという意識が必要です。面接する部屋は清潔か、整理整頓されているか、事前に確認します。

　実際の面接では、応募者に任せたい仕事がやってもらえるかどうか、過去の経歴を踏まえて、さぐっていきます。なお、面接はあくまで応募者の適性や能力を見るものであり、それとは関係が無いこと（政治、宗教、家族などプライベートに関すること）は踏込み過ぎないように注意します。

面接などのやり方についてはインターネット
の情報サイトなどを活用してみよう。

memo　　従業員の募集には、ハローワークインターネットサービスというオンラインによる手続きが利用できる。https://www.hellowork.mhlw.go.jp/

営業

経理

人事

総務・他

● 主な募集方法

> **ハローワークへの求人掲載**
> （基本的に無料）

> **近くの大学の掲示板への掲載**
> （基本的に無料）

> **インターネットでの求人掲載**
> （無料と有料アリ）

> **知人のつて**
> （基本的に無料）

> **紙媒体での掲載**
> （フリーペーパーや折り込み広告）

● 募集から採用までの流れ（一例）

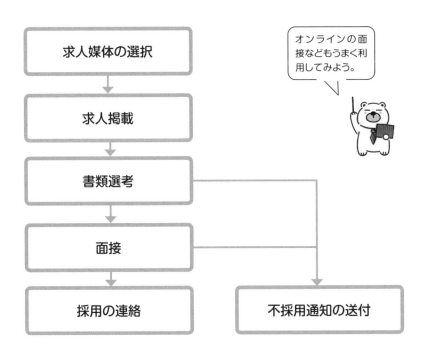

求人媒体の選択

↓

求人掲載

↓

書類選考

↓

面接

↓

採用の連絡

不採用通知の送付

オンラインの面接などもうまく利用してみよう。

〇〇〇〇年〇月〇日

〇〇〇〇様

選考結果のご報告

拝啓

この度は、私共の従業員募集にご応募いただき、誠にありがとうございます。また、先日は、お忙しい中、面接にご足労いただき、重ねて御礼申し上げます。

先日の面接を踏まえ、慎重に検討させていただいた結果、誠に残念ながら、今回は採用を見送らせていただくことになりましたことをご報告いたします。ご期待に添いかねる結果となり、大変恐縮ではございますが、何卒ご了承くださいますようお願い申し上げます。

なお、ご送付いただいた履歴書を同封しておりますのでご査収ください。

末筆ながら、〇〇〇〇様が今後より一層ご活躍されることをお祈り申し上げます。

敬具

（屋号など）
（事務所・店舗などの住所）

不採用でも、あくまで丁寧にが原則なのだ。

memo ▷ 履歴書は個人情報保護法の観点からも返却したほうが無難。最初から履歴書の PDF をメールで送信してもらうことも考える。

パート・アルバイトでも「雇う」
ことに手間とコストが思った以上
にかかるのだ……

—— **Column** ——

人を雇う前に作業の外注なども検討してみよう

　従業員を雇う理由として、「仕事の一部を任せて、自分はほかの重要な仕事に専念したい」ということがあります。しかし、従業員を雇うと、仕事の一部を任すことができる反面、労働保険への加入手続き、勤怠管理（出勤日や労働時間などの管理）、給与計算、給与支払いなど、管理するための作業やコストが発生します。さらに、仕事に慣れるまでは思っていたとおりの効率が上がらず、予想よりも事業主の負担が減らないことになりがちです。

　従業員を管理する作業やコストは、正社員として雇うのか、パート・アルバイトとして雇うのかによっても差が出ます。具体的には、週20時間以上働く従業員は社会保険の対象となり、雇用保険への加入も必要です。週20時間未満の従業員は社会保険の対象となりますが、雇用保険には加入しません。このあたりの実務の知識も必要になってきます。

　従業員を管理するための作業が増えることに対して、そのような作業が比較的得意な事業主は別として、そうでない事業主は、お金を払ってでも社会保険労務士へ依頼することも検討の余地があります。また、そもそも従業員を雇うのではなく、他の個人事業主や、場合によっては他社に、仕事の一部を外注することも考えられます。外注する場合は、給与の支払いではないため、お互いに納得した金額と条件で仕事を任せるだけで済みます。この場合は、仕事のノウハウが事業主に蓄積されにくいデメリットがあります。

Section

02 | 従業員を採用したときの流れをつかもう

主な手続きは、従業員に対するものと、ハローワークに対するものがある。

●従業員を採用したときの事務手続きのスケジュール

1　労働条件の説明と身元保証書の受領
採用決定時

労働条件通知書の説明と身元保証書の受領

> P.254

2　前職の書類の受領
最初の出勤日

前職の源泉徴収票などを預かる

> P.254

3　雇用保険手続き
採用の翌月10日まで

被保険者資格取得届をハローワークに提出

> P.260

4　源泉徴収簿作成、扶養控除等申告書の受領
最初の給与支給日の前日まで

給与計算の準備

> P.262

営業

経理

人事

総務・他

　従業員を採用したときには、雇用契約に関する手続き、雇用保険の加入、税金に関する手続きなど、さまざまな手続きがあります。雇用契約では、**労働条件通知書**を作成・説明すること、雇用保険では、**雇用保険被保険者資格取得届**を期限内に提出すること、税金では、**前職の源泉徴収票**をもらうことが特に重要になります。

☑ 従業員の採用に関する手続き

☑ 雇用保険の加入手続き

☑ 所得税や住民税の手続き

●採用時の主な関係書類のイメージ

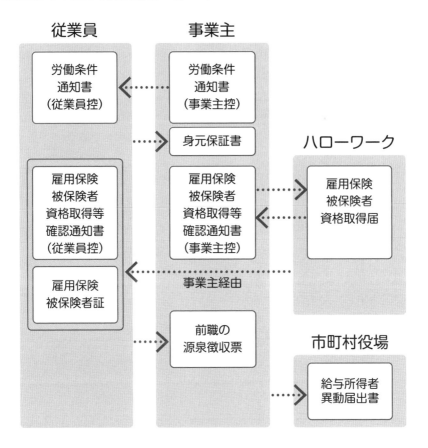

Section

02₋₁

従業員の採用①
新規採用者に対する手続き

> 労働条件通知書を
> 必ず説明しよう

労働条件通知書で労働条件の説明をする

　新規採用が決まった人に対して、勤務時間や給与金額といった労働条件の重要な部分をまとめた**労働条件通知書**を使って、労働条件を説明します。労働条件通知書は同じものを2通作成し、1通を採用者に渡し、もう1通は事業主で保管します。

　労働条件通知書は、一般労働者と日雇では使うフォーマットが異なるので、注意が必要です。

万が一に備えるための身元保証書も忘れずに

　採用が決まった時点で採用者には、**身元保証書**^DL、**前職の源泉徴収票**（あれば）、**前職の雇用保険被保険者証**（あれば）などを提出してもらいます。また、**マイナンバー**（➡ P.050）を利用する予定がある従業員は同時に取得します。

　身元保証書は、採用者の親族などに採用者の身元が確かであることを保証してもらう書類です。身元保証書を提出してもらうことで、万が一、事業主が損害を受けた際に本人以外の者にも損害賠償請求ができるようにしておきます。

　また、この従業員に関する労働者名簿も作成します。

> 雇用保険に加入する予定の従業員（➡ P.260）や源泉徴収票や給与支払報告書を税務署や市町村役場に提出する予定の従業員はマイナンバーが必要になる。

　memo　　労働条件通知書や労働者名簿は厚生労働省の主要様式ダウンロードコーナーからダウンロードできる。
https://www.mhlw.go.jp/bunya/roudoukijun/roudoujouken01/

●効率的な書類管理のためのファイルの種類（人事系）

ファイル名	解説
従業員ファイル	労働者名簿を一番最初に綴じ、その後に従業員ごとにインデックスを作成し、労働条件通知書控え、雇用契約書、身元保証書、退職届、退職合意書控え、離職証明書（事業主控）をクリアポケットファイルに入れて保管します。
社会保険・労働保険ファイル	健康保険・厚生年金保険被保険者報酬月額算定基礎届、労働保険申告書など、社会保険と労働保険に関する書類を2穴パンチで穴をあけてフラットファイルに綴じます。特に気にならなければ、古い日付のものから順に綴じるだけでインデックスで区分する必要はありません。
源泉徴収簿ファイル	源泉徴収簿と扶養控除等申告書を2穴パンチで穴をあけてフラットファイルに綴じます。最初に扶養控除等申告書、その上に源泉徴収簿を綴じます。年末調整時に回収する扶養控除等申告書（コピー）（➡ P.302）、基礎控除申告書兼配偶者控除等申告書兼所得金額調整控除申告書（➡ P.304）、保険料控除申告書などについては、源泉徴収簿の上に綴じます。

●従業員ファイル／源泉徴収簿ファイルの管理方法

従業員とその給与に関する書類を保存します。従業員が多くなると整理のしかたが作業効率に影響します。

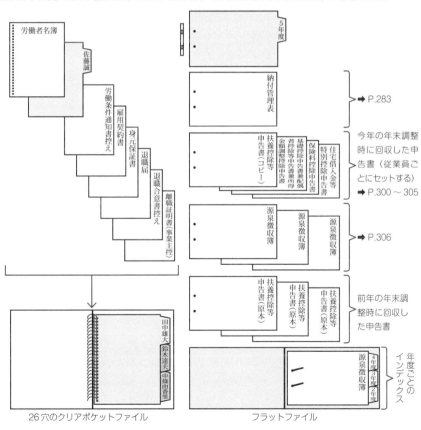

26穴のクリアポケットファイル　　　　フラットファイル

➡ P.283

今年の年末調整時に回収した申告書（従業員ごとにセットする）➡ P.300～305

➡ P.306

前年の年末調整時に回収した申告書

身 元 保 証 書

蔽吹倶

代表　出差員　太郎　様

　　　　　　本　人　　現 住 所　中野区〇〇1-1-1

　　　　　　　　　　氏　　名　川崎　太一　　　　　

　　　　　　　　　　生年月日　平成 8 年　6 月　13 日

　このたび、貴事務所において上記の者が採用されるにあたり、身元保証人として、
本人が貴事務所の諸規則を遵守して、誠実に勤務することを保証いたします。
　万一、本人がこれに反して、故意又は重大な過失によって貴事務所に損害をおか
けした場合は、本人と連帯してその損害を賠償する責任を負うことを確約します。
　なお、本身元保証期間は本日より 5 年間とします。

　令和 5 年　4 月　8 日

　　　　　身 元 保 証 人　　現 住 所　中野区〇〇1-1-1

　　　　　　　　　　氏　　名　川崎　太郎　　　　

　　　　　　　　　　生年月日　昭和 46 年　12 月　3 日

　　　　　　　　　　本人との関係　父

※添付書類：身元保証人の印鑑登録証明書（原本）

　　　　　　　　　　　　　　　　　　　　　　　　　　押印は実印にしてもらい、印鑑
　　　　　　　　　　　　　　　　　　　　　　　　　　証明を一緒に提出してもらう

履歴	死亡	又は	退職	男	性別	労働者名簿	様式第十九号（第五十三条関係）
	をは事含、場由事合がに由あての（つ理解そての由雇の退職。を含む。）	年月日		生年月日	氏名		
				H8・6・13	川崎 太一		
				従事する業務の種類			
				雇入れ年月日	住所		
				R5・4・10	中野区○○一の1の1		

常時30人未満の労働者しか使わない場合は、従事する業務の種類欄の記入は不要

新規採用時に記入する。その後変更があればそのつど修正する

（一般労働者用；常用、有期雇用型）

労働条件通知書

5 年 4 月 10 日

川崎　太一　殿

事業場名称・所在地　蔵吹倶　新宿区北新宿 5-5-5
使用者職氏名　出差員 太郎

契約期間	期間の定めなし　期間の定めあり（　年　月　日～　年　月　日） ※以下は、「契約期間」について「期間の定めあり」とした場合に記入 1　契約の更新の有無 ［自動的に更新する・更新する場合があり得る・契約の更新はしない・その他（　　　）］ 2　契約の更新は次により判断する。 ・契約期間満了時の業務量　・勤務成績、態度　　・能力 ・会社の経営状況　・従事している業務の進捗状況 ・その他（　　　　　　　　　　　　　　　　　　　　　　　　　） 【有期雇用特別措置法による特例の対象者の場合】 無期転換申込権が発生しない期間：Ⅰ（高度専門）・Ⅱ（定年後の高齢者） Ⅰ　特定有期業務の開始から完了までの期間（　　年　　か月（上限10年）） Ⅱ　定年後引き続いて雇用されている期間
就業の場所	事務所　新宿区北新宿 5-5-5
従事すべき 業務の内容	グラフィックデザイン および これに付随する業務 【有期雇用特別措置法による特例の対象者（高度専門）の場合】 ・特定有期業務（　　　　　　　　　　開始日：　　　　完了日：　　）
始業、終業の 時刻、休憩時 間、就業時転 換（(1)～(5) のうち該当す るもの一つに ○を付けるこ と。）、所定時 間外労働の有 無に関する事 項	1　始業・終業の時刻等 (1) 始業（ 10 時 00分）　終業（ 18 時 00分） 【以下のような制度が労働者に適用される場合】 (2) 変形労働時間制等；（　　）単位の変形労働時間制・交替制として、次の勤務時間の 組み合わせによる。 　始業（ 時 分）終業（ 時 分）（適用日　　　　） 　始業（ 時 分）終業（ 時 分）（適用日　　　　） 　始業（ 時 分）終業（ 時 分）（適用日　　　　） (3) フレックスタイム制；始業及び終業の時刻は労働者の決定に委ねる。 　　　　　（ただし、フレキシブルタイム（始業）　時 分から　時 分、 　　　　　　　　　　　　　　　（終業）　時 分から　時 分、 　　　　　　　コアタイム　　　　　時 分から　時 分） (4) 事業場外みなし労働時間制；始業（ 時 分）終業（ 時 分） (5) 裁量労働制；始業（ 時 分）終業（ 時 分）を基本とし、労働者の決定に委ね る。 ○詳細は、就業規則第　条～第　条、第　条～第　条、第　条～第　条 2　休憩時間（ 60 ）分 3　所定時間外労働の有無（ 有 ， 無 ）
休　　日	・定例日；毎週土曜日、国民の祝日、その他（12月30日～1月3日） ・非定例日；週・月当たり　2日、その他（　　　　　　　） ・1年単位の変形労働時間制の場合一年間　　　日 ○詳細は、就業規則第　条～第　条、第　条～第　条
休　　暇	1　年次有給休暇　6か月継続勤務した場合→　　5日 　　　　　継続勤務6か月以内の年次有給休暇　（有・無） 　　　　　→　か月経過で　　日 　　　　　時間単位年休（有・無） 2　代替休暇（有・無） 3　その他の休暇　有給（　　　　　　　　　） 　　　　　　　　　無給（　　　　　　　　　） ○詳細は、就業規則第　条～第　条、第　条～第　条

テレワークであれば、
従業員の自宅など。

（次頁に続く）

営業　経理　人事　総務・他

memo ＞
厚生労働省『テレワークの適切な導入及び実施の推進のためのガイドライン』が参考になる。
厚生労働省HP　ホーム＞政策について＞分野別の政策一覧＞雇用・労働＞雇用環境・均等

労働条件通知書は従業員との契約書。内容に齟齬が無いように充分気を付けよう。

賃　　金	1 基本賃金 イ　月給（**120,000**円）、ロ　日給（　　　　円） 　　　　　ハ　時間給（　　　　円）、 　　　　　ニ　出来高給（基本単価　　　円、保障給　　　円） 　　　　　ホ　その他（　　　　　　　　　　　　　　円） 　　　　　ヘ　就業規則に規定されている賃金等級等 　　　　　　　　　　　　　　　　　　　　　　　　　　　　　　　　　 2 諸手当の額又は計算方法 　　イ（ 通勤 手当 **500** 円 ／計算方法：**出勤日１日あたり**　） 　　ロ（　　手当　　　円 ／計算方法：　　　　　　　　　　） 　　ハ（　　手当　　　円 ／計算方法：　　　　　　　　　　） 　　ニ（　　手当　　　円 ／計算方法：　　　　　　　　　　） 3 所定時間外、休日又は深夜労働に対して支払われる割増賃金率 　　イ　所定時間外、法定超　月６０時間以内（ **25** ）％ 　　　　　　　　　　　　　　月６０時間超（ **50** ）％ 　　　　　　　　　　所定超　（　　　　）％ 　　ロ　休日　法定休日（ **35** ）％、法定外休日（ **25** ）％ 　　ハ　深夜（ **25** ）％ 4 賃金締切日　~~基本賃金~~ ―毎月20日、（諸手当）―毎月20日 5 賃金支払日　~~基本賃金~~ ―毎月末日、（諸手当）―毎月末日 6 賃金の支払方法（本人名義の銀行口座へ振込） 7 労使協定に基づく賃金支払時の控除（⦿無，有（　　　）） 8 昇給（時期等 10月 本人の勤務成績などを勘案して決める） 9 賞与（⦿有（時期、金額等 12月事業の業績など ，　　無 ） 　　　　　　　　　　　　　 勘案して決める） 10 退職金（　有（時期、金額等　　　　　），　⦿無 ）
退職に関す る事項	1 定年制　（　有（　　歳），⦿無 ） 2 継続雇用制度（　有（　　歳まで），⦿無 ） 3 自己都合退職の手続（退職する 30日以上前に届け出ること） 4 解雇の事由及び手続 　　　　　　　　　　　　　　　　　　　　　　　　　　　　　　 ○詳細は、就業規則第　条～第　条、第　条～第　条
その　他	・社会保険の加入状況（　厚生年金　健康保険　厚生年金基金　その他（　　　）） ・雇用保険の適用（　有　，　無　） ・その他 　　　　　　　　　　　　　　　　　　　　　　　　　　　　　　 　※以下は、「契約期間」について「期間の定めあり」とした場合についての説明です。 　　労働契約法第18条の規定により、有期労働契約（平成25年4月1日以降に開始するもの）の契約期間が通算５年を超える場合には、労働契約の期間の末日までに労働者から申込みをすることにより、当該労働契約の期間の末日の翌日から期間の定めのない労働契約に転換されます。ただし、有期雇用特別措置法による特例の対象となる場合は、この「５年」という期間は、本通知書の「契約期間」欄に明示したとおりとなります。

※　以上のほかは、当社就業規則による。
※　労働条件通知書については、労使間の紛争の未然防止のため、保存しておくことをお勧めします。

テレワークであれば、①情報通信機器費用、②情報回線費用、③文房具等費用、④水道光熱費などの費用負担をここで明確にしておく

Chapter

5

人を雇ったときの事務

memo ＞　テレワークを採用する場合は、就業場所や始業・終業時刻などを従業員とよく話し合い、理解してもらうことが重要。

Section
02₋₂

従業員の採用②
雇用保険の加入手続き

> 前職の雇用保険被保険者証を
> 早めに本人から入手します。

雇用保険の手続きは採用の翌月10日まで

雇用保険の対象者を採用した場合には、採用の翌月10日までに**「雇用保険被保険者資格取得届」**をハローワークへ提出します。原則として添付書類はありませんが、提出期限を過ぎた場合には、ハローワークへの提出時点までの、採用者の賃金台帳、出勤簿等を持参する必要があるため期限に注意します。前職で雇用保険に加入していた場合には、前職の雇用保険被保険者証を預り、被保険者番号を書き写します。

●雇用保険の加入対象者
次の労働条件の両方に該当する人は、パートやアルバイトなど雇用形態や、事業主や従業員からの加入希望の有無にかかわらず、原則として加入対象者になります。
① 1週間の所定労働時間が20時間以上であること
② 31日以上の雇用見込みがあること

本人に必要な書類を渡す

雇用保険被保険者資格取得届を提出すると、**「雇用保険被保険者資格取得等確認通知書」**（被保険者通知用および事業主通知用）と**「雇用保険被保険者証」**が事業主に交付されます。それらのうち、「雇用保険被保険者資格取得等確認通知書」（被保険者通知用）と「雇用保険被保険者証」を本人へ渡します。

雇用保険の対象者へ給与を支払う際は、給与から雇用保険料の本人負担分を差引く必要があります（➡P.272）。これは、雇用保険被保険者資格取得届の提出期限前の支給であっても、上記の雇用保険に加入義務がある採用条件であれば、最初の支給分から雇用保険料を差引きします。

memo > 採用の日とは雇用契約を結んだ日のことで、一般的には労働条件通知書に記載されている日を指す。

●雇用保険被保険者資格取得届

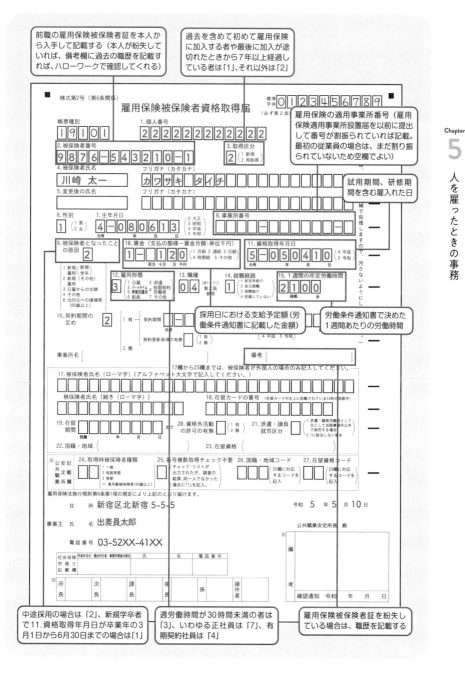

前職の雇用保険被保険者証を本人から入手して記載する（本人が紛失していれば、備考欄に過去の職歴を記載すれば、ハローワークで確認してくれる）

過去を含めて初めて雇用保険に加入する者や最後に加入が途切れたときから7年以上経過している者は「1」、それ以外は「2」

雇用保険の適用事業所番号（雇用保険適用事業所設置届を以前に提出して番号が割振られていれば記載。最初の従業員の場合は、まだ割り振られていないため空欄でよい）

試用期間、研修期間を含む雇入れた日

採用日における支給予定額（労働条件通知書に記載した金額）

労働条件通知書で決めた1週間あたりの労働時間

中途採用の場合は「2」、新規学卒者で11.資格取得年月日が卒業年の3月1日から6月30日までの場合は「1」

週労働時間が30時間未満の者は「3」、いわゆる正社員は「7」、有期契約社員は「4」

雇用保険被保険者証を紛失している場合は、職歴を記載する

様式第2号（第6条関係）
雇用保険被保険者資格取得届

Section
02
-3

従業員の採用③
所得税と住民税の手続き

雇用保険の加入の有無に
かかわらず手続きは必要。

前職の源泉徴収票などの受取りを忘れずに

まず、最初の給与計算日までに本人に**扶養控除等申告書**（➡P.302）を記入してもらい、それを元に**源泉徴収簿**を作成（➡P.308）します。

年の途中で採用した従業員で前職のある者は、前職の勤務先の源泉徴収票を提出してもらい、**甲欄**（➡P.277）であること（乙欄に丸印などチェックが入っていないこと）を確認します。甲欄を確認したら、扶養控除等申告書の裏面にのり付けして提出するように伝えます。乙欄であれば、本人が確定申告で使用するため、手元で保管するように伝えます。

また、従業員がアルバイトなどだけで、本人が扶養控除等申告書の提出にこだわりがなければ、提出してもらわずに、乙欄の従業員として扱った方がよいこともあります。従業員がすべて乙欄であれば、そもそも年末調整を行わなくてよくなります。

前職での住民税の処理を確認する

転職者の場合、前職で住民税がどのように処理されたかを本人へ確認します。前職で1年間分の住民税が、退職時にすべて天引き済み（**一括徴収**）であったり、退職後の分を**普通徴収**に切替て本人が納税している場合は、基本的に来年の6月まで自分のところで特別徴収は不要です。

退職後から5月までの分を転職先で天引きする（引継ぐ）ことを本人が選んだ場合は、前職で発行される**給与所得者異動届出書**を本人が持っているため、それを受取ります。この場合の手続きは複雑になるため、給与所得者異動届出書に記載の市町村役場の税務課などに電話をして、手続きや内容を確認します。

262

memo 住民税を給与から天引きすることを特別徴収という。毎年5月頃に、6月から翌年5月まで各月で徴収する金額が事業主に通知される。

●前職の源泉徴収票

令和 5 年分　　給与所得の源泉徴収票

支払を受ける者	住所又は居所	東京都中野区○○1-1-1							受給者番号				
									(役職名)				
									氏名	(フリガナ)カワサキ タイチ			
										川崎　太一			

種　別		支　払　金　額		給与所得控除後の金額 （ 調 整 控 除 後 ）		所得控除の額の合計額		源 泉 徴 収 税 額	
給与・賞与	内	254 000 千 円		千 円		千 円	内	130 千 円	

(源泉)控除対象配偶者の有無等			配偶者(特別)控除の額		控除対象扶養親族の数（配偶者を除く。）						16歳未満扶養親族の数	障害者の数（本人を除く。）				非居住者である親族の数
有	従有	老人	千	円	特　定		老人		その他			特　別		その他		
					人	従人	内 人	従人	人	従人	人	内 人	人	人		人

社会保険料等の金額		生命保険料の控除額		地震保険料の控除額		住宅借入金等特別控除の額	
内	千 円	千	円	千	円	内	千 円

(摘要)

生命保険料の金額の内訳	新生命保険料の金額	円	旧生命保険料の金額	円	介護医療保険料の金額	円	新個人年金保険料の金額	円	旧個人年金保険料の金額	円
住宅借入金等特別控除の額の内訳	住宅借入金等特別控除適用数		居住開始年月日(1回目)	年 月 日	住宅借入金等特別控除区分(1回目)		住宅借入金等年末残高(1回目)	円		
	住宅借入金等特別控除可能額	円	居住開始年月日(2回目)	年 月 日	住宅借入金等特別控除区分(2回目)		住宅借入金等年末残高(2回目)	円		

(源泉・特別)控除対象配偶者	(フリガナ)		区分		配偶者の合計所得		国民年金保険料等の金額	円	旧長期損害保険料の金額	円
	氏名						基礎控除の額	円	所得金額調整控除額	円

控除対象扶養親族	1	(フリガナ)		区分		16歳未満の扶養親族	1	(フリガナ)		区分	
		氏名						氏名			
	2	(フリガナ)		区分			2	(フリガナ)		区分	
		氏名						氏名			
	3	(フリガナ)		区分			3	(フリガナ)		区分	
		氏名						氏名			
	4	(フリガナ)		区分			4	(フリガナ)		区分	
		氏名						氏名			

未成年者	外国人	死亡退職	災害者	乙欄	本人が障害者		寡婦	ひとり親	勤労学生	中途就・退職				受給者生年月日			
					特別	その他				就職	退職	年	月	日	元号	年	月	日
											○	5	31		平 成	8	6	13

乙欄に丸印等チェックが入っていないことを確認する

支払者 (受給者交付用)	住所(居所)又は所在地	中央区京橋 5-5-○	
	氏名又は名称	株式会社○○デザイン	(電話) 03-XXXX-X1XX

本人が 2 か所で働いているなど、すでに他で扶養控除等申告書を提出していれば、自分のところでは扶養控除等申告書は不要で、乙欄（➡ P.277）として源泉徴収をしていきます。前職の源泉徴収票も不要です。

memo　前職の退職日から 5 月までの残りの分の納税には、①退職月にまとめて天引きする（一括徴収）、②本人が自分で納税する（普通徴収）、③次の職場に引継ぐ（特別徴収の継続）の 3 パターンがある。

263

Section

03

給与の支払いの流れをつかもう

従業員を雇う場合は、給与を支払わなければならない。
給与の総額と、そこから差引く金額を正しく計算しよう。

●給与の支払いのスケジュール

1 支給項目の計算と確認

支給日の5日前

残業手当は残業時間の集計、通勤手当は出勤日数の集計、その他の項目も金額に変更がないか確認

> P.266

2 雇用保険料の計算

支給日の5日前

支給額に雇用保険料率をかける

> P.272

3 所得税の計算

支給日の5日前

甲欄/乙欄/丙欄の区分にしたがって源泉徴収税額表で計算

> P.274

4 住民税の確認

支給日の5日前

特別徴収税額通知書を確認

> P.274

5 給与明細書および源泉徴収簿の作成

支給日の2日前

給与明細書は従業員へ渡す必要がある

> P.278

6 給与の支払い

支給日

振込の場合は期日に間に合うように手続きをする

> P.278

営業

経理

人事

総務・他

　給与には、基本給のほかに、残業手当や通勤手当などがあり、勤務時間や残業時間などをもとに、これらの支給項目を計算します。

　また、**所得税**や**雇用保険料**など、法律で給与から天引きすることが義務付けられているものがあり、それらを計算して、差引いて支給します。

　このように、給与の支払いは、いくつかの手順を踏んで進めていく必要があります。よくありがちなのは、給与を支払う前日になって、**出勤簿**などの書類の記載内容を確認し、記載もれや誤りを修正し、あわてて給与計算をすることです。そうで

memo > 日払い以外の給与は、通常、いつまで（締め日）の分をいつ（支給日）に支給するという従業員との取決め（労働条件通知書など）にもとづいて支払う。

このセクションで身につくこと

- ☑ 給与計算の基礎知識
- ☑ 雇用保険の計算のしかた
- ☑ 所得税や住民税の計算のしかた

●給与明細書

(XX 年 5 月分)

給与明細書

No. _____ XX年 6 月 5 日

川崎 太一 様

労働日数	自 5月 1日 至 5月31日	12 日
労働時間	96 時間 00 分
所定時間外労働	時間 分

	基 本 給	1 2 0 0 0 0
支	時間外賃金	
	手 当	
給	手 当	
額		
	交 通 費	6 0 0 0
	合 計	1 2 6 0 0 0

	健康保険料	
	介護保険料	
控	厚 生 年 金	
	雇用保険料	3 7 8
	所 得 税	1 2 0
除	住 民 税	1 0 0 0
額		
	前 払 金	
	合 計	1 4 9 8
	差引支給額	1 2 4 5 0 2

(事業所名)

蔵吹倶   [係 印]

給与明細書には決まった形は無いんだ。パソコンに慣れていなければ、手書きのもので十分。パソコンのエクセルなどで作成すれば、残業手当など変わった部分だけ修正すれば終わり。

はなく、普段から出勤簿などの記載もれや誤りなどは修正しておき、給与計算を行うために必要な書類が正しく整理されているようにしておくことが大切です。これさえできていれば、給与の締め日の翌日以降、支給項目と天引きする項目を手順にしたがって計算し、給与明細書をスムーズに作成することができます。社会保険の対象者であれば、健康保険料や厚生年金保険料も差し引きしますが、本書では説明を省略します。

Section

03
-1

給与の支払い①
給与計算の基礎知識

> 給与は、雇った人へやってもらった仕事の対価とし
> て支払うお金なので、結構細かいルールがあるのだ。

給与は雇用していて労働をしてもらった人に払うもの

　給与とは事業主に雇用された労働者に対して、やってもらった労働に対する
対価としてお金を支払うものです。正社員、アルバイト、パートなど、それぞ
れ勤務形態に違いはあっても、雇用して労働をしてもらったのであれば給与を
支払う対象になります。雇用していない人（外注先）に何らかの作業をしても
らったときにも作業に対する対価を支払いますが、これは報酬として扱います
（➡P.166）。また、事業主自身が給与をもらうことはできません。

　個人事業主の配偶者や家族へ労働の対価として支払う給与は、専従者給与と
呼ばれます。専従者給与を支払うときは事前に青色事業専従者給与の届出（➡
P.054）を税務署に提出し、それに記載した金額の範囲内で支払います。

給与計算は毎月決まった時期に計算する

　給与計算では、毎月の労働に応じて個人別に「支給する項目の金額」と「差
引く項目の金額」をそれぞれ計算し、その差額を雇用した人へ支払います。

　支給する項目では、基本給、残業手当、通勤手当などをもれなく計算します。
差引く項目では、**雇用保険**（雇用保険の対象者）、**所得税**、**住民税**（特別徴収
の対象者）をもれなく、計算します。差引く項目は、支給する項目の金額によっ
て変わるものがあるため、支給する項目に後から間違いを見つけた場合には、
差引く項目ももう一度確認が必要になります。

　給与計算の作業を行うにあたっては、毎月決まったスケジュールで、間違い
なく金額の計算を行い、給与支払日に間に合うように支払いの手続きを行う必
要があります。

営業

経理

人事

総務・他

memo > 外注業者は雇用関係ではなく、委任関係などであり、給与の支払い先とはならない。一般的に、個
人事業主の指揮・命令下で動くのが雇用、責任と裁量をもって自分で動くのが外注となる。

●主な支給項目

支給項目	説明
基本給	ベースとなる給与
通勤手当	職場への通勤に必要な費用を賄うためのもの
時間外労働手当	法定労働時間（➡ P.270）を超える労働に対するもの
深夜労働手当	午後 10 時から午前 5 時までの深夜労働に対するもの
休日労働手当	法定休日労働（➡ P.271）に対するもの

●主な天引き項目

天引きする項目		説明	問い合わせ先
雇用保険料		労働時間が週 20 時間以上の従業員は対象	ハローワーク
所得税		基本的にすべての従業員が対象	税務署
住民税		基本的にすべての従業員が対象。従業員自身で納付している、または別に勤務する企業で天引きされている従業員は対象外	市町村役場
原則として従業員5人以上の場合	健康保険料	労働時間が週 30 時間以上 * の従業員は対象	年金事務所
	厚生年金保険料	労働時間が週 30 時間以上 * の従業員は対象	
	介護保険料	労働時間が週 30 時間以上 * で 40 歳以上の従業員は対象	

* 正社員の労働時間が週 40 時間未満の場合には、正社員の労働時間の 4 分の 3 以上

Column

給与支払いの5原則とは

　給与の支払いでは、労働基準法で決められた、守らなければならない、5 つの原則があります。

① 通貨払い	：現金で支払うこと。自社商品などは認められない。
② 直接払い	：本人に支払うこと。学生バイトにも親ではなく本人へ。
③ 全額払い	：資金繰りなどで翌月以降の支給に回してはいけない。
④ 毎月1回以上払い	：2 か月ごとの支給などは認められない。
⑤ 一定期日払い	：支給日を特定すること。「毎月最終金曜日」などは認められない。

　口座振込みについては、本人の同意をとり、本人が指定する本人の口座で、支払日の午前 10 時までに引出せることなどの条件を満たせば認められます。

　賃金のデジタル払いについても、本人の同意をとるなど手続きを踏めば可能です。

https://www.mhlw.go.jp/stf/seisakunitsuite/bunya/koyou_roudou/roudoukijun/zigyonushi/shienjigyou/03_00028.html

Section
03
-2

給与の支払い②
残業手当と通勤手当の計算

残業手当の支給は法律による義務。通勤手当の支給は
事業主の任意だが、一定額までは非課税で支給できる。

残業手当の計算

　残業手当は、**時間単価**に**割増率**と**残業時間**をかけて求めます。残業時間は出勤簿やタイムカードなどから、法定労働時間内、法定労働時間外、深夜労働、法定休日労働の区分に分けて集計します（区分ごとに割増率が異なるため）。

　残業手当を計算する際の割増率をかける時間単価は、次の計算で求めます。

●時間単価の計算式

支給形態	計算式
時間給	時間給
日給	日給÷1日の所定労働時間数
月給	(基本給＋諸手当)÷月の所定労働時間数

所定労働時間数とは、労働条件通知書などで定められた労働時間。

通勤手当の計算

　職場への通勤に必要な費用にあてるために通常は実費を支給します。交通機関を利用する場合は、合理的な経路での運賃額まで、自動車や自転車など交通用具を利用する場合は、通勤距離に応じて決められた金額まで、非課税とされます。

国税庁HPホーム/利用者別に調べる/源泉徴収義務者の方/
通勤手当の非課税限度額の引上げについて
https://www.nta.go.jp/users/gensen/tsukin/index2.htm

memo

「働き方改革」として、労働時間や休日の管理を厳密に行うことがもとめられます。時間外労働の上限規制、年5日の有給休暇の確実な取得など、労働時間が長い場合は注意が必要です。

●月給者の残業手当の計算

Step1 　基本給とそれに加える諸手当の確認

月所定労働時間数で割る給与の金額は、原則として基本給に諸手当を加算した金額となります。ただし、下記のような「人によって異なる手当や実費弁償的なもの」は加算しなくて構いません。
①家族手当、②通勤手当、③別居手当、④子女教育手当、⑤住宅手当、⑥臨時に支払われた賃金、⑦1か月を超えるごとに支払われる賃金

Step2 　年間労働（休日）日数の計算

年間の土日と祝日と夏季、年末年始などの休日の日数を合計します（カレンダーを見て毎年計算する）。

Step3 　1日の所定労働時間を労働条件通知書で確認

Step4 　月所定労働時間を計算し、時間単価を計算

Step5 　割増率の確認

残業代 ＝ 時間単価※1 × 割増率 × 残業時間

Step 1 　　　　　　　　　　　Step 4
（基本給＋諸手当）÷月所定労働時間※2

　　　　　　　　　Step 2
　　　　　　　　（365日 − 年間休日日数）×
　　　　　　　　1日の所定労働時間÷12
　　　　　　　　Step 3

法定時間外労働　法定時間外かつ深夜労働
法定休日労働　　法定休日かつ深夜労働
深夜労働

Step 5

法定時間外労働➡1.25　　　　　法定時間外かつ深夜労働➡1.50
（月60時間超の部分➡1.50）　　（月60時間超の部分➡1.75）
法定休日労働➡1.35　　　　　　法定休日かつ深夜労働➡1.60
深夜労働➡1.25

※1　1円未満四捨五入。切捨てでも可。
※2　端数処理無し。1時間未満切捨てでも可。

※就業規則などで上記と異なる定めがある場合にはそちらに従います。

同じ額を支給するなら、給与明細書で通勤手当として分けて記載した方が、通勤手当の部分が非課税になるため従業員にとっては得なんだ。

●法定労働時間と所定労働時間

名称	定義	定義を超えた労働
法定労働時間	法律で定められた労働時間の上限 1日8時間、1週40時間	割増賃金が発生
所定労働時間	労働条件通知書などで定めた労働時間	法定労働時間を超えるまでは割増賃金を 支払わなくてもよい（支払ってもよい）

●残業時間の計算例（所定労働時間が7時間）

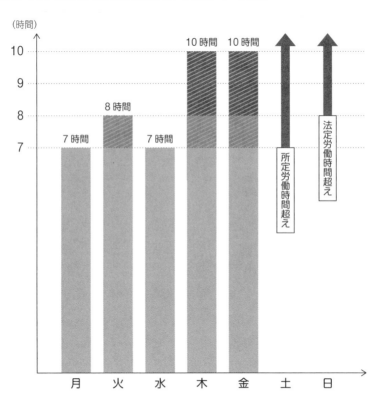

火曜日は1時間の残業（所定労働時間超え）だが、法定労働時間は超えていない
木曜日は2時間の法定労働時間超え（所定労働時間は3時間超え）
金曜日は2時間の法定労働時間超え（所定労働時間は3時間超え）

この週は7時間の残業が発生し、うち、3時間は割増無し、4時間は25%増しで
支給が必要（法定労働時間が月60時間を超える場合は50%増し）

memo ＞ 1日8時間、週40時間を超えることが想定される場合には、事前に36（サブロク）協定の締結と、
労働基準監督署への届出が必要。

●法定休日と法定外休日

名称	定義	休日出勤
法定休日	法律で定められた最低限の休日で1週1日もしくは4週4日。毎週日曜日など具体的には会社で決めることが可能。	割増賃金が発生
法定外休日	労働条件通知書などで定めた法定休日以外の休日	割増賃金を支払わなくてもよい(法定労働時間を超えた場合は、その超えた分は法定労働時間外分の割増が必要)

●休日出勤の計算例

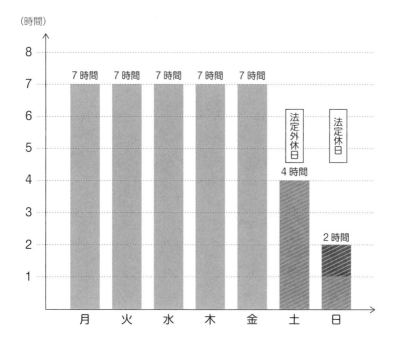

毎週日曜日を法定休日と労働条件通知書で決めた
土曜日は、残業(法定外休日労働)だが、法定休日労働ではない
日曜日は、法定休日労働

6時間(土曜日は4時間、日曜日は2時間)の残業が発生し、うち、4時間は割増無し、2時間は法定休日労働で35%増しで支給が必要(全体で41時間労働で週40時間労働を1時間超えているが、この時間を法定休日かつ、法定時間外労働という2重の割増計算はしない)

対象：従業員を雇う事業主

Section 03 -3

給与の支払い③ 雇用保険の計算

給与を支払うつど、差引く金額を計算する。難しそうに聞こえるかもしれないが、計算は簡単なので安心して。

 ### 差引く金額は毎回計算する

　給与から差引く雇用保険料の金額は、総支給額に決められた率をかけて計算します。この決められた率を**雇用保険料率（従業員負担分）**（右ページ参照）といいます。

　残業手当の支給がなく、毎回同額を支給する場合は毎回の総支給額が同じですが、それ以外の場合は総支給額は毎回変わります。基本的には給与を支払うつど、差引く金額を計算することになります。

 ### 実際の計算

　雇用保険料率は業種によって異なるため、最初に**雇用保険料率表**で確認しておきます。雇用保険料率は変わることがあるため、最新の年度のものを確認します。確認したら、いつでも雇用保険料率を見返せるように、その表を給与を計算する際に使うファイルに綴じ込んだり、率を書き写しておくなどします。

　総支給額には通勤手当(所得税非課税分も含む)をはじめ各種手当が含まれます。総支給額に雇用保険料率をかけて1円未満の端数が出たときは、四捨五入します。

雇用保険を給与から差引くのは事業主の義務。従業員から差引かないようにお願いされても、ダメなのだ。

営業

経理

人事

総務・他

memo ＞ 労災保険料は従業員からは徴収せず全額事業主負担となるので、給与の支払いには関係しない。

●雇用保険料率表

令和5年度（令5年4月1日から令和6年3月31日まで）

	従業員	個人事業主	合計
一般の事業	0.6%	0.95%	1.55%
農林水産※・清酒製造の事業	0.7%	1.05%	1.75%
建設の事業	0.7%	1.15%	1.85%

> ここの率を使う

※園芸サービス、牛馬の育成、酪農、養鶏、養豚、内水面養殖および特定の船員を雇用する事業については一般の事業

> 実際に雇用保険料を計算するときは最新の雇用保険料率表を使ってください。

●計算例

$$(120,000円 + 10,000円) \times 0.6\% = 780円$$

基本給　　通勤手当　　雇用保険料（従業員負担分）

> 支給額が異なれば雇用保険の金額も異なるのです。

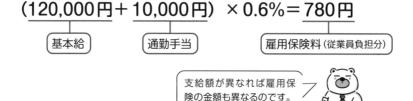

Column

労働保険に未加入のことが従業員に知られるか

　労働保険は税金や社会保険に比べると、それほど大きな金額ではありません。しかし、金銭的な負担だけではなく、手続きの面倒さから、未加入の個人事業主もいるのが現実です。その場合、黙っていれば従業員にはばれないのでしょうか。厚生労働省のホームページでは、勤務先の労働保険の加入状況をインターネットを使って確認することができます。

https://chosyu-web.mhlw.go.jp/LIC_D/workplaceSearch

　給与から天引きだけして、未加入はできません。

Section
03-4 | 給与の支払い④ 所得税と住民税の計算

給与から所得税と住民税を差引かないと、税務調査で後から納めるように指摘されます。

従業員が甲乙丙欄のいずれに該当するか

従業員の勤務形態などで、**甲、乙、丙**欄のいずれに該当するかを確認します（➡ P.277）。日雇であれば基本的に丙になり、それ以外は扶養控除等申告書の提出の有無で、甲か乙となります。扶養控除等申告書は、従業員が他社ですでに提出していたり、特に提出したいという希望がなければ、提出してもらう必要はなく、その従業員は乙となります。甲、乙、丙のいずれに該当するかで、源泉徴収税額表の見る欄が違います。

源泉徴収税額表にある「その月の社会保険料等控除後の給与等の金額」は、総支給額から**非課税の通勤手当**、給与から差引く社会保険料（健康保険料・厚生年金保険料・介護保険料）と**雇用保険料**を差引いた金額です。このため、所得税を計算する前に、雇用保険料を計算しておく必要があります。

従業員の住所地の市町村役場から通知がある

給与支払報告書（➡ P.210）を1月に提出すると、5月末ごろまでに従業員の住所地の市町村役場から、個人事業主へ**特別徴収税額の通知書**（➡ P.287）が送られてきます。この通知書にもとづき、給与から住民税を差引きます。このとき6月分の住民税は6月に支払う給与から差引き、それを7月10日までに納付します。

アルバイトなど市町村によっては特別徴収が免除されることがあります。そのときは従業員本人が直接市町村に住民税を納付するため、給与から差引きません。

新たに採用した従業員の住民税については、P.262 参照

営業

経理

人事

総務・他

memo > 扶養控除等申告書は、入社したらすぐに提出してもらう。従業員が突然やめてしまうと、後からでは提出してもらえなくなってしまうため。

●源泉徴収税額表による具体的な計算例・月額表

甲や乙で、給与の支払いが月、半月、10日ごとなどは月額表を使います。

通勤手当を含めません。
給与から差引く従業員負担分の、健康保険料、厚生年金保険料、介護保険料、雇用保険料を差引く。

扶養控除等申告書の提出がある。

扶養控除等申告書で確認します。

扶養控除等申告書の提出が無い。

月額表

その月の社会保険料等控除後の給与等の金額		甲								乙
		扶養親族等の数								
		0人	1人	2人	3人	4人	5人	6人	7人	税額(円)
以上(円)	未満(円)	税額(円)								
	88,000円未満	0	0	0	0	0	0	0	0	その月の社会保険料等控除後の給与等の金額の3.063％に相当する金額
88,000	89,000	130	0	0	0	0	0	0	0	3,200
89,000	90,000	180	0	0	0	0	0	0	0	3,200
90,000	91,000	230	0	0	0	0	0	0	0	3,300
		290			0	0	0			
111,000					0	0	0	0	0	4,000
113,000	115,000	1,440	0	0	0	0	0	0	0	4,100
115,000	117,000	1,540	0	0	0	0	0	0	0	4,100
117,000	119,000	1,640	0	0	0	0	0	0	0	4,200
119,000	121,000	1,750	120	0	0	0	0	0	0	4,300
121,000	123,000	1,850	220	0	0	0	0	0	0	4,500
123,000	125,000	1,950	330	0	0	0	0	0	0	4,800
125,000	127,000	2,050	430	0	0	0	0	0	0	5,100
127,000	129,000	2,150	530	0	0	0	0	0	0	5,400
129,000	131,000	2,260	630	0	0	0	0	0	0	5,700
131,000	133,000	2,360	740							6,000

甲では月額88,000円未満までは、所得税を差引く必要は無い。

扶養親族等の数と給与等の金額が交わる箇所の金額が差引く所得税

1円未満切り捨て

給与等の金額の箇所の金額が差引く所得税

甲欄の手順

①従業員の扶養控除等申告書や源泉徴収簿で、扶養親族等の数を確認します。

②給与の金額から社会保険料（健康保険料、厚生年金保険料、介護保険料）と雇用保険料を差引きます。通勤手当は含めません。

③上記①と②の交差した金額が所得税になります。

例）半月給120,000円　社会保険料17,000円　扶養親族1人

（120,000円 − 17,000円）× 2 = 206,000円（円未満切捨て）… その月の社会保険料等控除後の給与等の金額

月額表に当てはめる➡ 3,360円　3,360円÷2 = 1,680円 ……… 差引く所得税

※10日ごとの支給は「× 3、÷ 3」になる

乙欄の手順

①給与の金額から社会保険料（健康保険料、厚生年金保険料、介護保険料）と雇用保険料を差引きます。通勤手当は含めません。

②上記①の金額に対応する金額が所得税になります。

memo > 源泉徴収税額表は頻繁に変更されます。必ず支給する年の分を使用すること。

甲や乙で、給与の支払いが日ごと、1週間ごとなどは日額表を使います。丙は日額表しかありません。

日額表	扶養控除等申告書の提出がある。								扶養控除等申告書の提出が無い。	日雇
その日の社会保険料等控除後の給与等の金額	甲								乙	丙
	扶養親族等の数									
以上(円) / 未満(円)	0人	1人	2人	3人	4人	5人	6人	7人	税額(円)	税額(円)
	税額(円)									

以上(円)	未満(円)	0人	1人	2人	3人	4人	5人	6人	7人	乙 税額(円)	丙 税額(円)
2,900円未満		0	0	0	0	0	0	0	0	その日の社会保険料等控除後の給与金額の3.063%に相当する額	日々の給与等の金額の社会保険料控除後の金額 0
2,900	2,950	5	0	0	0	0	0	0	0	100	0
2,950	3,000	5	0	0	0	0	0	0	0	100	0
3,000	3,050	10	0	0	0	0	0	0	0	100	0
3,050	3,100	10	0	0	0	0				110	0
3,100	3,150	15	0	0	0						
						20	0	0	0	1,400	
8,900					75	25	0	0	0	1,430	0
9,000	9,100	245	190	135	80	25	0	0	0	1,460	0
9,100	9,200	245	195	135	85	30	0	0	0	1,490	0
9,200	9,300	250	200	140	85	35	0	0	0	1,530	0
9,300	9,400	255	200	150	90	40	0	0	0	1,560	3
9,400	9,500	255	205	150	95	40	0	0	0	1,590	6
9,500	9,600	260	210	155	100	45	0	0	0	1,630	10
9,600	9,700	265	210	160	100	50	0	0	0	1,660	13
9,700	9,800	270	215	160	105	50	0	0	0	1,690	17
9,800	9,900	270	220	165	110	55	0	0	0	1,730	20
9,900	10,000	275	220	170	110						
		280	225								

甲では日額2,900円未満までは所得税を差引く必要は無い。

1円未満切り捨て

丙では9,300円未満までは、所得税を差引く必要はありません。

週給の場合

給与支給額80,000円　社会保険料11,000円　扶養親族0人、甲欄

80,000円 − 11,000円 = 69,000円

69,000円 ÷ 7日 = 9,857円（円未満切捨て）…その日の社会保険料等控除後の給与等の金額

日額表に当てはめる➡ 270円

270円 × 7日 = 1,890円…差引く所得税

手取りで給与を決める場合

手取額をそのまま日額表にあてはめてはいけません。

例）手取額9,300円、扶養親族0人、甲欄

（誤）9,300円 + 255円 = 9,555円が総支給額

総支給額9,555円の所得税額は260円➡手取額9,295円

（正）9,300円 + 260円 = 9,560円が総支給額

営業

経理

人事

総務・他

●甲欄 / 乙欄 / 丙欄の違い

日雇であれば丙欄、日雇でなければ扶養控除等申告書の提出の有無で甲欄と乙欄が決まります。

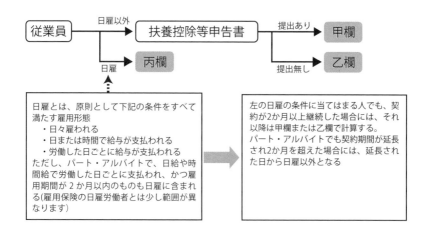

日雇とは、原則として下記の条件をすべて満たす雇用形態
- 日々雇われる
- 日または時間で給与が支払われる
- 労働した日ごとに給与が支払われる

ただし、パート・アルバイトで、日給や時間給で労働した日ごとに支払われ、かつ雇用期間が 2 か月以内のものも日雇に含まれる(雇用保険の日雇労働者とは少し範囲が異なります)

左の日雇の条件に当てはまる人でも、契約が 2 か月以上継続した場合には、それ以降は甲欄または乙欄で計算する。
パート・アルバイトでも契約期間が延長され 2 か月を超えた場合には、延長された日から日雇以外となる

●住民税(特別徴収)の流れ

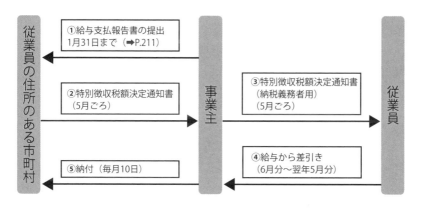

住民税の普通徴収とは、従業員が市町村から送られてくる納付書にもとづき、自分で納税する方法です。
特別徴収とは、個人事業主が従業員に給与を支払う際に、個人事業主が天引きして納税する方法です。
原則は特別徴収をしなければなりません。採用した初年度については、P.262 参照。

Section 03-5 | 給与の支払い⑤ 明細書の作成と振込み

明細書の作成は法律で決められているので、必ず作成しよう。ちなみに書式には決まりが無い。

銀行振込みでも必ず給与明細書は作成する

総支給額と各種の差引く金額を計算したら、最後に**給与明細書**（➡ P.265）を作成します。たとえ給与を振込みで支払っていたとしても、給与明細書は従業員へ渡さなければなりません。給与明細書に決まった書式はありませんので、市販のものを使用したり、自分でエクセルなどで作成したりできます。

また、従業員ごとに給与明細書の内容を源泉徴収簿へ記載します。これは、年末調整時に使用します。

振込むタイミング

従業員への振込み手続きは、ATMか、インターネットバンキングで給与振込処理をします。給与支払日の午前10時までに従業員が引出せるように手配します。

納付管理表（➡P.283）

所得税を納付する際に納付書を作成しますが、納期の特例により6か月分をまとめて納付する場合には、それを集計しておく必要があります。納付管理表^{DL}を使って毎月の所得税を集計しておきます。

●源泉徴収簿

従業員ごとの毎月の支給額、社会保険料、雇用保険料、所得税をまとめたものです。

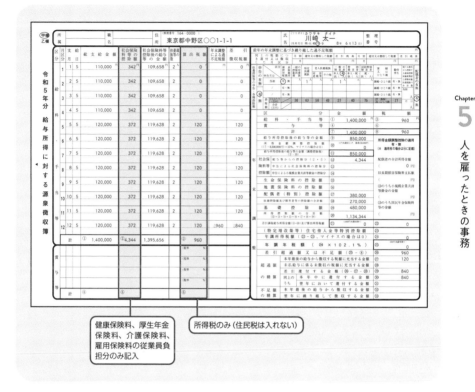

健康保険料、厚生年金保険料、介護保険料、雇用保険料の従業員負担分のみ記入

所得税のみ（住民税は入れない）

Chapter

5

人を雇ったときの事務

Column

退職月の支給

　従業員が退職する月に支払う給与も、基本的には通常の月の給与と同じです。ただし、従業員が住民税の特別徴収の対象の場合は、住民税の未徴収分があり、その未徴収分を、（イ）退職月の給与から一括して差引く（ロ）次の勤務先へ引継ぐ（ハ）退職後本人が自分で納付する（普通徴収）のいずれによるかで差引く金額が変わります（➡ P.322）。

Section 04 所得税の納付の流れをつかもう

基本的に従業員を雇っている事業主がやんなきゃいけない業務なのだ。

●給与や士業の報酬から差引いた所得税の納付のスケジュール（納期の特例）

1 納付管理表の作成
毎月

給与や士業の報酬を支払うつど、納付管理表に記載する

> P.283

2 納付管理表の確認
7月（または1月）月初

1月から6月（または7月から12月）までに差引いた所得税がもれなく記載されているか確認する

3 納付書の作成
7月9日（または1月19日）まで

納付管理表にもとづき納付書を作成する

> P.282

4 納付
7月10日（または1月20日）まで

10日が土日、祝日の場合は休み明けが納付期限となる

●上記以外の報酬から差引いた所得税の納付のスケジュール

1 納付する所得税の金額の確認
毎月の月初

前月差引いた所得税を確認する

2 納付書の作成
毎月9日まで

確認した所得税の金額で納付書を作成する

> P.282

3 納付
毎月10日まで

10日が土日、祝日の場合は休み明けが納付期限となる

---

memo > 源泉が必要な撮影料は、雑誌、広告その他の印刷物に掲載するための写真が対象で、たとえばホームページに掲載するためだけの写真であれば、対象外。

営業

経理

人事

総務・他

　この業務は簡単に言うと、給与や報酬を相手に支払うときに、あらかじめ支払いに応じた所得税を天引きして支払い、天引きした所得税を事業主が税務署に納める作業です。この業務はすべての事業主が行う必要はなく、次の条件にあたる事業主が対象となります。

・従業員を雇っている事業主

**・従業員を雇っていないが、バーやキャバレーを経営していてホステスやコンパ
　ニオンに対して支払いがある事業主**

なお、従業員を雇っておらず、バーなどの経営者でなければ、報酬の支払いがあってもこの業務を行わなくて良いことになっています。

　給与や税理士など士業へ支払った報酬から差引いた所得税は、基本的には納期の特例（➡ P.284）を使い、1月から6月支払い分の所得税を**7月10日**までに、7月から12月支払い分の所得税を**1月20日**までに、半年分をまとめて納付することができます。このとき使う納付書は**「給与所得・退職所得等の所得税徴収高計算書（納付書）」**といいます。

　撮影料、デザイン料、原稿料、通訳料などの報酬は、毎月支払った分の所得税を翌月10日までに納付します。このとき使う納付書は**「報酬・料金等の所得税徴収高計算書（納付書）」**といいます。

　所得税は給与や報酬を支払う際に差引き、それを納付するもののため、たとえば資金不足で支払いが遅れた場合や相手からの請求が遅れたために支払いが遅れた場合、実際に支払いをするまでは差引くこともないため納付する必要はありません。

　e-Taxという国税庁が提供しているシステムを使うと、これら所得税徴収高計算書の作成、提出をインターネットで行うことができ、さらにインターネットバンクなど銀行に行かずに納税することも可能です。

> **memo** 　報酬などを支払う際に所得税を差引くのを忘れた場合には、まずその分の所得税を税務署へ（追加で）納付し、次に支払先に所得税分を返金もしくは次の支払いで充当してもらえるように交渉することになる。

●給与所得・退職所得等の所得税徴収高計算書（納付書）

令和X年1月から令和X年6月30日までの間で最初と最後に支払った日を記載する（1回しか支払いが無い場合は左側の日付のみ記入）

各月の実人数の合計

税額が0円でも「0」と記入

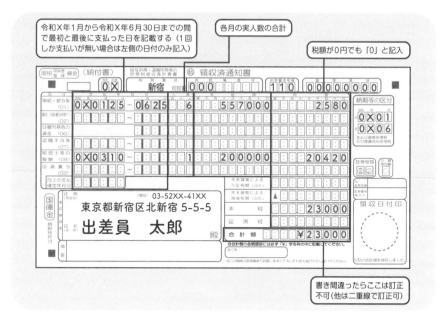

書き間違ったらここは訂正不可（他は二重線で訂正可）

●報酬・料金等の所得税徴収高計算書（納付書）

令和X年4月から令和X+1年3月までに納付する場合は令和X年と記入

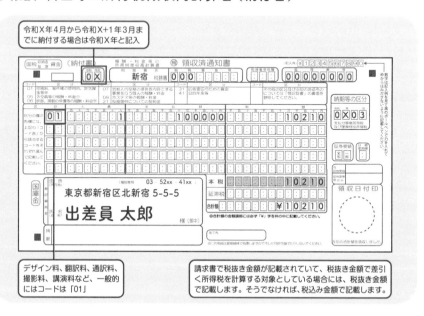

デザイン料、翻訳料、通訳料、撮影料、講演料など、一般的にはコードは「01」

請求書で税抜き金額が記載されていて、税抜き金額で差引く所得税を計算する対象としている場合には、税抜き金額で記載します。そうでなければ、税込み金額で記載します。

営業

経理

人事

総務・他

Column

納付管理表の利用

　納期の特例を受ける場合で、給与所得・退職所得等の所得税徴収高計算書を使い半年分の所得税を納税するときは、一度、納付管理表にまとめます。いきなり書き出すと記載誤りや記載もれが生じやすくなります。また、士業以外の報酬は、報酬、料金等の所得税徴収高計算書を使いますが、こちらは納期の特例の適用はなく、必ず翌月10日に納税が必要になる点に注意。

○月分はあくまでも支払月。給与の○月分や請求書の○月分ではない。

経費帳（給料賃金）と基本的に一致する

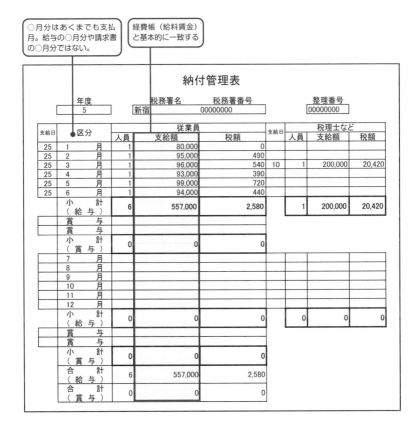

納付管理表

年度	税務署名	税務署番号		整理番号	
5	新宿	00000000		00000000	

支給日	区分	従業員			支給日	税理士など		
		人員	支給額	税額		人員	支給額	税額
25	1　　月	1	80,000	0				
25	2　　月	1	95,000	490				
25	3　　月	1	96,000	540	10	1	200,000	20,420
25	4　　月	1	93,000	390				
25	5　　月	1	99,000	720				
25	6　　月	1	94,000	440				
	小　　計（給　与）	6	557,000	2,580		1	200,000	20,420
	賞　　与							
	賞　　与							
	小　　計（賞　与）	0	0	0				
	7　　月							
	8　　月							
	9　　月							
	10　月							
	11　月							
	12　月							
	小　　計（給　与）	0	0	0		0	0	0
	賞　　与							
	賞　　与							
	小　　計（賞　与）	0	0	0				
	合　　計（給　与）	6	557,000	2,580				
	合　　計（賞　与）	0	0	0				

Section
04
-1

所得税の納付①
源泉所得税の納期の特例

従業員が10人未満なら源泉所得税の納期の特例を使おう。納付期限は7月10日と1月20日の年2回になる。

従業員10人未満の特例

　従業員（繁忙期などに臨時で雇う者は除く）が常時10人未満であれば、「**源泉所得税の納期の特例の承認に関する申請書**」を提出することで、1月から6月支払い分の所得税を7月10日、7月から12月支払い分の所得税を翌年1月20日にまとめて納付することができます。対象となるのは、**給与**、**賞与**、**退職金**と税理士や司法書士など**士業への報酬**です。デザイン料や撮影料など、士業以外への報酬は、この申請書を提出しても、支払月の翌月10日までに納付しなければなりません。なお、ここでいう支払月とは、実際に支払った月のことで、給料〇月分や報酬の請求月ではありません。

特例の適用は申請の翌月から

　この申請書を税務署へ提出すると、その提出した月の翌月に支払う分から、この特例の適用があります。たとえば、この申請書を4月に提出すると、4月支払い分の所得税は5月10日までに納付し、5月から6月支払い分の所得税を7月10日までに納付します。

　納期の特例を申請すると、給与や士業への報酬の所得税の納税が半年ごとになるため、士業以外の報酬の所得税の納税が翌月10日までであることを忘れやすいため注意します。

memo　特例の対象となる士業の例➡税理士、社会保険労務士、司法書士、企業診断員、弁護士、土地家屋調査士、公認会計士、弁理士、測量士、建築士、不動産鑑定士、建築代理士など

●源泉所得税の納期の特例の承認に関する申請書

7月に提出したので、7月支払い分を8月10日に、8月〜12月支払い分を翌1月20日に納税する。

個人事業主の住所と給与支払事務所の所在地が異なる場合に記載します。通常は記載不要。

源泉所得税の納期の特例の承認に関する申請書

※整理番号

住 所 又 は 本 店 の 所 在 地	〒 169-85XX 東京都新宿区北新宿 5-5-5 電話 03 -52XX -41XX
（フリガナ）氏 名 又 は 名 称	デザイン タロウ 出差員 太郎 ※個人の方は個人番号の記載は不要です。
法 人 番 号	
（フリガナ）代 表 者 氏 名	

□ ○年 7月 3日

税務署受付印

新宿 税務署長殿

次の給与支払事務所等につき、所得税法第 216 条の規定による源泉所得税の納期の特例についての承認を申請します。

給 与 支 払 事 務 所 等 に 関 す る 事 項

給与支払事務所等の所在地
※ 申請者の住所（居所）又は本店（主たる事務所）の所在地と給与支払事務所等の所在地とが異なる場合に記載してください。

〒
電話 － －

申請の日前 6 か月間の各月末の給与の支払を受ける者の人員及び各月の支給金額
〔外書は、臨時雇用者に係るもの〕

月 区 分	支 給 人 員	支 給 額
○年 6月	外 1人	外 144,000 円
○年 5月	外 1 1人	20,000 144,000 円
○年 4月	外 1人	外 144,000 円
○年 3月	外 1人	外 144,000 円
○年 2月	外 1人	外 144,000 円
○年 1月	外 1人	外 144,000 円

1 　現に国税の滞納があり又は最近において著しい納付遅延の事実がある場合で、それがやむを得ない理由によるものであるときは、その理由の詳細

2 　申請の日前 1 年以内に納期の特例の承認を取り消されたことがある場合には、その年月日

税 理 士 署 名	

※税務署処理欄	部門	決算期	難整理番	番号	入力	名簿	通信日付印	年 月 日	確認

03.06 改正

事業開始とともに提出する場合で、給与の支払いが無いときは記入不要。申請の日前 6 か月分の各月末人数と各月の支給額

アルバイトなどの臨時の雇用者は外書きします。

左に該当無ければ記載不要です。

memo ▷ 特例を受けていても、前倒しで納付することはできます。たとえば、1 月から 3 月支払い分の所得税を 5 月に納付し、4 月から 6 月支払い分の所得税を 7 月 10 日までに納付することもできます。

285

Section 05 ｜ 従業員の住民税の納付

従業員の住民税は、こちらで計算する必要は無い。送られてくる納付書に記載されている額を差引けば OK だ。

納める住民税は市町村が計算してくれる

　住民税の特別徴収（➡ P.277）の対象となる従業員がいる場合、毎年5月頃に従業員の住所のある市町村から、給与から差引く住民税の金額が記載された通知書と納付書が個人事業主に送付されてきます。この通知書を**特別徴収税額通知書**といいます。この通知書に記載された金額を、毎月の支給額から差引き、**納付書**で翌月10日までに納付します。なお、通知書には6月分から翌年5月分までの記載がありますが、各月分は給与の締め日に関わらず、その月に支払う給与から差引きます（たとえば、6月分は6月に支払う給与から差引く）。

納期の特例

　所得税と同じく住民税にも納期の特例があり、常時10人未満であれば申請により年2回にまとめて納付することができます。ただし、6月から11月分の住民税を12月10日に、12月から5月分を6月10日に納付するので、所得税の時期とズレている点に注意します。

扶養控除等申告書の提出が無い（乙欄）従業員で、他所でもらう給与から特別徴収されていれば自分のところで特別徴収は不要。

memo ▷ 特別徴収税額通知書は、毎月の差引く金額が記載されている。給与が月給ではなく週給などの場合には、各月の支給回数（4回など）で分割して差引くなどする。

● 特別徴収税額通知書

最初に1年分の住民税が通知されます。

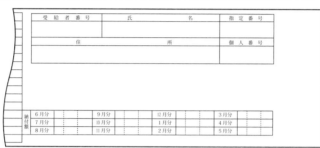

各月の納付額は基本的に年間の特別徴収税額を12等分した金額だけど、最初の6月分だけ各月の100円未満の端数を寄せている関係で金額が大きくなっていることが多いので注意が必要なんだ。

--- **Column** ---

特別徴収をしなくてもよい場合

　原則として、給与から住民税を差引き、事業主が市町村へ納税する特別徴収が必要です。しかし、一定の場合には特別徴収をしないで従業員本人に納付書で納税してもらうことが可能です。該当しそうであれば、従業員の住所のある市町村の**特別徴収担当**へ相談してみよう。

　［一定の場合］

・総従業員数が2人以下

・他の事業所で特別徴収されている

・給与が少なく住民税が差引けない

・給与の支払いが毎月でない　など

Section
06 | 賞与の支払いの流れをつかもう

賞与でも雇用保険や所得税を差引く必要があります。

● 賞与を支給するときのスケジュール

1 総支給額の決定
支給日の 5 日前

従業員ごとの総支給額を決定する

> P.290

2 差引く金額の計算
支給日の 5 日前

総支給額から差引く雇用保険料、所得税などを計算

> P.290

3 賞与の支給および賞与支払明細書の引渡し
支給日

賞与を支払い、賞与支払明細書を従業員に渡す

> P.292

4 所得税の納付
支給月の翌月 10 日

納期の特例の場合は 7 月10 日または翌年の 1 月20 日

> P.280

営業

経理

人事

総務・他

　賞与からは雇用保険料や所得税などを差引きますが、住民税は差引きません。雇用保険料は、通常の給与と同じく、総支給額に雇用保険料率（➡ P.273）を掛けて計算します。所得税は、通常の給与とは別の源泉徴収税額表を使って計算します。社会保険料の対象者であれば、健康保険料や厚生年金保険料なども差引きますが、説明を省略します。

●賞与支払明細書

賞 与 支 払 明 細 書
（ XX年 3 月25日）

佐藤 誠 様

支給額	賞 与 金	1	0	0	0	0	0
	手 当						
	手 当						
	手 当						
	手 当						
	手 当						
	手 当						
	手 当						
	手 当						
	手 当						
	合 計	1	0	0	0	0	0

控除額	健 康 保 険 料						
	介 護 保 険 料						
	厚 生 年 金						
	雇 用 保 険 料				3	0	0
	所 得 税			2	0	3	5
	住 民 税						
	前 払 金						
	合 計			2	3	3	5
差 引 支 給 額			9	7	6	6	5

（事業所名）

蔵吹倶

係 印

明細書の書式は決まったもの
が無いので、使いやすいも
のを選んでよい。エクセルで
作成してもオーケーなのだ。

Section
06
-1

賞与の支払い①
支給額と差引く金額

支給額は自由に決めてよい

　賞与の支給額に関して、特に法的なルールは決められていません。業績に応じて支給額を決めてよいですし、毎回同額を支給しても構いません。ただ、下記のような場合には、所得税の計算方法が特別になります。詳しくは国税庁のホームページが参考になります。

・前月の給与の額の10倍超の賞与を支払うとき
・前月の給与の支払いが無い者に賞与を支払うとき

雇用保険と所得税の計算

　雇用保険は通常の給与と同じく総支給額（千円未満切捨てしない）に保険料率をかけた額（円未満四捨五入）を賞与から差引きます。

　所得税は、通常の給与とは違い**賞与に対する源泉徴収税額の算出率**の表を使います（具体的な計算の流れは右ページ参照）。次の算式で計算します。

（賞与の金額－雇用保険料）×税率

「前月の総支給額から雇用保険料を差引いた金額」における前月とは、賞与を支払う月の前月のこと。賞与を支払う月に通常の給与の支払いがあったとしても、それではありません。

営業

経理

人事

総務・他

●賞与計算の差引き項目（所得税）の計算手順

「前月の総支給額から
雇用保険料を差引いた金額（A）」を確認する
（A）は源泉徴収簿に記載されている前月の社会保険料等
控除後の給与等の金額です。

従業員が甲か乙かを確認する
扶養控除等申告書が提出されていれば甲、提出されていな
ければ乙。

従業員が甲の場合
Aの金額と扶養親族等の数（➡P.300）を、賞与
に対する源泉徴収税額の算出率の表に当てはめて
税率（B）を求めます。

従業員が乙の場合
Aの金額を賞与に対する源泉徴収税額の算出率の
表に当てはめて税率（B）を求めます。

所得税額を計算する
賞与の金額から雇用保険料の金額を差引いた金額に、上記B
の率をかけます
※1円未満切捨て

●賞与に対する源泉徴収税額の算出率の表（甲欄の場合）

賞与の所得税は税率をかけて計算しますが、その税率は前月の給与をもとにこの表で確認します。

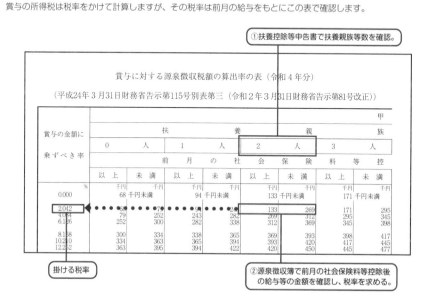

①扶養控除等申告書で扶養親族等数を確認。

賞与に対する源泉徴収税額の算出率の表（令和4年分）

（平成24年3月31日財務省告示第115号別表第三（令和2年3月31日財務省告示第81号改正））

賞与の金額に乗ずべき率	甲							
	扶 養 親 族							族
	0 人		1 人		2 人		3 人	
	前 月 の 社 会 保 険 料 等 控							
	以 上	未 満	以 上	未 満	以 上	未 満	以 上	未 満
％	千円	千円	千円	千円	千円	千円	千円	千円
0.000	68 千円未満		94 千円未満		133 千円未満		171 千円未満	
2.042	68	79	94	243	133	269	171	295
4.084	79	252	243	282	209	312	295	345
6.126	252	300	282	338	312	369	345	398
8.168	300	334	338	365	369	393	398	417
10.210	334	363	365	394	393	420	417	445
12.252	363	395	394	422	420	450	445	477

掛ける税率

②源泉徴収簿で前月の社会保険料等控除後
の給与等の金額を確認し、税率を求める。

Section 06-2 | 賞与の支払い② 明細書の作成と振込み

賞与支払明細書の
交付は義務なのだ。

賞与支払明細書の交付と納付

賞与の場合にも、賞与支払明細書（➡P.289）を作成し、従業員へ渡します。総支給額から差引く雇用保険料や所得税は、**源泉徴収簿**（➡P.306）の賞与等の欄へ記載します。

所得税は支給日の翌月10日（納期の特定の場合は7月10日または翌年の1月20日）までに納付します。雇用保険料は6月1日から7月10日までに提出する労働保険申告（➡P.336）により事業主負担分と一緒に精算されます。

賞与の支給時期は業務の忙しさも考慮する

賞与の支給時期は、なんとなく決めてしまいがちですが、いくつか検討すべきことがあります。

- 資金繰りに余裕がある時期を優先します。さまざまな条件により、資金の余裕度には波があります。厳しい時期に設定することは避けます。
- 納期の特例の適用があるなら、夏季賞与は6月より7月を検討します。6月に支給した賞与の所得税は7月10日が期限ですが、7月に支給すると翌1月20日が期限になります。
- 賞与の支給月は、通常の給与に加えて給与計算をする必要があり、手間がかかります。業務の忙しい時期はできるだけ避けます。
- 賞与の支給月を決めたら、その月の中でも、支給日から逆算して業務が忙しい期間に賞与の支給額を計算することがないようにします。たとえば、月末が非常に忙しいのであれば、月初に賞与の支給額の計算をして、中頃までに支給できるような流れにすればスムーズです。

営業

経理

人事

総務・他

●賞与計算の差引き項目（雇用保険、所得税）の計算手順

大きく2つの Step に分けて計算します。

賞与の支給額

— 雇用保険料
　　支給額×保険料率

Step 1
雇用保険料の差引き

雇用保険料差引き後の金額

— 所得税
　　差引き後の金額×賞与の金額に乗ずべき率

Step 2
所得税額の差引き

差引支給額

※住民税は差引きません。

Column

賞与は絶対支給しないといけない？

　賞与の支給は、業績がよいときの従業員への利益の分配、業績への貢献の報奨などとして行われます。したがって、業績が厳しいときには賞与の支給を見送るという経営判断もありえます。

　このとき問題となるのは、従業員の採用時に渡した労働条件通知書での賞与の支給に関する記述です。たとえば「賞与は、毎年7月15日と12月15日に、基本給の1か月分を支払う」と書いてあったときは、基本的に業績の悪化を理由に支給を見送ることはできません。できるだけ毎回支給してあげたいという思いは良いのですが、労働条件通知書には「賞与は、12月時点の業績などを勘案して決める」などと書いておき、賞与の支給が絶対では無いことを明示しておくことが重要です。

Section

07 | 年末調整の流れを つかもう

給与支払いの1年間の総括が年末調整。しっかり差額を計算しよう。

● 年末調整のスケジュール

1　各種書類の配布

最後の給与支払日の25日前

各種書類を対象者へ配布。配布の際、回収期日を口頭でも伝える

＞ P.298

2　各種書類の回収

最後の給与支払日の15日前

回収期日までに提出が無い人へは提出を再度お願いする

＞ P.298

3　回収した書類の確認

最後の給与支払日の10日前

記入不足、記入誤り、添付もれなどを確認。あった場合には、本人へ連絡

＞ P.300

4　各種書類の作成

最後の給与支払日の5日前

源泉徴収簿、源泉徴収票、給与明細書を作成

＞ P.306 〜 311

5　給与の支払い

最後の給与支払日当日

給与を支払い、給与明細書のほかに、源泉徴収票も一緒に渡す

6　納付書の作成と納付

翌年1月10日まで

税務署もしくは銀行で納付（納期の特例では翌年の1月20日まで）

＞ P.310

営業

経理

人事

総務・他

　年末調整とは、扶養控除等申告書（➡P.302）を提出する従業員に対して、1年間に支給した給与に対する所得税を計算して、月々給与から差引いた所得税との差額を精算するための作業です。この年末調整により、従業員に支給した給与に対するその年の正しい所得税が計算され、差引かれたことになります。

　扶養控除等申告書を提出しない従業員には年末調整は不要です（ただし、源泉徴収票（➡P.310）などの作成は必要です）。

memo ＞ 給与から差引くのは所得税だけではなく、復興特別所得税も含まれる。本書では理解しやすいように特別に使い分ける場合を除き、所得税とだけ記載している。

●年末調整による差額の精算

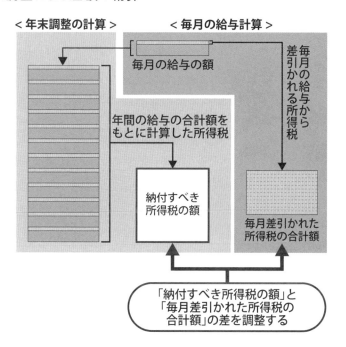

< 年末調整の計算 >　　< 毎月の給与計算 >

毎月の給与の額

毎月の給与から差引かれる所得税

年間の給与の合計額を
もとに計算した所得税

納付すべき
所得税の額

毎月差引かれた
所得税の合計額

「納付すべき所得税の額」と
「毎月差引かれた所得税の
合計額」の差を調整する

　年末調整をスムーズに進めるためには、①従業員へ各種申告書を時間的な余裕を
もって配り、確実に回収をすること、②毎年税務署が作成する年末調整の手引きで
関係がありそうな箇所に目をとおし、源泉徴収簿の作成の流れを理解することが大
切です。

　年末調整に対応した市販の給与計算ソフトを使っている場合は、年末調整に必要
な項目を入力すれば、一連の計算処理ができます。

memo ＞ 扶養控除等申告書を提出する従業員に対して、年末調整は原則として義務のため、従業員から不要
　　　　　と言われても必ず行う必要がある。

Section

07 -1

年末調整① 年末調整の対象者と給与の期間

> 今年の支給分が年末調整の対象になる。対象者は、扶養控除等申告書を提出していて、年末時点で働いている従業員だ。

扶養控除等申告書を提出している従業員が年末調整対象者

　年末調整の対象者は、**扶養控除等申告書**（➡ P.302）を提出している従業員で、**年末に働いている者**です。年の途中で退職した従業員は基本的に対象外ですが、例外的に12月に給与を支払った後に退職する者は対象になります。

1月1日から12月31日に支給される給与が対象になる

　年末調整の対象となる給与は、その年1月1日から12月31日に「**支給日**」がくる給与です。給与を計算する際の締め日や〇月分などは関係ありません。ただし、資金繰りなどの関係で、本来の支給日から遅れて翌年に支給された場合には、本来の支給日で判断し、年末調整の対象になります。

　その年に就職した従業員で前職の源泉徴収票の提出があり、その源泉徴収票の「乙欄」にチェックが入っていない者（甲欄だった従業員）に対しては、その源泉徴収票に記載された給与も含めて年末調整をします。具体的には、源泉徴収簿の1月の行に、前職を退職するまでの総支給額と社会保険料等の控除額を記載し、自分のところと合計します。「乙欄」にチェックが入っている者（乙欄だった従業員）に対しては、前職の給与は含めずに自分のところの給与だけで年末調整をします（実際の計算は「年末調整のしかた」などを確認し、わからない場合には税務署に確認します）。

> 従業員が甲乙丙のいずれに該当するかは P.277 の図で確認しよう。

memo ＞　「年末調整のしかた」は国税庁が配布する年末調整に関する小冊子。国税庁のホームページからダウンロードできる。

●年末調整の対象者

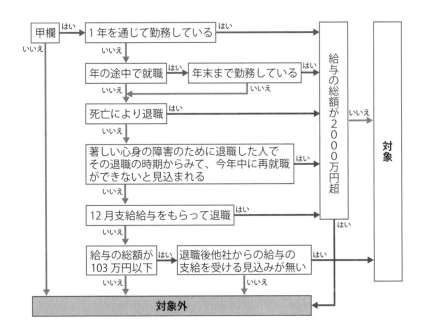

●年末調整の対象となる給与

あくまで支給日で考えるのが基本です。

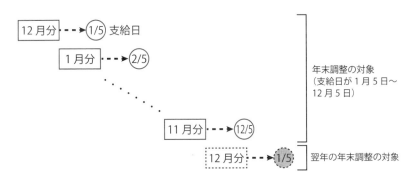

上記の場合、11 月分給与（12 月 5 日支給）で年末調整を行います。

x

Chapter 5 人を雇ったときの事務

Chapter 5 人を雇ったときの事務

Section

07
-2

年末調整②
各種書類の配布・回収

> 基本は従業員から提出された内容で作業をする。

書類はその年の最後の給与計算の25日前を目途に配布

　年末調整の対象となる従業員に、前年の同じ時期（中途で採用した従業員については採用時）に提出してもらった**扶養控除等申告書のコピー**、**翌年分の扶養控除等申告書**、**今年分の基礎控除申告書等**を、その年の最後の給与支払日の25日前を目途に配布します。扶養控除等申告書のコピーには、前年提出したときから内容に修正があれば赤字で修正してもらいます。原本ではなくコピーを配布するのは原本を無くさないためです。内容に修正がなければ、そのまま返却してもらいます。

書類の回収はその年の最後の給与支払日の15日前を目途に

　配布した書類はその年の最後の給与支払日の15日前を目途に回収します。回収した書類は、①扶養控除等申告書のコピー（今年分）、②基礎控除申告書等の順に従業員ごとにファイリングします（➡ P.255）。また、扶養控除等申告書（翌年分）は翌年分としてファイリングします。

> 基礎控除申告書等とは、正式には『給与所得者の基礎控除申告書
> 兼 給与所得者の配偶者控除等申告書 兼 所得金額調整控除申告書』
> といい、基礎控除申告書と配偶者控除等申告書と所得金額調整控
> 除申告書が１つの書類にまとめられた書類なんだ。

営業

経理

人事

総務・他

　memo　前年の年末調整時に提出してもらった扶養控除等申告書の内容が変わるのは、新たな扶養親族が増える場合や、扶養親族に臨時収入があり、当初提出時に見積った所得が増える場合などがある。

●従業員に渡す扶養控除等申告書とそのコピー

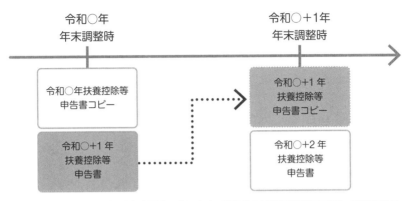

扶養控除等申告書のコピーを年末調整で使います。翌年分の扶養控除等申告書は、翌年の給与から差引く所得税を計算するために使います。

●年末調整で配布する書類

書類名	解説
扶養控除等申告書のコピー（今年分） 扶養控除等申告書（翌年分）	従業員の扶養する親族の氏名や生年月日などを記入する書類。新入社員には最初の給与を支給する前日までに提出してもらい、その後は毎年、年末調整時に翌年分を提出してもらいます。 基本的には、前年の年末調整時に提出してもらったもので、年末調整を計算しますが、提出してもらってから扶養する親族が増えたりしていることもあるため、コピーを渡し修正があれば赤字で修正してもらいます。
基礎控除申告書等（給与所得者の基礎控除申告書 兼 給与所得者の配偶者控除等申告書 兼 所得金額調整控除申告書）	基礎控除申告書部分：従業員の基礎控除に関する情報を記入する。
	配偶者控除等申告書部分：従業員の配偶者に関する情報を記入する。
	所得金額調整控除申告書部分：給与の収入金額が850万円超の従業員で、本人が特別障害者または23歳未満の扶養親族などがいる場合に記入する。
保険料控除申告書	従業員が支払った生命保険料、地震保険料、社会保険料などを記入する。生命保険会社などから送られてくる証明書を貼付けて提出してもらう。

> 保険料控除申告書は、従業員から求められたら国税庁のホームページから印刷して渡すのだ。

memo ＞ 年末調整に関する書類を紙ではなくデータでやり取りするしくみがある。
https://www.nta.go.jp/users/gensen/nenmatsu/nencho.htm

Section

07 -3
年末調整③
扶養控除等申告書などの確認

扶養控除等申告書は、従業員の扶養する親族に関する情報を書いてもらう書類だ。

扶養する親族の人数を確認する

　従業員と同居していたり、または別居でも仕送りをしているような、いわゆる家計のお財布が一緒の関係を「生計を一にする」といいます。この生計を一にする親族の氏名、住所、生年月日、個人番号などを記載するのが扶養控除等申告書です。記載する情報は、その年の年末（12月31日）時点の予定のものとなります。

内容が変わっていたら修正内容を確認する

　扶養控除等申告書の今年分のコピーを配布し、そのまま返却されたものは最初に提出したときから変更が無いため、そのままファイリングします。赤字で修正がある場合は、扶養親族の増減など修正内容を確認し、**源泉徴収簿の扶養親族等の申告欄へ記入**してからファイリングします。

　扶養控除等申告書の翌年分は、翌年の給与計算で使うため、記載もれや記載誤りなどが無いか確認してから、翌年分としてファイリングします。基礎控除申告書等（➡ P.304）は、基本的には記載もれや誤りが無いことを確認してからファイリングします。

営業

経理

人事

総務・他

memo ▷ 「親族」は従業員の配偶者、6親等内の血族、3親等内の姻族をいう。「血族」は両親、兄弟姉妹、祖父母など血のつながり。「姻族」は義理の両親、義理の兄弟姉妹、兄弟姉妹の配偶者など結婚によるつながり。

●扶養控除等の具体的な内容

まず配偶者や扶養親族がいればそれぞれどの種類に該当するか確認し、本人を含め障害者がいればその分上乗せして控除されます。

	控除の種類	対象	控除金額
配偶者（特別）控除	源泉控除対象配偶者 ※給与計算時に扶養親族の数に加算するが、年末調整時には関係ありません。	「生計を一にする」「合計所得金額が 95 万円以下」の条件を満たす配偶者のうち、従業員本人の「合計所得金額が 900 万円以下」	38 万円
	同一生計配偶者	「生計を一にする」「合計所得金額が 48 万円以下」の条件を満たす配偶者	
	控除対象配偶者	**上記の同一生計配偶者**のうち、従業員本人の「合計所得金額が 1,000 万円以下」	本人の合計所得金額に応じて 13 万、26 万、38 万
	老人控除対象配偶者	上記の控除対象配偶者で、年齢が 70 歳以上	本人の合計所得金額に応じて 16 万、32 万、48 万
扶養控除	扶養親族	「生計を一にする」「合計所得金額が 48 万円以下」の条件を満たす配偶者以外の親族	
	控除対象扶養親族	**上記の扶養親族**で年齢が 16 歳以上	38 万円
	特定扶養親族	**上記の控除対象扶養親族**で、年齢が 19 歳以上 23 歳未満	63 万円
	老人扶養親族	**上記の控除対象扶養親族**で、年齢が 70 歳以上	48 万円
	同居老親等	**上記の老人扶養親族**で、従業員本人または配偶者の直系尊属（父母、祖父母）かつ常に同居	58 万円

	控除の種類	対象	控除金額
障害者控除	障害者	本人、同一生計配偶者、**扶養親族（16 歳未満も含む）**のいずれかで、身体障害者手帳や精神障害者保健福祉手帳の交付を受けている人など	27 万円
	特別障害者	**上記の障害者**のうち、1 級と 2 級の身体障害者手帳や 1 級の精神障害者保健福祉手帳の交付を受けている人など	40 万円
	同居の場合	上記の特別障害者が本人または配偶者、もしくは本人と生計を一にするその他の親族のいずれかと常に同居している場合	75 万円

「合計所得金額」とは、基本的には各種所得の金額を合計したものです（一部異なる部分がある）。収入が給与のみであれば 103 万円以下、年金のみであれば 158 万円（65 歳未満は 108 万円）以下は基本的には合計所得金額が48 万円以下になります。

「生計を一にする」とは、基本的には同居をして寝起きを共にしている関係を指す。子供が学生寮に入っていたり、本人が単身赴任で別居をしていても、常に生活費等の仕送りをしている（いわゆるお財布が一緒の）関係も含まれる。親子というだけでは、「生計を一にする」とは言えないんだ。

memo　住民票と実際の住所が異なる場合には、実際の住所を記載してもらう。そのままでは住民税の納税通知書が 2 か所（市町村）から送付されたりするため、原則として実際の住所に住民票を移してもらう。

● 扶養控除等申告書

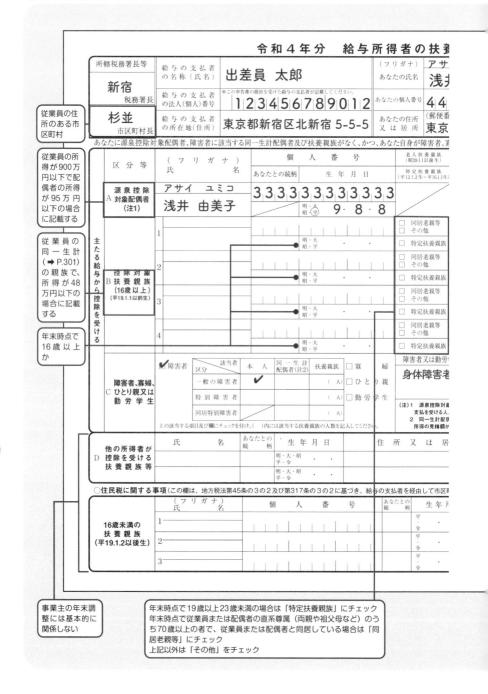

令和４年分　給与所得者の扶養

所轄税務署長等	給与の支払者 の名称（氏名）	出差員 太郎	（フリガナ） あなたの氏名	アサ 浅井
新宿 税務署長		※この申告書の提出を受けた給与の支払者が記載してください。		
	給与の支払者 の法人(個人)番号	1 2 3 4 5 6 7 8 9 0 1 2	あなたの個人番号	4 4
杉並 市区町村長	給与の支払者 の所在地（住所）	東京都新宿区北新宿 5-5-5	あなたの住所 又は居所	（郵便番 東京

あなたに源泉控除対象配偶者、障害者に該当する同一生計配偶者及び扶養親族がなく、かつ、あなた自身が障害者、寡

従業員の住所のある市区町村

従業員の所得が900万円以下で配偶者の所得が95万円以下の場合に記載する

	区 分 等	（フリガナ） 氏　　名	個 人 番 号 あなたとの続柄　　生年月日	老人扶養親族 (昭28.1.1以前生) 特定扶養親族 (平12.1.2生〜平16.1.1生)
主たる給与から控除を受ける	A 源泉控除 対象配偶者 （注1）	アサイ ユミコ 浅井 由美子	3 3 3 3 3 3 3 3 3 3 3 3 妻 明・大 昭・(平) 9 ・ 8 ・ 8	
	B 控除対象 扶養親族 （16歳以上） (平19.1.1以前生)	1	明・大 昭・平　・　・	□ 同居老親等 □ その他 □ 特定扶養親族
		2	明・大 昭・平　・　・	□ 同居老親等 □ その他 □ 特定扶養親族
		3	明・大 昭・平　・　・	□ 同居老親等 □ その他 □ 特定扶養親族
		4	明・大 昭・平　・　・	□ 同居老親等 □ その他 □ 特定扶養親族

従業員の同一生計（➡ P.301）の親族で、所得が48万円以下の場合に記載する

年末時点で16歳以上か

C 障害者、寡婦、 ひとり親又は 勤労学生	✓障害者	該当者 区分	本 人	同一生計 配偶者(注2)	扶養親族	□ 寡　婦	障害者又は勤労 身体障害者
		一般の障害者	✓	（　人）		□ ひとり親	
		特別障害者		（　人）		□ 勤労学生	（注1　源泉控除対 支払を受ける人
		同居特別障害者		（　人）			2　同一生計配偶 所得の見積額が

上の該当する項目及び欄にチェックを付け、（　）内には該当する扶養親族の人数を記入してください。

D 他の所得者が 控除を受ける 扶養親族等	氏　　名	あなたとの 続　柄	・ 生 年 月 日	住 所 又 は 居
			明・大・昭 平・令　・　・	
			明・大・昭 平・令　・　・	

○**住民税に関する事項**（この欄は、地方税法第45条の3の2及び第317条の3の2に基づき、給与の支払者を経由して市区町

	（フリガナ） 氏　　名	個 人 番 号	あなたとの 続　柄	生 年 月
16歳未満の 扶養親族 (平19.1.2以後生)	1			平・ 令　・　・
	2			平・ 令　・　・
	3			平・ 令　・　・

従業員の住所のある市区町村

事業主の年末調整には基本的に関係しない

年末時点で19歳以上23歳未満の場合は「特定扶養親族」にチェック
年末時点で従業員または配偶者の直系尊属（両親や祖父母など）のうち70歳以上の人で、従業員または配偶者と同居している場合は「同居老親等」にチェック
上記以外は「その他」をチェック

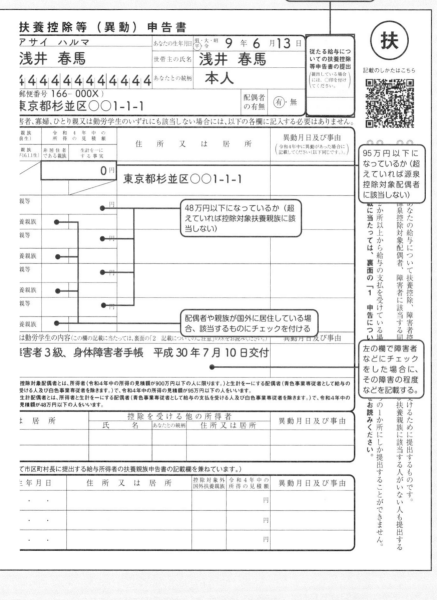

事業主の年末調整には基本的に関係しない

扶養控除等（異動）申告書

アサイ　ハルマ	あなたの生年月日	県・大・昭 平・令	9 年 6 月13日
浅井　春馬	世帯主の氏名	浅井　春馬	
4444444444444	あなたとの続柄	本人	
郵便番号 166- 000X)			配偶者の有無
東京都杉並区○○1-1-1			有・無

従たる給与についての扶養控除等申告書の提出

（提出している場合には、○印を付けてください。）

扶

記載のしかたはこちら

害者、寡婦、ひとり親又は勤労学生のいずれにも該当しない場合は、以下の各欄に記入する必要はありません。

0 円　東京都杉並区○○1-1-1

48万円以下になっているか（超えていれば控除対象扶養親族に該当しない）

95万円以下になっているか（超えていれば源泉控除対象配偶者に該当しない）

配偶者や親族が国外に居住している場合、該当するものにチェックを付ける

左の欄で障害者などにチェックをした場合に、その障害の程度などを記載する。

害者3級、身体障害者手帳　平成30年7月10日交付

控除対象配偶者とは、所得者（令和4年中の所得の見積額が900万円以下の人に限ります。）と生計を一にする配偶者（青色事業専従者として給与の受ける人及び白色事業専従者を除きます。）で、令和4年中の所得の見積額が95万円以下の人をいいます。
生計配偶者とは、所得者と生計を一にする配偶者（青色事業専従者として給与の支払を受ける人及び白色事業専従者を除きます。）で、令和4年中の見積額が48万円以下の人をいいます。

は　居　所	控除を受ける他の所得者			異動月日及び事由
	氏　名	あなたとの続柄	住　所　又　は　居　所	

て市区町村長に提出する給与所得者の扶養親族申告書の記載欄を兼ねています。）

主年月日	住　所　又　は　居　所	控除対象外 国外扶養親族	令和4年中 所得の見積額	異動月日及び事由
・・			円	
・・			円	
・・			円	

●基礎控除申告書等

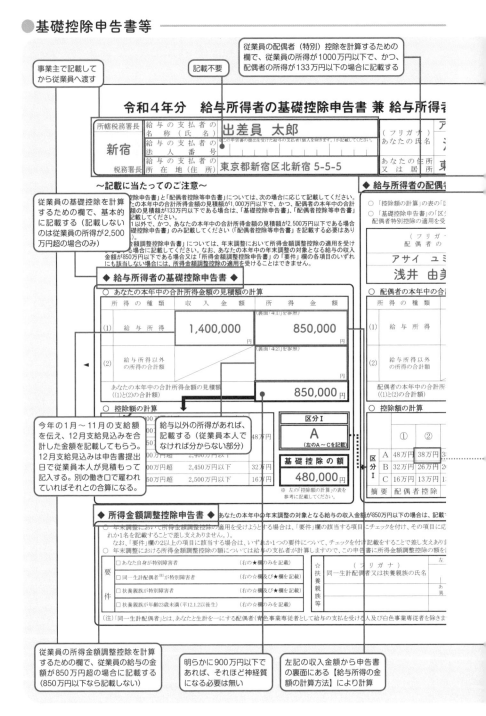

事業主で記載して
から従業員へ渡す

記載不要

従業員の配偶者（特別）控除を計算するための
欄で、従業員の所得が1000万円以下で、かつ、
配偶者の所得が133万円以下の場合に記載する

令和4年分　給与所得者の基礎控除申告書 兼 給与所得者

所轄税務署長	給 与 の 支 払 者 の 名 称 （ 氏 名 ）	出差員 太郎	（ フリガナ ） あなたの氏名	ア
新宿	給 与 の 支 払 者 の 法 人 番 号			
税務署長	給 与 の 支 払 者 の 所 在 地 （ 住 所 ） 又 は 居 所	東京都新宿区北新宿 5-5-5	あなたの住所 又 は 居 所	東

～記載に当たってのご注意～

従業員の基礎控除を計算
するための欄で、基本的
に記載する（記載しない
のは従業員の所得が2,500
万円超の場合のみ）

◆ 給与所得者の基礎控除申告書 ◆

○ あなたの本年中の合計所得金額の見積額の計算

所 得 の 種 類	収 入 金 額	所 得 金 額
(1) 給 与 所 得	1,400,000	850,000
(2) 給与所得以外 の所得の合計額		
あなたの本年中の合計所得金額の見積額 ((1)と(2)の合計額)		850,000

○ 控除額の計算

今年の1月～11月の支給額
を伝え、12月支給見込みを合
計した金額を記載してもらう。
12月支給見込みは申告書提出
日で従業員本人が見積もって
記入する。別の働き口で雇われ
ていればそれとの合算になる。

給与以外の所得があれば、
記載する（従業員本人で
なければ分からない部分）

	48万円
万円超	2,400万円以下	
万円超	2,450万円以下	32万円
万円超	2,500万円以下	16万円

区分Ⅰ

A
（左のA～Cを記載）

基礎控除の額
480,000円
※ 左の「控除額の計算」の表を
参考に記載してください。

◆ 所得金額調整控除申告書 ◆ あなたの本年中の年末調整の対象となる給与の収入金額が850万円以下の場合は、記載

○ 年末調整において所得金額調整控除の適用を受けようとする場合は、「要件」欄の該当する項目にチェックを付け、その項目に応じ
れか1名を記載することで差し支えありません。
なお、「要件」の2以上の項目に該当する場合は、いずれか1つの要件について、チェックを付け記載することで差し支えありま
○ 年末調整における所得金額調整控除の額については給与の支払者が計算しますので、この申告書に所得金額調整控除の額を記載す

要 件	□ あなた自身が特別障害者	（右の☆欄のみを記載）		☆ 扶 養 親 族 等	（ フリガナ ） 同一生計配偶者又は扶養親族の氏名	左
	□ 同一生計配偶者[注]が特別障害者	（右の☆欄及び★欄を記載）				あ
	□ 扶養親族が特別障害者	（右の☆欄及び★欄を記載）				員
	□ 扶養親族が年齢23歳未満（平12.1.2以後生）	（右の☆欄のみを記載）				

(注)「同一生計配偶者」とは、あなたと生計を一にする配偶者（青色事業専従者として給与の支払を受ける人及び白色事業専従者を除きま

従業員の所得金額調整控除を計算
するための欄で、従業員の給与の金
額が850万円超の場合に記載する
（850万円以下なら記載しない）

明らかに900万円以下で
あれば、それほど神経質
になる必要は無い

左記の収入金額から申告書
の裏面にある【給与所得の金
額の計算方法】により計算

◆ 給与所得者の配偶

○ 「控除額の計算」の表の
○ 「基礎控除申告書」の「区分
配偶者特別控除の適用を受

（ フリガナ ）
配 偶 者 の 氏 名

アサイ ユミ
浅井 由美

○ 配偶者の本年中の合

所 得 の 種 類		
(1) 給 与 所 得		
(2) 給与所得以外 の所得の合計額		
配偶者の本年中の合計所		

○ 控除額の計算

		①	②
区 分 Ⅰ	A	48万円	38万円
	B	32万円	26万円
	C	16万円	13万円
摘 要	配偶者控除		

営業

経理

人事

総務・他

所得とは合計所得金額（➡ P.301）のことを指します

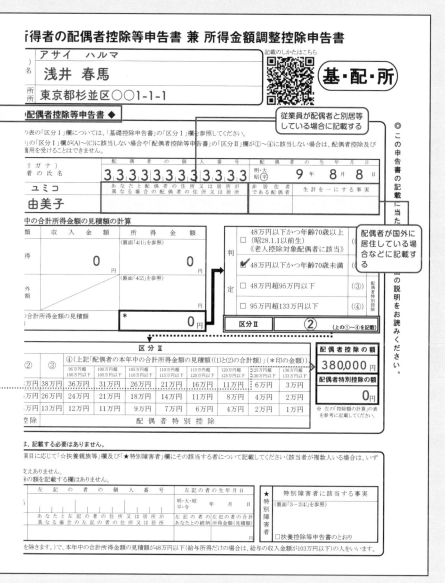

i得者の配偶者控除等申告書 兼 所得金額調整控除申告書

| アサイ ハルマ |
| 浅井 春馬 |

東京都杉並区〇〇1-1-1

記載のしかたはこちら

基・配・所

従業員が配偶者と別居等している場合に記載する

◎配偶者控除等申告書 ◆

の表の「区分Ⅰ」欄については、「基礎控除申告書」の「区分Ⅰ」欄を参照してください。

の「区分Ⅰ」欄が(A)～(C)に該当しない場合や「配偶者控除等申告書」の「区分Ⅱ」欄が①～④に該当しない場合は、配偶者控除及び適用を受けることはできません。

配偶者が国外に居住している場合などに記載する

リガナ）者の氏名	配偶者の個人番号	配偶者の生年月日
ユミコ 由美子	3 3 3 3 3 3 3 3 3 3 3 3	明・大 昭⑭ 平・令 9 年 8 月 8 日
	あなたと配偶者の住所又は居所が異なる場合の配偶者の住所又は居所	非居住者である配偶者 生計を一にする事実

中の合計所得金額の見積額の計算

類	収入金額	所得金額
	(裏面「4[1]」を参照)	
得	0 円	0 円
外額	(裏面「4[2]」を参照)	
		円
)合計所得金額の見積額	* 0 円	

判	☐ 48万円以下かつ年齢70歳以上（昭28.1.1以前生）《老人控除対象配偶者に該当》	
	☑ 48万円以下かつ年齢70歳未満	
定	☐ 48万円超95万円以下	(③)
	☐ 95万円超133万円以下	(④)
区分Ⅱ		② （上の①～④を記載）

	区分Ⅱ	④（上記「配偶者の本年中の合計所得金額の見積額（(1)と(2)の合計額）」（＊印の金額））								
②	③	95万円超100万円以下	100万円超105万円以下	105万円超110万円以下	110万円超115万円以下	115万円超120万円以下	120万円超125万円以下	125万円超130万円以下	130万円超133万円以下
万円	38万円	36万円	31万円	26万円	21万円	16万円	11万円	6万円	3万円
万円	26万円	24万円	21万円	18万円	14万円	11万円	8万円	4万円	2万円
控除	13万円	12万円	11万円	9万円	7万円	6万円	4万円	2万円	1万円
		配 偶 者 特 別 控 除							

| 配偶者控除の額 | 380,000 円 |
| 配偶者特別控除の額 | 0 円 |

※ 左の「控除額の計算」の表を参考に記載してください。

◎この申告書の記載に当た

書の説明をお読みください。

は、記載する必要はありません。

項目に応じて「☆扶養親族等」欄及び「★特別障害者」欄にその該当する者について記載してください（該当者が複数人いる場合は、いず

えありません。

の額を記載する欄はありません。

	左記の者の個人番号	左記の者の生年月日	★特別障害者	特別障害者に該当する事実（裏面「3-2[4]」を参照）
		明・大・昭 平・令 年 月 日		
	あなたと左記の者の住所又は居所が異なる場合の左記の者の住所又は居所	左記の者の左記の者の合計あなたとの続柄 所得金額（見積額） 円		☐扶養控除等申告書のとおり

を除きます。)で、本年中の合計所得金額の見積額が48万円以下（給与所得だけの場合は、給与の収入金額が103万円以下）の人をいいます。

Section

07 -4

年末調整④ 源泉徴収簿の作成

源泉徴収簿とは、給与の記録と年末調整の計算がコンパクトにまとまった用紙だ。

 毎月の給与の記録から年末調整までを行う源泉徴収簿

　源泉徴収簿（→P.308）は、左右に大きく分かれます。左側では、毎月の給料などを記載して年間の総支給額を集計することができます。右側では、左側で集計した年間の総支給額に対する所得税を計算し、毎月給与から差引いた所得税との差額を計算することができます。計算の結果、毎月の給与から差引いた所得税の合計額が、年末調整で計算した正しい所得税を超える場合には、差額はマイナスの金額となります。逆の場合には差額はプラスの金額となります。

　用紙は国税庁ホームページからダウンロードできます。最終の給与支払日の5日前までに作成します。

 扶養控除等の申告を記入する

　年末調整の手続きが一段落してから、1月払いの給与支払いまでに、翌年分の扶養控除等申告書を見ながら、翌年分の源泉徴収簿の右上にある**「扶養控除等の申告」**欄の記入を済ませます。この記入にもとづき扶養親族の人数などを確認し、翌年分の給与から差引く所得税を計算します。

●令和5年分 年末調整のための算出所得税額の速算表 ──
（年税額速算表）

課税給与所得金額(A)	税率(B)	控除額(C)	税額 ＝ (A)×(B)－(C)
1,950,000円以下	5%	－	(A)×5%
1,950,000円超 3,300,000円以下	10%	97,500円	(A)×10%－97,500円
3,300,000円超 6,950,000円以下	20%	427,500円	(A)×20%－427,500円
6,950,000円超 9,000,000円以下	23%	636,000円	(A)×23%－636,000円
9,000,000円超 18,000,000円以下	33%	1,536,000円	(A)×33%－1,536,000円
18,000,000円超 18,050,000円以下	40%	2,796,000円	(A)×40%－2,796,000円

課税給与所得金額に1,000円未満の端数があるときは、これを切り捨てます。
課税給与所得金額が18,050,000円を超える場合は、年末調整の対象とはなりません。

Chapter

5

人を雇ったときの事務

必ず最新の年の表を使おう。

●令和5年分 扶養控除額及び障害者等の ──
控除額の合計額の早見表

まず控除対象扶養親族の人数に応じた控除額を確認し、本人や同一生計配偶者を含め障害者や特定扶養親族などがいればその分控除額に加算します。

①控除対象扶養親族の数に応じた控除額			
人数	控除額	人数	控除額
無し	0円	4人	1,520,000円
1人	380,000円	5人	1,900,000円
2人	760,000円	6人	2,280,000円
3人	1,140,000円	7人以上	6人を超える1人につき380,000円を6人の場合の金額に加えた金額

②障害者等がいる場合の控除類の加算額		
イ 同居特別障害者に当たる人がいる場合	1人につき750,000円
ロ 同居特別障害者以外の特別障害者に当たる(人がいる)場合(本人を含む)	1人につき400,000円
ハ 一般の障害者、寡婦または勤労学生に当たる(人がいる)場合(本人を含む)	左の一に該当するとき各270,000円
ニ 所得者本人がひとり親に当たる場合	350,000円
ホ 同居老親等に当たる人がいる場合	1人につき200,000円
ヘ 特定扶養親族に当たる人がいる場合	1人につき250,000円
ト 同居老親等以外の老人扶養親族に当たる人がいる場合	1人につき100,000円

扶養親族が多い場合などは税務署が配布する「年末調整のしかた」を確認し、わからなければ税務署などに確認します。

●源泉徴収簿

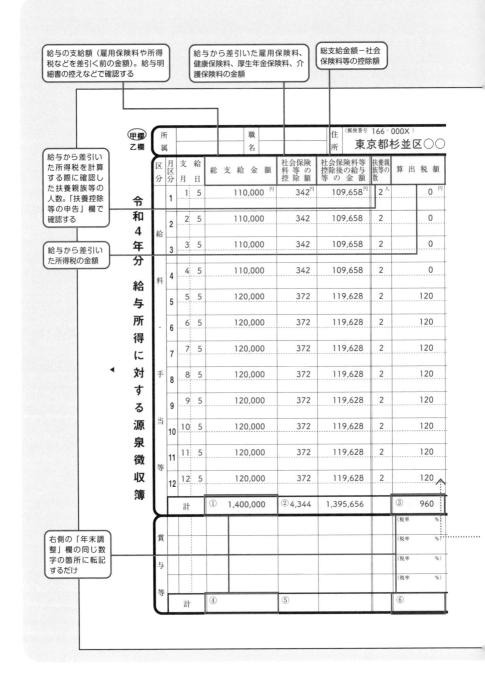

給与の支給額（雇用保険料や所得税などを差引く前の金額）。給与明細書の控えなどで確認する

給与から差引いた雇用保険料、健康保険料、厚生年金保険料、介護保険料の金額

総支給金額－社会保険料等の控除額

給与から差引いた所得税を計算する際に確認した扶養親族等の人数。「扶養控除等の申告」欄で確認する

給与から差引いた所得税の金額

右側の「年末調整」欄の同じ数字の箇所に転記するだけ

			所属		職名		住所	(郵便番号) 166-000X 東京都杉並区○○		

甲欄 乙欄

令和4年分 給与所得に対する源泉徴収簿

区分	月区分	支給月	日	総支給金額	社会保険料等の控除額	社会保険料等控除後の給与等の金額	扶養親族等の数	算出税額
給料・手当等	1	1	5	110,000 円	342円	109,658円	2人	0 円
	2	2	5	110,000	342	109,658	2	0
	3	3	5	110,000	342	109,658	2	0
	4	4	5	110,000	342	109,658	2	0
	5	5	5	120,000	372	119,628	2	120
	6	6	5	120,000	372	119,628	2	120
	7	7	5	120,000	372	119,628	2	120
	8	8	5	120,000	372	119,628	2	120
	9	9	5	120,000	372	119,628	2	120
	10	10	5	120,000	372	119,628	2	120
	11	11	5	120,000	372	119,628	2	120
	12	12	5	120,000	372	119,628	2	120
	計			① 1,400,000	② 4,344	1,395,656		③ 960
賞与等						(税率 %)		
						(税率 %)		
						(税率 %)		
						(税率 %)		
	計			④	⑤			⑥

308

営業

経理

人事

総務・他

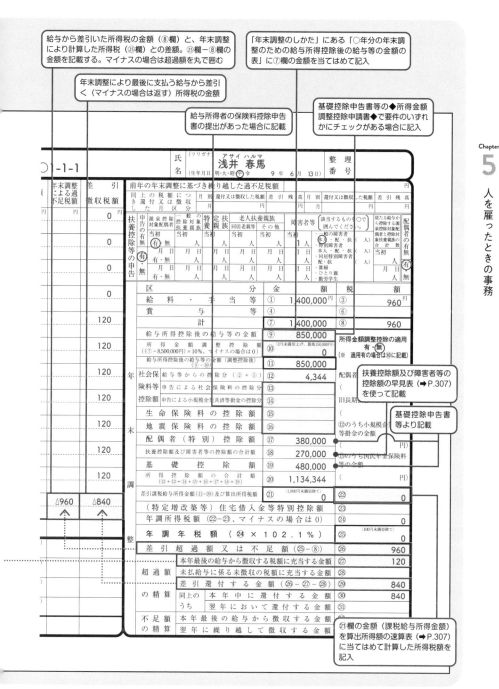

給与から差引いた所得税の金額（⑧欄）と、年末調整により計算した所得税（㉕欄）との差額。㉕欄−⑧欄の金額を記載する。マイナスの場合は超過額を丸で囲む

年末調整により最後に支払う給与から差引く（マイナスの場合は返す）所得税の金額

給与所得者の保険料控除申告書の提出があった場合に記載

「年末調整のしかた」にある「○年分の年末調整のための給与所得控除後の給与等の金額の表」に⑦欄の金額を当てはめて記入

基礎控除申告書等の◆所得金額調整控除申請書◆で要件のいずれかにチェックがある場合に記入

Chapter 5 人を雇ったときの事務

○ 1-1-1

氏名 （フリガナ）アサイ ハルマ 浅井 春馬 （生年月日 明・大・昭㊞令 9年 6月 13日）

整理番号

前年の年末調整に基づき繰り越した過不足税額

区 分	金 額		税 額
給 料 ・ 手 当 等 ①	1,400,000	③	960
賞 与 等 ④		⑥	
計 ⑦	1,400,000	⑧	960
給与所得控除後の給与等の金額 ⑨	850,000		
所得金額調整控除額 ⑩ ((⑦−8,500,000円)×10%、マイナスの場合は0)	0		所得金額調整控除の適用 有・無 （※ 適用の場合は⑩に記載）
給与所得控除後の給与等の金額（調整控除後）⑪ (⑨−⑩)	850,000		
社会保険料等控除 給与等からの控除分（②＋⑤）⑫	4,344		
申告による社会保険料の控除分 ⑬			
申告による小規模企業共済等掛金の控除分 ⑭			
生命保険料の控除額 ⑮			
地震保険料の控除額 ⑯			
配偶者（特別）控除額 ⑰	380,000		
扶養控除額及び障害者等の控除額の合計額 ⑱	270,000		
基礎控除額 ⑲	480,000		
所得控除額の合計額 ⑳ (⑫＋⑬＋⑭＋⑮＋⑯＋⑰＋⑱＋⑲)	1,134,344		
差引課税給与所得金額（⑪−⑳）及び算出所得税額 ㉑ (1,000円未満切捨て)	0	㉒	0
（特定増改築等）住宅借入金等特別控除額 ㉓			
年調所得税額（㉒−㉓、マイナスの場合は0）㉔			0
年調年税額（㉔×102.1%）㉕			0
差引超過額又は不足額（㉕−⑧）㉖			960
超過額の精算 本年最後の給与から徴収する税額に充当する金額 ㉗			120
未払給与に係る未徴収の税額に充当する金額 ㉘			
差引還付する金額（㉖−㉗−㉘）㉙			840
うち 本年中に還付する金額 ㉚			840
翌年において還付する金額 ㉛			
不足額の精算 本年最後の給与から徴収する金額 ㉜			
翌年に繰り越して徴収する金額 ㉝			

扶養控除等の申告

年末調整による過不足税額 / 差引徴収税額

0 / 0 / 0 / 0 / 120 / 120 / 120 / 120 / 120 / 120 / 120

△960 / △840

配偶者の合計所得

扶養控除額及び障害者等の控除額の早見表（➡P.307）を使って記載

基礎控除申告書等より記載

⑫のうち小規模企業共済等掛金の金額

⑬のうち国民年金保険料等の金額

㉑欄の金額（課税給与所得金額）を算出所得額の速算表（➡P.307）に当てはめて計算した所得税額を記入

309

Section 07-5
年末調整⑤
源泉徴収票の作成と納付

1年間の給与の支給状況を記載した源泉徴収票を作成し、本人へ必ず渡します。

年末調整の結果を本人と税務署に知らせる源泉徴収票

　源泉徴収票は、従業員に対して1年間に支払った給与や所得税などを記載する書類で、**必ず本人に渡します**。用紙は給与支払報告書（➡P.210）と複写用紙になっており、税務署でもらえます。最終の給与支払日の5日前までに作成します。

年末調整の納税はいつもの給与の納付書を使う

　年末調整の納付書は、毎月納税する場合は月々の税額を納税するもの、納期の特例（➡P.284）を受けている場合は納期特例分と同じものを使います。俸給・給与等の税額欄には、源泉徴収簿の算出税額欄の12月（納期の特例の場合は7月〜12月の合計）の金額を記載します。

　ただし、年末調整の場合は、年末調整による不足税額欄と超過税額欄の記載が必要です。**不足税額欄には、源泉徴収簿の年末調整による不足額の金額を、超過税額欄には超過額の金額を記載**します。

　通常、翌年1月10日が納税の期限ですが、納期の特例の場合は翌年1月20日が納税の期限となります。

従業員が複数いる場合で、不足税額と超過税額の両者がいるときは、**不足額の金額**（の従業員だけの合計）と、**超過額の金額**（の従業員だけの合計）を、それぞれ年末調整による不足税額欄と超過税額欄に記載します。

memo ＞ 1月10日（1月20日）が土日、国民の祝日の場合は、休み明けが納税の期限になる。

●源泉徴収票

源泉徴収票作成日時点の住所を記載

『従たる給与についての扶養控除等申告書』の提出があった場合のみ○を記載。なければ空欄

令和 4 年分　　給与所得の源泉徴収票

支払を受ける者	住所又は居所	東京都杉並区○○1-1-1		

(受給者番号)

(役職名)

氏名	(フリガナ) アサイ ハルマ
	浅井 春馬

種別	支払金額	給与所得控除後の金額（調整控除後）	所得控除の額の合計額	源泉徴収税額
給与・賞与	内 1 400 000	850 000	1 134 344	内 0

（源泉）控除対象配偶者の有無等		配偶者（特別）控除の額	控除対象扶養親族の数（配偶者を除く。）					16歳未満扶養親族の数	障害者の数（本人を除く。）		非居住者である親族の数
有	従有	老人	特定		老人		その他		特別	その他	
○		380 000	人	従人	内	人	従人	人	従人	人	内	人	内	人	人

社会保険料等の金額	生命保険料の控除額	地震保険料の控除額	住宅借入金等特別控除の額
内 4 344			

(摘要)

配偶者控除を受ける場合は、その配偶者の所得の金額

生命保険料の金額の内訳	新生命保険料の金額	旧生命保険料の金額	介護医療保険料の金額	新個人年金保険料の金額	旧個人年金保険料の金額

住宅借入金等特別控除の額の内訳	住宅借入金等特別控除適用数	居住開始年月日（1回目）	年 月 日	住宅借入金等特別控除区分(1回目)	住宅借入金等年末残高(1回目)
	住宅借入金等特別控除可能額	居住開始年月日（2回目）	年 月 日	住宅借入金等特別控除区分(2回目)	住宅借入金等年末残高(2回目)

（源泉・特別）控除対象配偶者	(フリガナ) アサイ ユミコ	区分		配偶者の合計所得	0	国民年金保険料等の金額		旧長期損害保険料の金額
	氏名 浅井 由美子			基礎控除の額			所得金額調整控除額	

控除対象扶養親族	1	(フリガナ) 氏名	区分		16歳未満の扶養親族	(フリガナ) 氏名	区分
	2	(フリガナ) 氏名	区分			(フリガナ) 氏名	区分
	3	(フリガナ) 氏名	区分			(フリガナ) 氏名	区分
	4	(フリガナ) 氏名	区分			(フリガナ) 氏名	区分

基礎控除の額が48万円のときは記載不要。48万円以外のときにその金額記載

配偶者や扶養親族が非居住者（国外に居住する人など）の場合に○を記載

未成年者	外国人	死亡退職	災害者	乙欄	本人が障害者		寡婦	ひとり親	勤労学生	中途就・退職				受給者生年月日			
					特別	その他				就職	退職	年	月	日	元号	年	月	日
						○				○		4	4	10	平成	9	6	13

支払者	住所(居所)又は所在地	新宿区北新宿 5-5-5	
(受給者交付用)	氏名又は名称	出差員 太郎	(電話) 03-52XX-41XX

従業員本人が該当する欄に○を記載

311

●源泉徴収票と各種書類の関係

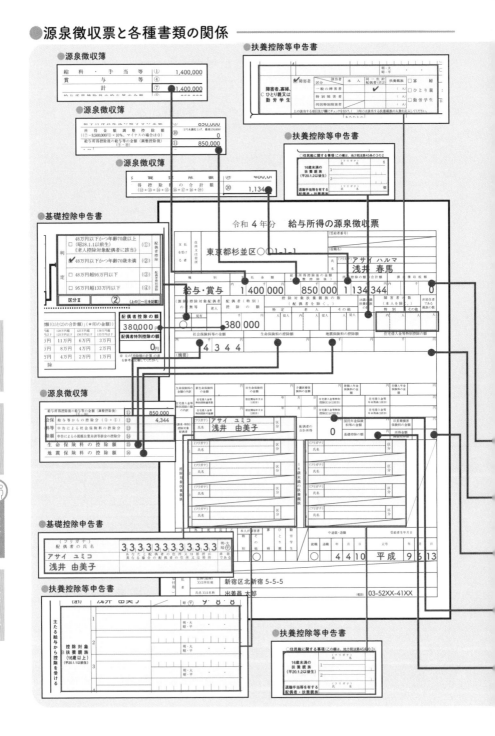

●給与所得・退職所得等の所得税徴収高計算書（納付書）

年末調整による超過税額が多額で、12月分（納期の特例の場合は7月から12月分）の年末調整による不足税額欄と相殺しきれない場合には、年末調整による不足税額欄までの合計額と同じ金額を記載して、「本税」欄は0円と記載します。この場合、納付書の摘要欄に相殺しきれなかった分を「超過額○円」と記載しておくと、次回納税時に相殺する金額を見返すことができ便利です。

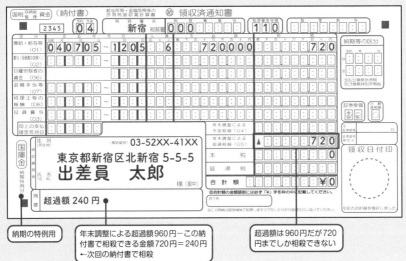

納期の特例用

年末調整による超過額960円－この納付書で相殺できる金額720円＝240円
←次回の納付書で相殺

超過額は960円だが720円までしか相殺できない

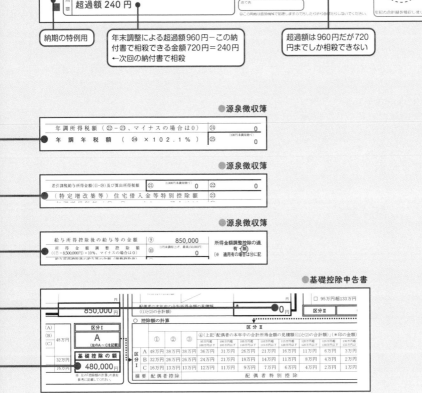

●源泉徴収簿

| 年調所得税額（㉒－㉓、マイナスの場合は0） | ㉔ | 0 |
| 年　調　年　税　額　（㉔×102.1％） | ㉕ | 0 |

●源泉徴収簿

| 差引課税給与所得金額(⑪-⑨)及び算出所得税額 | ㉑ | | ㉒ | 0 |
| （特定増改築等）住宅借入金等特別控除額 | ㉓ | | |

●源泉徴収簿

| 給与所得控除後の給与等の金額 | ⑨ | 850,000 | 所得金額調整控除の適 有（無）|
| 所得金額調整控除額
((⑦-8,500,000円)×10%、マイナスの場合は0) | | 0 | （※ 適用有の場合は⑩に記 |

●基礎控除申告書

Chapter

5

人を雇ったときの事務

313

Section

08 従業員が退職したとき の流れをつかもう

主な手続きは、従業員に対するものと、
ハローワークに対するもの。

●従業員が退職したときの事務手続きのスケジュール

1 退職届の受理など
退職決定時

後のトラブル防止のた
め、必ず書面で交わす

> P.316

2 雇用保険の手続き
退職日から 10 日以内

被保険者資格喪失届など
をハローワークに提出

> P.318

3 給与所得者異動届出書
の作成・提出
退職日の翌月 10 日まで

特別徴収税額の未徴収分
の処理を確認し、書類を
作成・提出

> P.322

4 給与所得の源泉徴収票
などの発送
退職後 1 か月以内

給与所得の源泉徴収票を
本人へ郵送

> P.322

営業

経理

人事

総務・他

　従業員が退職するときにも、採用したときと同じく、退職に関する手続き、雇用
保険、住民税などの税金に関する手続きなどを行う必要があります。

　従業員が退職する理由はさまざまであり、必ずしも円満な関係での退職とは限り
ません。退職日が決まったら、有給休暇の消化、いつまで出勤するのか、退職後の
連絡先なども先に確認します。

●退職時の主な関係書類のイメージ

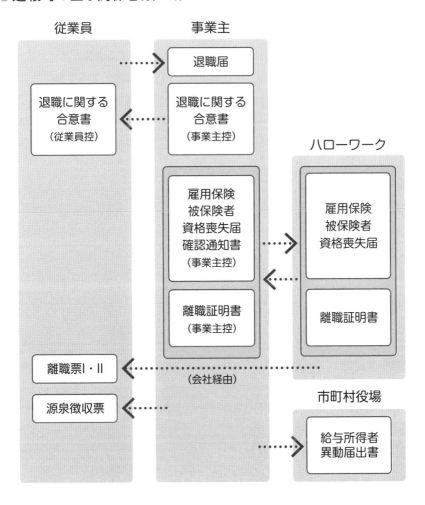

Section

08
-1

従業員の退職①
退職者に対する手続き

退職届や退職に関する合意書
は必ず書面にしておくのだ。

退職届と退職に関する合意書のやりとりは必須

　自己都合で退職する場合は本人から**退職届**を提出してもらいます。事業主都合で解雇する場合は、**少なくとも30日前に解雇予告をする必要**があります。解雇予告が遅れた場合には、30日に不足する日数分の解雇予告手当を支給する必要があります。

　後々のトラブルを避けるため、必ず書面で退職届を受取り、退職日までに本人と事業主との間で話し合い、退職に関する合意書^{DL}を締結します。

退職者に預けている物をもれなく回収する

　退職者に預けていた鍵、携帯電話、マニュアルその他の備品、未使用の名刺、取引先の名刺、通勤定期券その他を忘れずに回収します。事前にリストを作っておくと回収もれがありません。

　月の中途での退職の場合、退職日までの日数に応じて基本給やその他手当を按分して支給します。**労働者名簿**には、退職（解雇）年月日と理由（死亡した場合は死亡年月日と死亡原因）を記載します。

●解雇予告が不要な者
例外的に解雇予告が必要無い者もいます。

> ❶ 試用期間中の者（14日を超えて働くこととなった者を除く）

> ❷ 4か月以内の季節労働者や契約期間が2か月以内の者
> （その契約期間を超えて働くこととなった者を除く）

> ❸ 日雇労働者（1か月を超えて働くこととなった者を除く）

営業

経理

人事

総務・他

●退職に関する合意書

機密保持やお互いに貸し借りが無いことなどを確認します。

退職後の機密保持を誓約させる。

退職に関する合意書

出差員　太郎（以下「甲」という。）と従業員田中一夫（以下「乙」という。）とは、甲乙間の雇用契約を解約すること（以下「本件」という。）に関し、次の通り合意した。

第1条 甲乙は、当事者間の雇用契約を令和5年3月31日（以下「退職日」という。）限り、合意解約する。

　　2 退職日以降、甲の施設内に乙の私有物がある場合、乙は甲にその処分を委任する。

第2条 甲は、乙に対して、退職金規程に基づく退職金として、金 100,000 円を支払うものとし、これを令和5年4月10日限り、乙の指定する銀行口座に振り込む方法により支払うものとする（振込手数料は甲の負担とする。）。

第3条 甲は、本件に関し、雇用保険の離職証明書の離職事由は、転職希望であることを確認した。

第4条 乙は、在籍中に従事した業務において知り得た甲が秘密として管理している技術上・営業上の情報について、退職後においても、これを他に開示・漏洩したり、自ら使用しないことを誓約する。

第5条 乙は、甲に在職中に扱った書類、伝票、帳簿、設計その他の図面、その他これに類する資料及びその写し等の甲の所有物及び甲より貸与されたパソコン等情報通信機器はすべて返却し、甲及び関係先の個人番号・個人情報等についても複製等を取っておらず、電磁情報についても全て破棄していることを誓約する。

第6条 甲乙は、本件に関し、本合意書に定めるほか、何らの債権債務がないことを相互に確認し、今後一切の異議申し立て、または請求等の手続（あっせん申立て、仲裁申立て、調停・訴訟手続等の一切）を行わない。

以上を証するため、本書2通を作成し、各自署名押印のうえ、その1通を保有する。

以　　　上

令和5年3月15日

　　　　　　　（甲）東京都新宿区北新宿 5-5-5

　　　　　　　　　　出差員　太郎　　　　　　印

　　　　　　　（乙）東京都杉並区今川○-○-○

　　　　　　　　　　田中　一夫　　　　　　　印

個人情報等の漏洩についての責任の所在を明確にする。

合意内容以外の相互の債権債務が存在しないことを確認する。

従業員の退職②
雇用保険の喪失手続き

離職証明書には本人の
記入が必要になる。

雇用保険の喪失手続きは退職日から10日以内に行う

雇用保険被保険者資格喪失届を作成します。また、退職前に本人へ離職票の要否を確認し不要の申出が無い限り、**雇用保険被保険者離職証明書**を作成します。離職証明書には本人に必要事項の記入をしてもらいます（本人が59歳以上の場合は不要の申出があっても必ず準備する）。添付書類として、資格喪失届には退職届のコピーなどの資格を喪失した事実、資格喪失日などが確認できる書類を、離職証明書には賃金台帳、労働者名簿、出勤簿など「離職の日以前の賃金支払状況等」欄が確認できる資料と、退職届のコピーなど「離職理由」欄が確認できる資料を添付します。

3点セットを本人へ郵送する

退職日から10日以内に雇用保険被保険者資格喪失届と雇用保険被保険者離職証明書をハローワークへ提出すると、原則として当日に**資格喪失確認通知書、雇用保険被保険者離職証明書（事業主控）、離職票－Ⅰ、Ⅱ、離職されたみなさまへ（パンフレット）**が交付されます。

離職票－Ⅰ、Ⅱ、離職されたみなさまへ（パンフレット）の3点セットは退職者が失業給付を受けるために必要なものなので、本人へすぐに郵送します。

●雇用保険被保険者資格喪失届

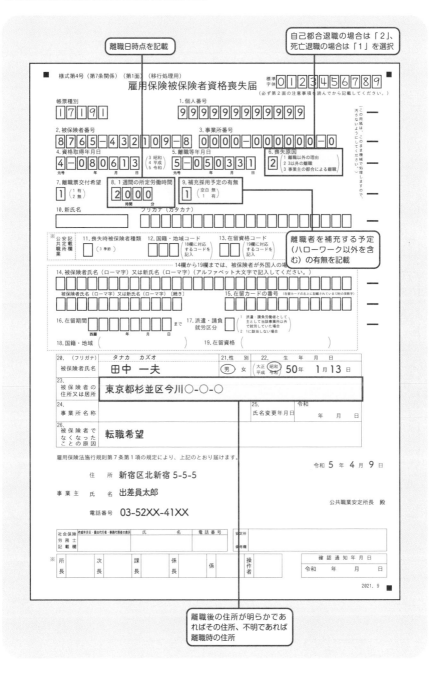

離職日時点を記載

自己都合退職の場合は「2」、
死亡退職の場合は「1」を選択

様式第4号（第7条関係）（第1面）（移行処理用）

雇用保険被保険者資格喪失届

標準字体 0 1 2 3 4 5 6 7 8 9
（必ず第2面の注意事項を読んでから記載してください。）

帳票種別　1 7 1 9 1

1.個人番号　9 9 9 9 9 9 9 9 9 9 9 9 9

2.被保険者番号　8 7 6 5 - 4 3 2 1 0 9 - 8

3.事業所番号　0 0 0 0 - 0 0 0 0 0 0 - 0

4.資格取得年月日　4 - 0 8 0 6 1 3
（3 昭和 4 平成 5 令和）
元号　年　月　日

5.離職等年月日　5 - 0 5 0 3 3 1
元号　年　月　日

6.喪失原因　2
1 離職以外の理由
2 3以外の離職
3 事業主の都合による離職

7.離職票交付希望　1
（1 有 2 無）

8.1週間の所定労働時間　2 0 0 0
時間　分

9.補充採用予定の有無　1
（空白 無 1 有）

離職者を補充する予定
（ハローワークを含
む）の有無を記載

10.新氏名　　　　フリガナ（カタカナ）

※公安定記載職業所欄　11.喪失時被保険者種類　☐（3 季節）

12.国籍・地域コード
（18欄に対応
するコードを
記入）

13.在留資格コード
（19欄に対応
するコードを
記入）

14欄から19欄までは、被保険者が外国人の場合のみ記入

14.被保険者氏名（ローマ字）又は新氏名（ローマ字）（アルファベット大文字で記入してください。）

被保険者氏名（ローマ字）又は新氏名（ローマ字）（続き）

15.在留カードの番号（在留カードの右上に記載されている12桁の英数字）

16.在留期間　　　　　　　　　まで
西暦　年　月　日

17.派遣・請負
就労区分
1 派遣・請負労働者として
主として当該事業所以外
で就労していた場合
2 1に該当しない場合

18.国籍・地域（　　　　　　　　　）

19.在留資格（　　　　　　　）

20.（フリガナ）タナカ　カズオ
被保険者氏名　田中　一夫

21.性別　男・女

22.生年月日
大正 昭和 平成 令和
50 年 1 月 13 日

23.被保険者の住所又は居所　東京都杉並区今川○-○-○

24.事業所名称

25.氏名変更年月日　令和　年　月　日

26.被保険者でなくなったことの原因　転職希望

離職後の住所が明らかであ
ればその住所、不明であれば
離職時の住所

雇用保険法施行規則第7条第1項の規定により、上記のとおり届けます。

令和 5 年 4 月 9 日

事業主
住　所　新宿区北新宿 5-5-5
氏　名　出差員太郎
電話番号 03-52XX-41XX

公共職業安定所長　殿

社会保険労務士記載欄
作成年月日・提出代行者・事務代理者の表示　氏　名　電話番号

※所長　次長　課長　係長　係　操作者

確認通知年月日　令和　年　月　日

2021. 9

●雇用保険被保険者離職票

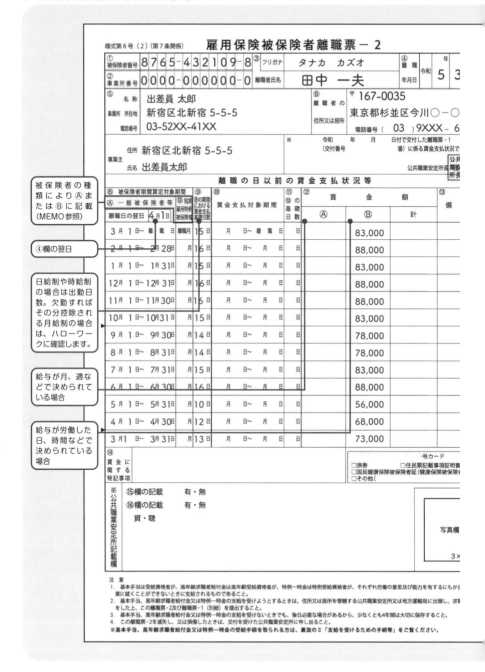

雇用保険被保険者離職票 − 2

様式第6号（2）（第7条関係）

| ① 被保険者番号 | 8765-432109-8 | ③ フリガナ | タナカ　カズオ | ④ 離職 年月日 令和 5 3 |
| ② 事業所番号 | 0000-000000-0 | 離職者氏名 | 田中　一夫 | |

⑤ 名称	出差員 太郎	⑥ 離職者の	〒 167-0035
事業所 所在地	新宿区北新宿 5-5-5	住所又は居所	東京都杉並区今川○−○
電話番号	03-52XX-41XX		電話番号（ 03 ）9XXX− 6

事業主	住所 新宿区北新宿 5-5-5	※	令和　年　月　日付で交付した離職票-1
	氏名 出差員太郎	（交付番号	番）に係る賃金支払状況で
			公共職業安定所長 業所長

離職の日以前の賃金支払状況等

被保険者の種類により Ⓐ または Ⓑ に記載（MEMO 参照）

④欄の翌日

日給制や時給制の場合は出勤日数。欠勤すればその分控除される月給制の場合は、ハローワークに確認します。

給与が月、週などで決められている場合

給与が労働した日、時間などで決められている場合

⑧ 被保険者期間算定対象期間		⑨	⑩ 賃金支払対象期間	⑪ ⑩の基礎日数	⑫ 賃　金　額			⑬ 備考
Ⓐ 一般被保険者等	Ⓑ 短期	⑧の期間における賃金支払基礎日数			Ⓐ	Ⓑ	計	
離職日の翌日 4月 1日								
3月 1日〜 離職日	離職月	15 日	月 日〜 離職日	日		83,000		
2月 1日〜 2月28日		16 日	月 日〜 月 日	日		88,000		
1月 1日〜 1月31日		15 日	月 日〜 月 日	日		83,000		
12月 1日〜 12月31日		16 日	月 日〜 月 日	日		88,000		
11月 1日〜 11月30日		16 日	月 日〜 月 日	日		88,000		
10月 1日〜 10月31日		15 日	月 日〜 月 日	日		83,000		
9月 1日〜 9月30日		14 日	月 日〜 月 日	日		78,000		
8月 1日〜 8月31日		14 日	月 日〜 月 日	日		78,000		
7月 1日〜 7月31日		15 日	月 日〜 月 日	日		83,000		
6月 1日〜 6月30日		16 日	月 日〜 月 日	日		88,000		
5月 1日〜 5月31日		10 日	月 日〜 月 日	日		56,000		
4月 1日〜 4月30日		12 日	月 日〜 月 日	日		68,000		
3月 1日〜 3月31日		13 日	月 日〜 月 日	日		73,000		

| ⑭ 賃金に関する特記事項 | ·号カード |
| | □旅券　　　　　□住民票記載事項証明書 □国民健康保険被保険者証（健康保険被保険 □その他（ |

※公共職業安定所記載欄	⑮欄の記載　　有・無	
	⑯欄の記載　　有・無	写真欄
	資・聴	3×

注 意
1. 基本手当は受給資格者が、高年齢求職者給付金は高年齢受給資格者が、特例一時金は特例受給資格者が、それぞれ労働の意思及び能力を有するにもかか業に就くことができないときに支給されるものであること。
2. 基本手当、高年齢求職者給付金又は特例一時金の支給を受けようとするときは、住所又は居所を管轄する公共職業安定所又は地方運輸局に出頭し、求をした上、この離職票−2及び離職票−1（別紙）を提出すること。
3. 基本手当、高年齢求職者給付金又は特例一時金の支給を受けないときでも、後日必要な場合があるから、少なくとも4年間は大切に保存すること。
4. この離職票−2を滅失し、又は損傷したときは、交付を受けた公共職業安定所に申し出ること。
※基本手当、高年齢求職者給付金又は特例一時金の受給手続を取られる方は、裏面のⅡ「支給を受けるための手続等」をご覧ください。

営業

経理

人事

総務・他

320

memo ＞ 短期雇用特例被保険者とは、季節的業務に期間を定めて雇用される者または季節的に入・離職する者で、4か月以内の期間を定めて雇用されるものなどをいう。

年　月　日

3　31

-〇-〇

- 66XX

-1

状況である。

公共職
業安定
所長印

備　考

証明書
該保険者
）

真欄

3×2.4

もかかわらず職

、求職の申込み

⑦離職理由欄…離職者の方は、主たる離職理由が該当する理由を1つ選択し、左の離職者記入欄の□の中に○印を記入の上、下の具体的事情記載欄に具体的事情を記載してください。

【離職理由は所定給付日数・給付制限の有無に影響を与える場合があり、適正に記載してください。】

事業主記入欄	離職者記入欄	離　職　理　由	※離職区分
□	□	1　事業所の倒産等によるもの …（1）倒産手続開始、手形取引停止による離職	1 A
□	□	…（2）事業所の廃止又は事業活動停止後事業再開の見込みがないため離職	1 B
□	□	2　定年によるもの 定年による離職（定年　　歳） 定年後の継続雇用　{ を希望していた（以下のaからcまでのいずれかを1つ選択してください） 　　　　　　　　　　{ を希望していなかった	2 A
		a　就業規則に定める解雇事由又は退職事由（年齢に係るものを除く。以下同じ。）に該当したため 　　（解雇事由又は退職事由と同一の事由として就業規則又は労使協定に定める「継続雇用しないことができる事由」に該当して離職した場合も含む。） 　b　平成25年3月31日以前に労使協定により定めた継続雇用制度の対象となる高年齢者に係る基準に該当しなかったため 　c　その他（具体的理由：　　　　　　　　　　　　　　　　　　　　　　　　　　）	2 B
□	□	3　労働契約期間満了等によるもの …（1）採用又は定年後の再雇用時等にあらかじめ定められた雇用期限到来による離職 　（1回の契約期間　　箇月、通算契約期間　　箇月、契約更新回数　　回） 　（当初の契約締結後に契約期間や更新回数の上限を短縮し、その上限到来による離職に該当　する・しない） 　（当初の契約締結後に契約期間や更新回数の上限を設け、その上限到来による離職に該当　する・しない） 　（定年後の再雇用時にあらかじめ定められた雇用期限到来による離職で　ある・ない） 　（4年6箇月以上5年以下の通算契約期間の上限が定められ、この上限到来による離職で　ある・ない） 　　→ある場合（同一事業所の有期雇用労働者に一様に4年6箇月以上5年以下の通算契約期間の上限が平成24年8月10日前から定められて　いた・いなかった）	2 C
			2 D
□	□	…（2）労働契約期間満了による離職 　①　下記②以外の労働者 　（1回の契約期間　　箇月、通算契約期間　　箇月、契約更新回数　　回） 　（契約を更新又は延長することの確約・合意の　有・無（更新又は延長しない旨の明示の　有・無）） 　（直前の契約更新時に雇止め通知の　有・無） 　（当初の契約締結後に不更新条項の追加が　ある・ない） 　労働者から契約の更新又は延長{ を希望する旨の申出があった 　　　　　　　　　　　　　　　{ を希望しない旨の申出があった 　　　　　　　　　　　　　　　{ の希望に関する申出はなかった 　　　　　　　　　　　　　【契約の更新又は延長の希望の　有　・　無　】	2 E
			3 A
			3 B
			3 C
		②　労働者派遣事業に雇用される派遣労働者のうち常時雇用される労働者以外の者 　（1回の契約期間　　箇月、通算契約期間　　箇月、契約更新回数　　回） 　（契約を更新又は延長することの確約・合意の　有・無（更新又は延長しない旨の明示の　有・無）） 　労働者から契約の更新又は延長{ を希望する旨の申出があった 　　　　　　　　　　　　　　　{ を希望しない旨の申出があった 　　　　　　　　　　　　　　　{ の希望に関する申出はなかった	3 D
			4 D
			5 E
		a　労働者が適用基準に該当する派遣就業の指示を拒否したことによる場合 　b　事業主が適用基準に該当する派遣就業の指示を行わなかったことによる場合（指示した派遣就 　　業が取りやめになったことによる場合を含む。）	1 A
		（aに該当する場合は、更に下記の5のうち、該当するものを更に1つ選択し、○印を 記入してください。該当するものがない場合は下記の6に○印を記入した上、具体的な理由を記載 してください。） 　　　　　　　　　　　　　　【契約の更新又は延長の希望の　有　・　無　】	1 B
□	□	…（3）早期退職優遇制度、選択定年制度等により離職	2 A
□	□	…（4）移籍出向	2 B
		4　事業主からの働きかけによるもの …（1）解雇（重責解雇を除く。）	
□	□	…（2）重責解雇（労働者の責めに帰すべき重大な理由による解雇）	2 C
□	□	…（3）希望退職の募集又は退職勧奨 □　①　事業の縮小又は一部休廃止に伴う人員整理を行うためのもの	2 D
□	□	□　②　その他（理由を具体的に　　　　　　　　　　　　　　　　　　　　　）	
		5　労働者の判断によるもの …（1）職場における事情による離職 □　①　労働条件に係る問題（賃金低下、賃金遅配、時間外労働、採用条件との相違等）があったと 　　　　労働者が判断したため	2 E
		□　②　事業主又は他の労働者から就業環境が著しく害されるような言動（故意の排斥、嫌がらせ等）を 　　　　受けたと労働者が判断したため	
		□　③　妊娠、出産、育児休業、介護休業等に係る問題（休業等の申出拒否、妊娠、出産、休業等を理由とする 　　　　不利益取扱い）があったと労働者が判断したため	3 A
		□　④　事業所での大規模な人員整理があったことを考慮した離職	
		□　⑤　職種転換等に適応することが困難であったため（教育訓練の　有・無）	3 B
		□　⑥　事業所移転により通勤困難となった（なる）ため（旧（新）所在地：　　　　）	
		□　⑦　その他（理由を具体的に　　　　　　　　　　　　　　　　　　　　　）	3 C
		…（2）労働者の個人的な事情による離職（一身上の都合、転職希望等） □　①　職務に耐えられない体調不良、けが等があったため	3 D
		□　②　妊娠、出産、育児等のため	
		□　③　家庭の事情と急変（父母の扶養、親族の介護等）があったため	4 D
		□　④　配偶者等との別居生活が継続困難となったため	
		□　⑤　転居等により通勤困難となったため（新住所：　　　　　　　）	
○		□　⑥　その他（理由を具体的に　転職希望による自己都合退職　　　）	
		…6　その他（1－5のいずれにも該当しない場合） 　（理由を具体的に　　　　　　　　　　　　　　　　　　　　　　）	5 E

具体的事情記載欄（事業主用）　　転職希望のため

具体的事情記載欄（離職者用）事業主が記載した内容に異議がない場合は「同上」と記載してください。

同上

⑯離職者本人の判断（○で囲むこと） 事業主が○を付けた離職理由に異議　　有り　無し	⑰　⑦欄の自ら記載した事項に間違いがないことを認めます。 （離職者氏名）　田中　一夫

離職者に内容を確認させ
自署してもらう。

Section

08-3

従業員の退職③ 源泉徴収票の作成と住民税の手続き

源泉徴収票の作成と住民税の精算を忘れずに。

退職者の源泉徴収票を作成して、1か月以内に本人に送付する

退職者の最後の給与を計算して源泉徴収簿（➡ P.308）の記入を終えたら、源泉徴収票を作成します。年末調整をしない退職者の源泉徴収票は、①その年における支払金額、源泉徴収税額の合計額の記載、②扶養控除等申告書（➡ P.302）にもとづき、配偶者や扶養親族の数や氏名などを記載します。作成したら**退職日から1か月以内に本人へ送付**します。税務署へ提出する必要がある場合については、P.201の「給与所得に関する税務署への源泉徴収票の提出の有無」を参照。

住民税は退職の時期により異なる

特別徴収の対象となる従業員が**1月から4月中に退職するとき**は、特別徴収税額の未徴収分（退職月から5月分まで。毎年5月ごろに送られてくる特別徴収税額通知書で確認）は、最後の給与から一括して差引きます。**6月から12月中に退職するとき**は、①本人が自分で納付する、②未徴収分を次の職場へ引継ぐ、③最後の給与から一括して差引くのいずれかを退職者に選んでもらいます。そして、**「給与所得者異動届出書」**を作成し、①または③の場合は、退職した年の1月1日現在の退職者の住所地の市町村役場へ退職の翌月10日までに提出し、②の場合は本人に渡して次の職場へ提出してもらいます。

退職者がもともと特別徴収ではなく普通徴収（従業員本人が自分で住民税を納付する）のときは、特別徴収税額の未徴収分を考える必要が無いため、給与所得者異動届出書の提出は不要です。

memo

6月から12月中に退職する場合、本人に特に希望がなければ、①本人が自分で納付するのが、個人事業主としては手間が少ない。

● 退職までの源泉徴収票の作成

令和5 年分　　給与所得の源泉徴収票

支払を受ける者	住所又は居所	東京都杉並区今川〇－〇－〇

（受給者番号）
（個人番号）　9 9 9 9 9 9 9 9 9 9 9 9
（役職名）
氏名　（フリガナ）タナカ　カズオ　田中　一夫

種別	支払金額	給与所得控除後の金額（調整控除後）	所得控除の額の合計額	源泉徴収税額
給与・賞与	内　254 000			内　130

（源泉）控除対象配偶者の有無等 / 配偶者（特別）控除の額 / 控除対象扶養親族の数（配偶者を除く。）/ 16歳未満扶養親族の数 / 障害者の数（本人を除く。）/ 非居住者である親族の数

| 有 | 従有 | | 特定 | 老人 | その他 | | 特別 | その他 | |

社会保険料等の金額 / 生命保険料の控除額 / 地震保険料の控除額 / 住宅借入金等特別控除の額

（摘要）

（中途就・退職）就職　退職　〇　5　3　31
（受給者生年月日）元号　昭和　50　1　13

支払者	個人番号又は法人番号	1 2 3 4 5 6 7 8 9 0 1 2 （右詰で記載してください。）
	住所（居所）又は所在地	新宿区北新宿 5-5-5
	氏名又は名称	出差員 太郎　（電話）03-52XX-41XX

375

● 給与所得者異動届出書

Column

社会保険関係と労働保険関係の所轄の調べ方

社会保険関係

本店所在地を管轄する年金事務所になります。

> 例　本店が東京都台東区➡上野年金事務所
> キーワード：年金事務所
> 日本年金機構 HP ＞年金のご相談（電話・窓口）＞全国の相談・手続き窓口

労働保険関係

①労働基準監督署

本店所在地を管轄する労働基準監督署になります。

> 例　本店が東京都台東区➡上野労働基準監督署
> キーワード（東京都の場合）：労働基準監督署 東京都 管轄
> 東京労働局 HP> 労働基準監督署 > 労働基準監督署の管轄地域と所在地一覧

②ハローワーク

本店所在地を管轄するハローワークになります。

> 例　本店が中央区の場合➡ハローワーク飯田橋
> キーワード（東京都の場合）：ハローワーク東京都 管轄
> 東京ハローワーク HP> ハローワーク一覧

Chapter

6

発生のつど
対応する事務

Keyword

銀行口座の開設 / 借入 / 権利金 / 礼金 /
保証金 / 労働保険 / 内容証明 / 法人成り

Section 01 | 銀行口座を開設する

> 事業用の普通預金口座を開設しよう。
> 屋号があるなら屋号で作るのもアリ！

事業用の普通預金口座を開設する

　預金とは、銀行に現金を預けること、またはその預けた現金をいいます。ゆうちょ銀行などの場合は「貯金」といいますが同じです。

　個人事業で使われるのは、**普通預金**が一般的です。プライベート用の銀行口座とは別に開設します。インターネットバンキング契約を結べば、窓口やATMに行かずに振込みなどができ便利です。

　口座開設をする銀行は「レジの売上金を毎日口座に入れるのであれば、とにかく近くて待たない支店のある銀行」、「ネットビジネスでお客からの振込みがメインの利用の場合にはネット銀行」、「お金を借りる予定があれば、融資を申し込む予定の銀行」が有利です。今後の事業展開を考えてから決めるようにします。

口座名義は業態によって選択しよう

　銀行口座を開設する場合、口座名義を①個人の氏名、②屋号、③屋号＋個人の氏名などから選ぶことになります。事業者同士の取引では、いずれの口座名義でも問題ありませんが、個人の顧客から振込みをしてもらう場合、事業主の氏名ではなく屋号のみを認識していることもあるため、②の屋号のみが望ましいこともあります。銀行によって対応に差があるため、どのような口座名義が可能かどうか開設前に確認します。

memo ＞ インターネット専用銀行など一部の銀行口座では、納税や税金の還付ができない場合もあります。口座開設前に銀行や税務署などへ確認します。

● 口座名義のパターン ────────────────────

①個人の氏名　　　➡️　ヤマダタロウ

②屋号　　　　　　➡️　グッドデザイン

③屋号＋個人の氏名 ➡️　グッドデザイン ヤマダタロウ

　　　　　　　　　　　ヤマダタロウ グッドデザイン

● 科目の増減 「科目の増減」の使い方はP.134を参照してください。 ────────

取引　　口座開設（銀行口座を開設するため現金を入金した）

起きたこと　銀行口座に入金した　　勘定科目　普通預金 ＋ ➡️【預金出納帳】

結果　プライベート用の現金が減った　勘定科目　事業主借 ＋

郵便貯金の場合でも、普通「預金」という勘定科目を使用します。

取引　　預金利息（銀行口座に利息が付いた）

起きたこと　預金利息を受け取った　勘定科目　事業主借 ＋

結果　銀行口座が増えた　　勘定科目　普通預金 ＋ ➡️【預金出納帳】

預金利息の受け取りは、事業用の銀行口座であっても、個人事業の収入とはしません（これに対する税金がすでに天引きされており、この分の確定申告は不要です）。

取引　　引出し（現金を銀行口座から引出した）

起きたこと　銀行口座から現金を引出した　勘定科目　普通預金 － ➡️【預金出納帳】

結果　現金が増えた　　勘定科目　現金 ＋

Section 02 | 借入の基礎知識

実は創業時が一番借りやすかったりする（返しやすいかは別……）。

借入するときは、目的と金額を明確にしておく

借入を考える際は、まず**借入の目的**（運転資金、設備資金など）を考えます。次に借入金額は、**希望する金額の理由**をはっきりさせます。たとえば、設備資金であれば、業者からの見積書を取ります。多ければ多いほどよい、という考えでは銀行も貸してくれません。そして借入期間にわたり、資金繰表（➡ P.192）を作成します。今後の売上と経費について、その根拠も含めて具体的な数字を書出します。ここをしっかり検討すると、銀行との面談時に説得力が増します。

借入先は日本政策金融公庫、信用金庫、信用組合の順

主な借入先は、まずは**日本政策金融公庫**があります。創業1年以内の実績の無い場合にも積極的に貸付けをしています。ほかには、近くの**信用金庫**や**信用組合**、地方銀行、都市銀行、メガバンクの順で候補になります。一般的には、信用金庫や信用組合の方が親身に相談にのってくれる傾向があります。

中小企業の資金調達を応援するため、各自治体（都道府県や市区町村）が設ける制度を利用する融資制度もあります。自分が事業をしている自治体（新宿区など）の役所で内容を確認したり、インターネットを使って「**制度融資＋自治体名**」で検索しても調べることができます。

信用保証協会の保証がある借入が返済不能になったときには、信用保証協会が返済を肩代わりしてくれるけど、個人事業主は後から信用保証協会にその分を返済しなければならないんだ。

memo ▷ 信用保証協会は中小企業が銀行から借入をする際に、保証人となり融資を受けやすくなるようにサポートする公的機関。

● 知っておきたい借入に関する基礎用語

借入の目的

運転資金
日常的に事業を行うために使われる。返済期間は短い。

設備資金
店舗や工場への設備投資、機械の購入などに使われる。返済期間は長い。

借入の担保

人的担保
（連帯）保証人が典型で、個人事業主が返済できない場合に代わりに返済する義務を負う。

物的担保
抵当権が典型で、個人事業主が返済できない場合に抵当権が設定された土地や建物などは強制的に売却され返済に充てられる。

借入先

民間金融機関
いわゆるメガバンク、都市銀行、地方銀行、信用金庫、信用組合など。最初は、信用金庫や信用組合を利用することが多い。

政府系金融機関
日本政策金融公庫、商工組合中央金庫など。最初は、日本政策金融公庫を利用することが多い。

個人事業主自身のプライベートのお金を事業に使う場合は、返済の必要が無いため借入ではなく、事業主借（➡P.156）といいます。

● 借入関連の費用

諸費用の種類	内容	勘定科目
印紙代	金銭消費貸借契約証書に貼った印紙代	租税公課
支払利息	第1回の支払利息が前もって差引かれることがある	利子割引料
事務手数料	銀行が融資のためにかかった手数料	支払手数料
抵当権設定費用	担保を提供する際にその登記にかかる費用	支払手数料

● 科目の増減　「科目の増減」の使い方はP.134を参照してください。

取引　当初借入時（銀行口座に入金された）

起きたこと　銀行から借入をした　**勘定科目** 借入金 ⊕

結果　銀行口座が増えた　**勘定科目** 普通預金 ⊕ ➡[預金出納帳]

取引　借入の元本返済と利息の支払い（銀行口座から引落とされた）

起きたこと　借入金が減った　**勘定科目** 借入金 ⊖

結果　銀行口座が減った　**勘定科目** 普通預金 ⊖※ ➡[預金出納帳]

起きたこと　利息を支払った　**勘定科目** 利子割引料 ⊕

結果　銀行口座が減った　**勘定科目** 普通預金 ⊖※ ➡[預金出納帳]

※実際の引き落とし額は両方の額の合計金額

> **memo** ＞ 日本政策金融公庫は、営利を目的とする民間金融機関を補完する立場から、小規模な事業者にも積極的に貸付けをおこなっている金融機関。

Section

03 事務所や店舗を借りるときの処理

賃貸契約で発生した一時金の支払いを帳簿に記入する際は、退去時に返金されない部分の金額に注目しよう。

敷金、礼金、権利金

事務所や店舗などを開設するために建物を借りる際、毎月の家賃とは別に、敷金や礼金などの名目で一時金の支払いが発生します。帳簿に記入する際の勘定科目は、退去時の返金の有無により、右ページの図のとおりです。

退去時に返金されない部分もある

退去時に返金されるものは、敷金として帳簿に記録し、経費になりません。なぜなら、退去時には返ってくるもののため、単に預けているお金だからです。**退去時に返金されないもの**は経費になりますが、その金額により、支払った年に全額が経費となるものと、5年などの期間にわたって経費にしていくものとに分かれます。

退去時に返金されない部分が**20万円未満**の場合は、支払った年に**全額を支払手数料**とし、**20万円以上**の場合は、**長期前払費用**として記録します。この長期前払費用は、原則として5年間で分割して経費にします。しかし、更新の際に更新料の支払いが必要で、その更新までの期間が5年未満の場合には、その更新までの期間で分割して経費にします。

退去時に返金されるのが敷金、返金されないのが礼金、一部返金されるのが権利金と呼ばれる傾向がありますが、必ずしも決まっているわけではありません。契約書で返金の有無などを確認します。

営業

経理

人事

総務・他

●退去時返金の有無

退去時の返金の有無	勘定科目
退去時に全額返金される	敷金
退去時に全額返金されない	長期前払費用（20万円未満の場合は支払手数料）
退去時に一部返金される	返金される部分 ··· 敷金 返金が無い部分が 20万円以上の場合 ··· 長期前払費用 返金が無い部分が 20万円未満の場合 ··· 支払手数料

●長期前払費用の処理

更新料の支払いの有無で償却期間が変わります。

●科目の増減 「科目の増減」の使い方は P.134 を参照してください。

| 取引 | 敷金を支払った |

| 起きたこと | 敷金を支払った | | 勘定科目 | 敷金 ＋ |
| 結果 | 銀行口座が減った | | 勘定科目 | 普通預金 － ➡［預金出納帳］ |

| 取引 | 礼金を支払った（20万円以上） |

| 起きたこと | 礼金を支払った | | 勘定科目 | 長期前払費用 ＋ |
| 結果 | 銀行口座が減った | | 勘定科目 | 普通預金 － ➡［預金出納帳］ |

| 取引 | 権利金（退去時 20％返金されない）を支払った |

| 起きたこと | 権利金を支払った（80％分） | | 勘定科目 | 敷金 ＋ ※1 |
| 結果 | 銀行口座が減った | | 勘定科目 | 普通預金 － ※2 ➡［預金出納帳］ |

| 起きたこと | 権利金を支払った（20％分） | | 勘定科目 | 長期前払費用 ＋ ※1 |
| 結果 | 銀行口座が減った | | 勘定科目 | 普通預金 － ※2 ➡［預金出納帳］ |

※1 敷金と長期前払費用の合計額が契約時の権利金の額　※2 実際の引き落とし額は両方の額の合計金額

memo > 退去時に返金されない権利金の金額が 20万円未満のものは、重要性が低いので支払った年に全額を経費にできる。

331

Section

04 | 労働保険の加入手続き

労働保険だけは、パート・アルバイトでも
雇ったら絶対加入が必要なのだ。

労災保険は従業員が1人でもいれば加入が必要

　従業員に関する保険は、大きく社会保険と労働保険に分かれ、さらに社会保険は**健康保険**、**介護保険**、**厚生年金保険**に、労働保険は**労災保険**、**雇用保険**に分かれます。この中で従業員を雇用するだけで加入が義務付けられるのが労災保険です。他の保険は従業員個々に雇用期間や年齢などにより加入する／しないが決まります。また、保険料では労災保険は会社のみに保険料を全額負担する義務があり、従業員の給与から控除することはありません。

　加入するときは、従業員の採用の日から10日以内に、**労働保険保険関係成立届**と代表者名、所在地、屋号を確認できる書類（公共料金の請求書など）や住民票を揃えて**労働基準監督署**へ提出します。これとは別に、従業員の採用の日から50日以内に、**労働保険概算保険料申告書を労働基準監督署へ提出**します。この際、確定保険料算定内訳欄（⑦〜⑩欄）の記載はせず、概算・増加概算保険料算定内訳欄（⑪〜⑭欄）のみ記載します（➡P.338）。

雇用保険の加入は別途手続きが必要

　従業員が雇用保険の加入対象者であったときは、採用の日から10日以内に**雇用保険適用事業所設置届をハローワークへ提出**します。労働者名簿、出勤簿など一緒に持参する書類があるため、事前にハローワークへ確認します。また、従業員ごとに**雇用保険被保険者資格取得届**も作成、提出が必要です。

労災保険関係の手続きでは、書類上は「労災保険」ではなく
「労働保険」と表記されているのだ。

営業

経理

人事

総務・他

● 労働保険の注意点

労働保険に未加入でいると

もしも期限が過ぎても労働保険に加入しないと、従業員やその遺族に対する保険料をさかのぼって納めるだけではなく、実際に労災が発生した場合には、その労災に関する保険給付に要した費用（の一部）を納めなければなりません。

従業員は自分が雇用保険に加入しているか確認できる

失業等給付の支給内容などに影響があるため、従業員は自分が雇用保険に加入しているかどうかを、ハローワークで確認することができます（➡ P.273）。

● 労働保険加入の提出書類

	書類名	書類の概要と提出期限	提出先
労働保険関係（労災保険のみも）	労働保険保険関係成立届	従業員を雇用したことで、個人事業が労働保険の対象となったことを届出る。 **提出期限：従業員採用の日から10日以内**	労働基準監督署
	労働保険概算保険料申告書	労働保険料の概算額を申告する。 **提出期限：従業員採用の日から50日以内**	
雇用保険関係	雇用保険適用事業所設置届	雇用保険対象者を雇用したことで、個人事業が雇用保険の対象となったことを届出る。 **提出期限：従業員採用の日から10日以内**	ハローワーク
	雇用保険被保険者資格取得届	雇用保険対象者を個別に届出る。 **提出期限：従業員採用の日の翌月10日まで**	

「雇用保険対象者」とは、1週間の所定労働時間が20時間以上であり、31日以上の雇用見込みがある従業員のことなのだ。

●労働保険保険関係成立届

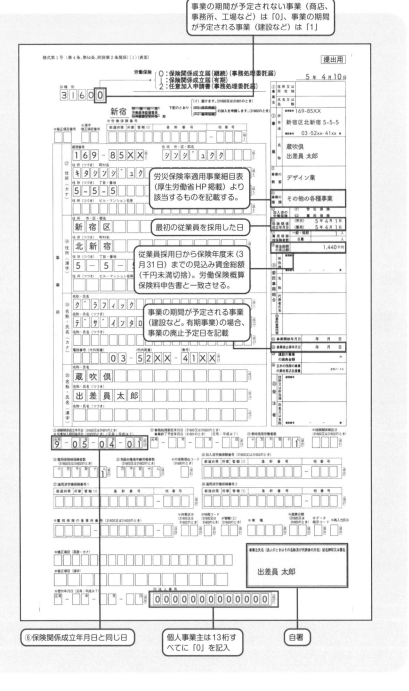

事業の期間が予定されない事業（商店、事務所、工場など）は「0」、事業の期間が予定される事業（建設など）は「1」

様式第1号（第4条、第64条、附則第2条関係）(1)（表面）

提出用

労働保険 0：保険関係成立届（継続）（事務処理委託届）
1：保険関係成立届（有期）
2：任意加入申請書（事務処理委託届）

5年 4月10日

③種別
3 1 6 0 0

新宿 労働基準監督署長
労働保険徴収事務所長 殿

（イ）届けます（31600又は31601のとき）
（ロ）に加入します。（31602のとき）

住所又は所在地
169-85XX
新宿区北新宿 5-5-5
03-52xx-41xx

氏名又は名称
蔵吹倶
出差員 太郎

事業の概要
デザイン業

事業の種類
その他の各種事業

労災保険率適用事業細目表（厚生労働省HP掲載）より該当するものを記載する。

加入済の保険種類 労災保険 雇用保険
保険関係成立年月日 （労災）5年 4月 1日
（雇用）5年 4月 1日

最初の従業員を採用した日

⑰住所（カナ）
169-85XX シンシ゛ュクク
キタシンシ゛ュク
5-5-5

従業員採用日から保険年度末（3月31日）までの見込み賃金総額（千円未満切捨）。労働保険概算保険料申告書と一致させる。

一般・短期 人
日雇 人
賃金総額の見込額 1,440千円

⑱住所（漢字）
新 宿 区
北 新 宿
5 - 5 -

委託事務組合 所在地 名称 代表者氏名

⑲名称・氏名（カナ）
ク゛ ラフィック
テ゛サ゛インタロ
電話番号 03-52XX-41XX

事業の期間が予定される事業（建設など。有期事業）の場合、事業の廃止予定日を記載

⑳事業開始年月日 年 月 日
㉑事業廃止等年月日 年 月 日
㉒建設の事業 の請負金額 円
㉓立木の伐採の事業の素材見込生産量 立方メートル

⑳名称・氏名（漢字）
蔵 吹 倶
出 差 員 太 郎

㉔注文者 住所又は所在地 氏名又は名称 電話番号

②保険関係成立年月日 （31600又は31601のとき）
（31602のとき 元号・平成＝7）
9 - 05 - 04 - 01

㉕事業終了年月日 （31600又は31602のとき）
㉖事業終了予定年月日 （31601のとき 元号・平成＝7）
㉗常時使用労働者数
1

㉘保険関係等区分 （31600又は31602のとき）

⑥保険関係成立年月日と同じ日

㉙雇用保険被保険者数 （31600又は31602のとき）
㉚免除対象高年齢労働者数 （31600又は31602のとき）
1
㉛片保険理由コード （31600のとき）
㉜加入済労働保険番号 （31600又は31602のとき）
都道府県 所掌 管轄(1) 基幹番号 枝番号
-

㉝適用済労働保険番号1
都道府県 所掌 管轄(1) 基幹番号 枝番号
-

㉞適用済労働保険番号2
都道府県 所掌 管轄(1) 基幹番号 枝番号
-

㉟雇用保険の事業所番号 （31600又は31602のとき）
㊱事業コード（31600又は31602のとき）
㊲特掲コード（31600又は31602のとき）
㊳管轄(2)（31600又は31602のとき）
㊴業種
㊵産業分類（31600又は31602のとき）
㊶データ指示コード
㊷再入力区分

※修正項目（英数・カナ）

※修正項目（漢字）

事業主氏名（法人のときはその名称及び代表者の氏名）記名押印又は署名
出差員 太郎

自署

※受付年月日（元号・平成＝7）
元号 - 月 - 日

提出番号
0 0 0 0 0 0 0 0 0 0 0 0 0

個人事業主は13桁すべてに「0」を記入

記号 1

営業

経理

人事

総務・他

334

memo >　労働者が常時5人未満で、いわゆる農林水産業を行う個人事業は、労働保険の加入が任意とされる場合がある。

●雇用保険適用事業所設置届

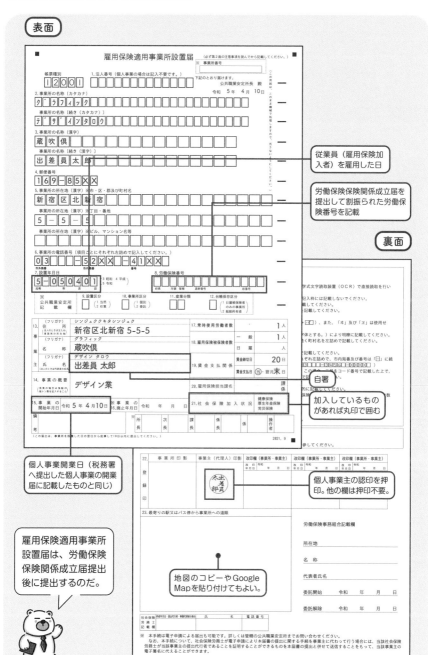

表面

従業員（雇用保険加入者）を雇用した日

労働保険保険関係成立届を提出して割振られた労働保険番号を記載

裏面

自署

加入しているものがあれば丸印で囲む

個人事業開業日（税務署へ提出した個人事業の開業届に記載したものと同じ）

個人事業主の認印を押印。他の欄は押印不要。

雇用保険適用事業所設置届は、労働保険保険関係成立届提出後に提出するのだ。

地図のコピーやGoogle Mapを貼り付けてもよい。

Section
05 | 労働保険の
年度更新手続き

労働保険は概算で1年分を前払いして、
翌年度に実額との差を精算する形になる。

労働保険は毎年6月ごろに更新する

　労働保険料は、最初に見込み額を計算して納付します。そして、翌年に過去1年間に支払った給与をもとに保険料を計算しなおし、見込み額との差額を精算します。この保険料は従業員へ支払う給与をもとに計算されます。この作業を**労働保険の年度更新**といいます。

　この手続きは、毎年5月ごろに送られてくる**労働保険申告書**に記載して行います。労働保険申告書は、基本的に所轄の労働基準監督署に提出しますが、納付を併せて行う場合には銀行に提出することもできます。なお、マイナンバーカードなどの電子証明書があれば、e-Gov（イーガブ）にアクセスしてインターネットで手続きと納付ができます。

労働保険の申告書作成時の保険料の計算

　申告書では労災保険料と雇用保険料をそれぞれ計算しますが、これらを合わせて労働保険料といいます。労災保険料は、パートやアルバイト、臨時スタッフなど**すべての従業員の給与が対象**となります。雇用保険料は、P.260に記載する**雇用保険の対象者の給与が対象**となります。給与には、所得税が非課税となる通勤手当や賞与も含みます。通常は、前年4月から当年3月中に締め日が来た給与を集計して、「確定保険料算定内訳」に記載します。そして、同額を「概算・増加概算保険料算定内訳」に記載します。

　もし、当年4月から翌年3月までの給与が大きく変動し、今年度の半分未満や倍を超える見込みがあれば、同額ではなく、その見込額を記載します。通常は、今年度の支給額にもとづき同額を記載します。

営業

経理

人事

総務・他

memo ▷ 個人事業主と同居する親族は、原則として労災保険と雇用保険の対象者になれない。ただし、他の従業員と同じように勤務している場合は、含まれることがある。

労働保険の年度更新手続きのスケジュール

1	申告書用紙の受領
5月中	
労働保険申告書の用紙が送られてくる	
> P.338	

2	従業員の給与の集計
6月15日まで	
前年4月から当年3月までに支給した給与を集計	
> P.339	

3	当年支給予定の給与の確認
6月15日まで	
当年4月から翌年3月までに支給予定の給与額を確認	

4	労働保険申告書の作成
6月20日まで	
届いた労働保険申告書に必要な事項を記入	
> P.338	

5	労働保険申告書の提出および納付
7月10日まで	
申告書と納付額を労働基準監督署もしくは銀行へ提出・納付する	

納付額が無い場合や、すでに口座振替を利用している場合には、銀行へは提出できないんだ。

労働保険の年度更新のイメージ

概算額と確定額の差を毎年精算していきます。

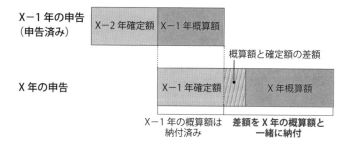

X−1年の申告（申告済み）	X−2年確定額	X−1年概算額

概算額と確定額の差額

X年の申告	X−1年確定額	X年概算額

X−1年の概算額は納付済み　　差額をX年の概算額と一緒に納付

memo > 概算額と確定額の差の精算は労働基準監督署との間だけで行う。従業員から預かる金額は給与の支払額にもとづき毎月正しい金額を天引きする。

●労働保険申告書の書き方

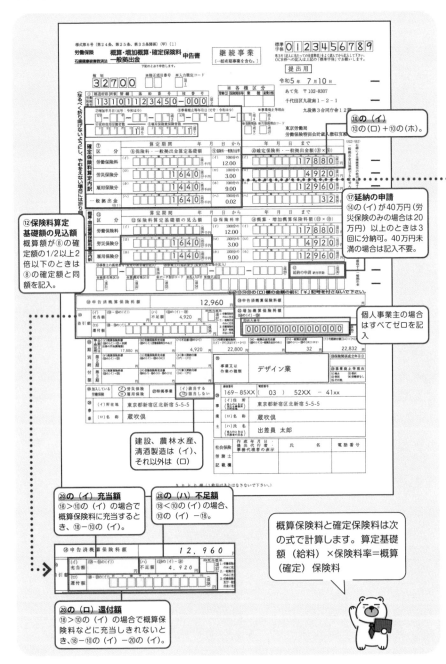

⑩の（イ）
⑩の（ロ）＋⑩の（ホ）。

⑰延納の申請
⑭の（イ）が40万円（労災保険のみの場合は20万円）以上のときは3回に分納可。40万円未満の場合は記入不要。

⑫保険料算定基礎額の見込額
概算額が⑧の確定額の1/2以上2倍以下のときは⑧の確定額と同額を記入。

個人事業主の場合はすべてゼロを記入

建設、農林水産、清酒製造は（イ）、それ以外は（ロ）

⑳の（イ）充当額
⑱＞⑩の（イ）の場合で概算保険料に充当するとき、⑱－⑩の（イ）。

⑳の（ハ）不足額
⑱＜⑩の（イ）の場合、⑩の（イ）－⑱。

概算保険料と確定保険料は次の式で計算します。算定基礎額（給料）×保険料率＝概算（確定）保険料

⑳の（ロ）還付額
⑱＞⑩の（イ）の場合で概算保険料などに充当しきれないとき、⑱－⑩の（イ）－⑳の（イ）。

営業

経理

人事

総務・他

338

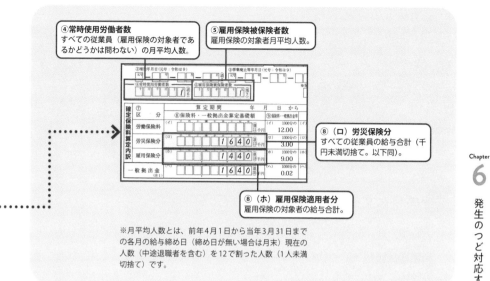

④常時使用労働者数
すべての従業員（雇用保険の対象者であるかどうかは問わない）の月平均人数。

⑤雇用保険被保険者数
雇用保険の対象者月平均人数。

⑧（ロ）労災保険分
すべての従業員の給与合計（千円未満切捨て。以下同）。

⑧（ホ）雇用保険適用者分
雇用保険の対象者の給与合計。

※月平均人数とは、前年4月1日から当年3月31日までの各月の給与締め日（締め日が無い場合は月末）現在の人数（中途退職者を含む）を12で割った人数（1人未満切捨て）です。

●給与額の集計

給与額と人数の集計は右図の**労働保険申告用集計表**^{DL}を使うと便利です（学生アルバイトなどをもらさないように注意）。なお、給与額の集計に含めない項目もあります（下表参照）。定期代は月割り額を各月に加えます。

年 月	人数	全従業員 (注1)	人数	雇用保険対象者 (注3)
年 4月				
5月				
6月				
7月				
8月				
9月				
10月				
11月				
12月				
年 1月				
2月				
3月				
賞与①				
賞与②				
賞与③				
合計	0	0	0	0
平均（注2）	0		0	

（注1）学生アルバイトも含む全従業員。労災保険分。
（注2）月ごとの合計人数を12で割る（1人未満の端数は切捨て）
（注3）雇用保険の対象者のみ

区分	支給項目
労働保険に含まれる	基本給、諸手当、賞与、通勤手当（所得税が非課税のものも含む）、通勤定期券
労働保険に含まれない	退職金、制服、作業着、慶弔金、社宅や食事など現物によるもののうち一定のもの（これらの提供を受けない従業員へ金銭で補てんされる場合を除く）

> **memo** 労働保険申告後、事業規模の拡大などで実績給与が概算給与の2倍を超え、かつ、労働保険料が13万円以上増える場合には、その時点で改めて新たな概算給与に基づく申告が必要になる。

対象：遅れている支払いを相手に請求する事業者など

Section

06 ｜ 内容証明の作成と送付

> 配達されたこととその内容を記録に残すことができる。売掛金の回収不能などのトラブルが発生したときに使うんだ。

 相手に文書が届いたことを確実に証明したい

　内容証明とは、いつ、どのような内容の文書が、誰から誰宛に差し出されたか、**郵便局が証明**してくれるものです。請求書や通知書などの文書を相手に配達した記録を確実に残したい場合に利用します。たとえば、売掛金が支払期限に支払われないときに支払いを督促するときなどに使います。

　内容証明自体は440円で、2枚目以降1枚あたり260円が加算されます。この他、通常の郵便料（84円〜）と一般書留郵便料（435円〜）と配達証明（320円）がかかります。

 内容証明を作成・送付する手順

①内容証明用紙などに相手に通知したい内容を記載します（右ページ参照）。

②作成後、同一内容の文書を計3通になるよう印刷またはコピーします。

③普通の封筒の表に相手の住所とあて名、裏に事業主である差出人の住所と名前を記載します。

④郵便局の窓口に「3通の文書」と「封筒」を提出します。その際忘れずに配達証明も頼みます。

⑤内容を確認してもらい問題が無ければ、作成した3通のうち1通が事業主の控えとして書留・特定記録郵便物等受領証とともに渡されるので、大切に保管します。また、相手に配達された後、郵便物等配達証明書（はがき）が送られてくるので一緒に保管します。

　自分で作成するのが難しいときは、行政書士や弁護士などに依頼することができます。

memo ＞ 内容証明の用紙に特に決まりはないが、作成しやすいように3枚複写式で封筒もセットされた商品が、大きな書店や文房具店などで販売されている。

●内容証明の例文

> 通知書
>
> 　貴社は、出差員太郎（東京都新宿区北新宿5-5-5）との間で、パッケージデザイン（●●商品用）を発注する契約をし、令和5年1月15日に貴社に対し納品がなされました。
> 　しかしながら、本日に至るまで売買代金30万円のお支払いをいただいておりません。
> 　つきましては、本書面到達後1週間以内に金30万円を出差員太郎に対してお支払いいただきますよう請求致します。
> 　なお、上記期間内に、お支払いなき場合、法的手段をとらざるを得なくなりますことを申し添えます。
>
> 令和5年3月15日
>
> 　東京都新宿区北新宿5-5-5
> 　出差員太郎　　㊞
>
> 東京都中央区銀座○－○－○
> 株式会社AAA
> 代表取締役　BBB　殿

●内容証明の様式

仕様	内容証明の様式
縦書きの場合	1行20字以内、1枚26行以内
横書きの場合	次のいずれか ・1行20字以内、1枚26行以内 ・1行13字以内、1枚40行以内 ・1行26字以内、1枚20行以内

同一内容の文書を計3通用意する

○○県○●●市
株式会社○●●

表に送り先、裏に事業主である差出人の住所と名前を書いた封筒

Section
07 | 確定申告を途中から 青色申告に変えるとき

面倒になる事務処理も会計ソフトの活用で解決できます！

青色申告への切り替えは3月15日までなら可

確定申告には白色申告と青色申告があり、青色申告が税金面で優遇されています。確定申告を白色申告（確定申告の際に「収支内訳書」を提出していた場合）から青色申告に切り変えるときには**変えたい年の3月15日までに、青色申告承認申請書（➡P.054）を税務署に提出**します。

たとえば令和○年（令和○年1月〜令和○年12月）の確定申告を青色申告に変更する手続きは令和○年3月15日までにする必要があります。このときの最初の青色申告書は令和○＋1年2月16日〜3月15日の間に提出します。

簡易簿記から複式簿記への変更

青色申告では、税金の優遇がある反面、会計処理を複式簿記か簡易簿記で行う必要があります。複式簿記とは、本書では帳簿への記録を会計ソフトで行い、会計ソフトで仕訳帳と総勘定元帳を作成する方法です。簡易簿記とは、帳簿の記録を紙の帳簿やエクセルなどで行い、仕訳帳や総勘定元帳は作成しない方法です。

複式簿記で記録し、かつ、e-Taxで確定申告を行うと、所得から65万円を控除することができますが、簡易簿記にするとe-Taxで確定申告を行うか否かにかかわらず10万円しか控除できません。このように複式簿記のほうが有利ですが、複式簿記の場合、資産と負債の残高の管理が必要になります。したがって、複式簿記を始める際は、はじめに1月1日時点の事業用の各資産と負債の金額を会計ソフトへ登録することが必要です。このとき資産と負債の差額は、元入金として登録します。

memo > 会計ソフトに売上や経費だけを記録し、損益計算書だけを作成し、貸借対照表を作成しないときは複式簿記ではなく簡易簿記として扱われる。

資産と負債の種類	ポイント
各資産共通	変更する年の1月1日時点の金額を確認する。1月2日以降に確認する場合には、確認時点から逆算してみる。正確なことに越したことはないが、ひとまずわかる範囲で確認する。会計ソフトを使用する場合は、後でわかった分を追加・修正することもできる。原則として、消費税がかかってくるものは消費税込みの金額（税抜き経理という方式を採用している場合には税抜きの金額）。
現金	事業用として管理している手提げ金庫、両替金などがあれば、その金額。無ければ無し。
預金	事業専用で使っている口座があればその金額。プライベートと兼用になっていれば無し。※もし無ければ、これを機にプライベートとは別に用意したい。
売掛金・未収金	取引先別に1月1日時点で未回収のものをリストにする。会計ソフトには取引先別に登録する（補助科目を使う）。振込手数料分を差引かれて入金されるものも、振込手数料込みの金額とする。
買掛金・未払金	取引先別に1月1日時点で未払いのものをリストにする。会計ソフトには取引先別に登録する（補助科目を使う）。事業専用のクレジットカードがあれば、未払金として登録する。振込手数料分を差引いて支払うものも、振込手数料込みの金額とする。
商品	商品の種類ごとに、棚卸表（➡ P.228）を作成する。これは白色申告でも本来作成する。
製品	製品の種類ごとに、棚卸表（➡ P.228）を作成する。これは白色申告でも本来作成する。
仕掛品	1月1日時点で製作中の製品に関して、棚卸表（➡ P.228）を作成する。これは白色申告でも本来作成する。
減価償却資産	減価償却していたものを、1月1日時点の帳簿価額（取得価額から前年までの減価償却の合計を差引いた金額）で登録する。

Chapter

6

発生のつど対応する事務

memo ▷ 元入金は、個人事業の資産と負債の差額。事業用の預金から事業主の生活費を引き出せば元入金は減り、プライベートの預金から事業の経費のために引き出せば元入金は増える関係にある。

Section 08 | 法人成り

会社にするメリットと
デメリットを考える。

法人成りをする目安

法人成りの「法人」とは、一般的には会社（株式会社や合同会社など）のことで、法人成りとは、会社を設立して、個人として行っていた事業を会社で行えるようにすることです。

法人成りをするかどうかは右ページのメリットとデメリットなどを参考に検討しますが、おおよそ、年間1,000万円以上安定して売上げ、生活費も十分稼げている状態が目安になります。

会社にすると申告書の作成を税理士に依頼するのが一般的になり、会社に関する登記手続き、従業員の社会保険の手続きなど、会社の維持だけでも手間とコストがかかります。したがって、あまり急いで法人成りすることはお勧めできません。

法人成りのしかた

法人成りするためには、会社を設立し、個人で営む事業を会社で営む事業に変える必要があります。これらの手続きをご自身で行う人もいますが、会社の申告を税理士へお願いする予定なら、法人成りの段階からその税理士へ相談、依頼するのがスムーズです。

営業

経理

人事

総務・他

memo ＞ 法人には会社よりも広い意味合いがあり、会社（株式会社や合同会社など）以外にも、一般社団法人やNPO法人なども含まれます。

▶メリット

> 取引先のイメージがよい

> 従業員を採用する際のイメージがよい

> 会社名義の預金口座を開設でき、プライベートと資金を区別しやすい

> 会社の方が何かと経費にしやすい

> 会社から社長に給与を支払うなど、所得を分散できる

> 赤字の繰越し期間が長い（個人 3 年、法人 10 年）

▶デメリット

> 会社の設立にコストがかかる

> 帳簿（会計ソフト）へ複式簿記という方法で記録する必要がある（簡易簿記は不可）

> 従業員がいなくても、社長ひとりのために社会保険へ加入する必要がある

> 各種手続きを社長だけで行うことが難しく、税理士だけでなく、社会保険労務士、司法書士などにお願いするケースがでてくる

> 利益がでなくても年 7 万円〜の税金がかかる

INDEX

著者

税理士　**北川 知明**

1998 年横浜市立大学商学部経営学科卒業。2003 年税理士登録。2014 年に会計事務所を退職、北川税理士事務所開設。スタートアップから上場後のさらなる発展段階のステージまで、企業の成長とともに各ステージに応じたサービス提供に定評がある。

ウェブサイト　http://www.zeikinkaikei.com/

協力

税理士　**北川 真貴**

2000 年日本女子大学家政学部卒業。卒業後、鉄道会社やグループ企業の経理業務に携わる。税理士の資格取得を機に会計事務所へ転職。2007 年税理士登録。現在、北川税理士事務所にて勤務。

特定社会保険労務士　**志戸岡　豊**

コントリビュート社会保険労務士法人　代表

長崎大学を卒業後、化学メーカーへ就職。その後、社労士事務所勤務を経て 2011 年に独立。独立後は、中小企業の就業規則に注力。最近は、勤怠管理や給与計算をはじめとした中小企業の労務管理の IT 化や人事評価制度の構築を支援し、生産性の向上、働き方改革へのサポートも実施中。

ウェブサイト　https://www.office-shidooka.com/

カバー・本文デザイン　坂本 真一郎（クオルデザイン）
DTP　　　　　　　　羽石 相
校正　　　　　　　　松尾直子

増補改訂 インボイス・改正電子帳簿保存法に対応！

個人事業主の事務処理がぜんぶ自分でできる本
フリーランスの人にも！

2023 年 10 月 6 日　　初版第 1 刷発行
2024 年 10 月 2 日　　初版第 4 刷発行

著者　　　北川 知明
発行人　　片柳 秀夫
編集人　　志水 宣晴
発行　　　ソシム株式会社
　　　　　https://www.socym.co.jp/
　　　　　〒 101-0064　東京都千代田区神田猿楽町 1- 5 -15 猿楽町 SS ビル
　　　　　TEL：(03)5217-2400（代表）
　　　　　FAX：(03)5217-2420

印刷・製本　　株式会社暁印刷

科目	用途

資産

現金
（対象外）

●硬貨、紙幣、通貨代用証券

[摘要例] 他人振出小切手、送金小切手、定額小為替

普通預金
（対象外）

●自由に入出金できる預金

[摘要例] 預入れ、引出し、振込、振替

当座預金
（対象外）

●手形や小切手の決済用の預金

[摘要例] 小切手振出、引出し、約束手形、為替手形

定期預金
（対象外）

●あらかじめ預入れ期間を定めた預金

[摘要例] 預入れ、解約、利息の入金、継続、満期

定期積金
（対象外）

●定期的に掛金を払込み満期に利息とともに受け取れる預金

[摘要例] 掛金預入れ、当月積立

受取手形
（対象外）

●売上に対して受け取った手形

[摘要例] 手形売上、約束手形、為替手形、売掛金回収

売掛金
（対象外）

●掛で販売した未収金

[摘要例] 掛け売上げ、掛け代金回収

有価証券
（対象外）

●株式、社債、国債などで本業として売買するもの

[摘要例] 株式、投資信託、出資払込み、社債払込み

商品
（対象外）

●本業で販売する物品

[摘要例] 販売用商品、期首商品振替、期末商品振替

貯蔵品
（課税）

●販売以外の物品でまだ使用していないもの

[摘要例] パンフレット、事務用品、トナー、コピー用紙、
切手（未使用）、収入印紙（未使用）、梱包材料　　▲印紙などは対象外

預け金
（対象外）

●利用サービスに対する保証金など

[摘要例] Suicaデポジット代、レンタル保証金、
リサイクル料金（うち資金管理料金は支払手数料（課税））

前払金
（対象外）

●仕入れの前払い

[摘要例] 手付金、着手金

前払費用
（対象外）

●1年以内のサービス提供に対する支払いでまだ提供されていない部分

[摘要例] 広告料、保険料、前払利息、賃貸料

開業費償却 （対象外）	●**開業費を償却するときに計上する科目** [**摘要例**] 償却
貸倒金 （課税）	●**売掛金などの回収不能による損失** [**摘要例**] 回収不能、債務免除、倒産、廃棄、破産、債権者集会、 遠隔地、継続取引先　　　　　　　　　　　▲貸付金の貸倒れは対象外
固定資産除却損 （対象外）	●**固定資産の廃棄による損失** [**摘要例**] 備品除却、パソコン廃棄、取り崩し、廃車、 設備除却

雑費 （課税）	●臨時的、少額な支払い	
	[**摘要例**] 移転代、求人広告代、ゴミ処理代	
専従者給与 （対象外）	●生計を一にする配偶者その他の親族への給与	
	[**摘要例**] 配偶者○月分　　　▲支給するには税務署へ事前に届出が必要	
退職金 （対象外）	●退職による一時金の支払い	
	[**摘要例**] 退職一時金、解雇予告手当	

売上・仕入、その他

売上高 （−）	●本業で得た収入	
	[**摘要例**] 商品売上、サービス収入、請負収入、賃貸収入、 レジ売上、クレジット売上、加工賃収入　　▲税区分は扱う商品等による	
売上値引・ 戻り・割戻し・ 割引 （−）	●値引き、返品、リベートの支払い	
	[**摘要例**] 数量不足、品質不良、荷傷み、売上返戻金、 奨励金、破損　　　　　　　　　　▲税区分は扱う商品等による	
仕入高 （−）	●商品の購入代	
	[**摘要例**] 本体、引取運賃、運送保険料、関税、仕入諸掛、荷役費、 購入手数料　　　▲税区分は扱う商品等による（関税は対象外）	
材料費 （−）	●製品の材料の購入代	
	[**摘要例**] 材料、部品、運送費　　　▲税区分は扱う商品等による	
仕入値引・ 戻し・割戻し・ 割引 （−）	●値引き、返品、リベートの受取り	
	[**摘要例**] 数量不足、品質不良、荷傷み、仕入返戻金、奨励金、 破損　　　　　　　　　　　　　▲税区分は扱う商品等による	
期首商品（製品） 棚卸高 （対象外）	●前年から繰越されてきた商品	
	[**摘要例**] 期首商品の振替	
期末商品（製品） 棚卸高 （対象外）	●来年へ繰越す商品	
	[**摘要例**] 期末商品の振替	
現金過不足 （対象外）	●帳簿と実際の現金の差額	
	[**摘要例**] 現金不足、現金過大、つり銭不足	
長期前払費用 償却 （対象外）	●取得価額を所定の期間に渡り按分して計上する科目	
	[**摘要例**] 権利金償却	

未収収益 （対象外）	●**サービスを提供したがまだ代金を受取っていない部分** [**摘要例**] 賃貸料、手数料、受取利息、保守料
貸付金 （対象外）	●**事業関係者への貸付金** [**摘要例**] 取引先貸付、従業員貸付
未収金 （対象外）	●**本業以外の代金の未収** [**摘要例**] 作業くず売却代金、株式売却代金、固定資産売却代金、雑収入未収
立替金 （対象外）	●**一時的な立替え** [**摘要例**] 取引先立替、従業員立替、労働保険料
仮払金 （対象外）	●**内容・金額が不明で一時的に使用する科目** [**摘要例**] 仮払交通費、仮払交際費、不明金、概算払い
建物 （課税）	●**事業で使用するために所有する建物** [**摘要例**] 本店、事務所、店舗、倉庫、寮、地鎮祭、上棟式
建物附属設備 （課税）	●**建物に附属している設備** [**摘要例**] 給排水設備、冷暖房設備、電気設備、衛生設備
構築物 （課税）	●**建物以外の建造物** [**摘要例**] 路面舗装、塀、広告塔、花壇、鉄塔
機械装置 （課税）	●**主に工場にある機械や装置およびその附属設備** [**摘要例**] ベルトコンベヤー、野菜裁断機、プレス、厨房設備
車両運搬具 （課税）	●**人や物を運ぶ車両や運搬具** [**摘要例**] トラック、オートバイ、ワゴン、フォークリフト、バス、自動車
工具器具備品 （課税）	●**工場で使われる道具、事務で使われる設備** [**摘要例**] 金型、応接セット、複合機、パソコン、テレビ
一括償却資産 （課税）	●**10万円以上20万円未満の設備** [**摘要例**] 20万円未満
土地 （対象外）	●**事業で使用するために所有する土地** [**摘要例**] 事務所敷地、資材置場、駐車場用地、借地権、埋立費用、地盛、仲介手数料　▲埋立費用、地盛、仲介手数料分は課税

ソフトウェア （課税）	●購入または自己制作したソフトウェア [摘要例] 業務管理システム、プログラム開発費 ▲自己制作の税区分は取引による
電話加入権 （課税）	●通信業者に支払う加入金 [摘要例] 電話加入権、施設設置負担金
出資金 （対象外）	●株式会社以外の会社、信用金庫などへの出資 [摘要例] 合同会社、信用組合、商工会議所、協同組合
長期前払費用 （課税）	●1年を超えるサービス提供に対する支払いでまだ 　提供されていない部分など [摘要例] 広告料、保険料、信用保証料、礼金、割賦手数料、 キャラクター使用料、フランチャイズ加盟金、礼金 ▲保険料、信用保証料、礼金は対象外
敷金 （対象外）	●不動産を借りる際の支払いのうち返金される部分 [摘要例] 保証金、建物貸借敷金、敷金積み増し
開業費 （課税）	●開業までの支払い [摘要例] 調査費、開店広告、プレオープン諸費用
事業主貸 （対象外）	●事業用のお金をプライベート用に使った場合などの支払い [摘要例] プライベート用口座への振替え、所得税、住民税、 月ぎめ生活費、家事費按分

負債、元入金

支払手形 （対象外）	●仕入れに対して振出した手形 [摘要例] 手形仕入、約束手形、支払手形、先日付小切手、 買掛金支払い
買掛金 （対象外）	●掛で仕入れた未払金 [摘要例] 掛け仕入れ、掛け代金支払い
借入金 （対象外）	●事業用の借入金 [摘要例] 銀行借入、取引先借入、手形借入、証書借入
未払金 （対象外）	●本業以外の代金の未払い [摘要例] 未払給与、諸経費の未払い、固定資産購入代金

消耗品費 (課税)	●10万円未満の物品などの購入
	[**摘要例**] 机、モニター、電話機、包装紙
減価償却費 (対象外)	●取得価額を耐用年数に渡り按分して経費とする科目
	[**摘要例**] 車両減価償却費、ソフトウェア減価償却費
事務用品費 (課税)	●事務作業で使用する物品の購入
	[**摘要例**] 文房具、電卓、コピー用紙、トナー、ゴム印、電池
法定福利費 (対象外)	●社会保険や労働保険の支払い
	[**摘要例**] 健康保険料、雇用保険料、児童手当拠出金
福利厚生費 (課税)	●事務所や店舗を衛生的に、快適にするための支払い
	[**摘要例**] 健康診断、予防接種、従業員旅行、忘年会、運動会、香典、慶弔費 (従業員)、制服、クリーニング ▲現金で渡す香典、慶弔費は対象外
給料賃金 (対象外)	●従業員に対する給料、諸手当の支払い
	[**摘要例**] 基本給、残業手当、各種手当、現物給与、賞与
外注工賃 (対象外)	●外注業者へ作業を委託した支払い
	[**摘要例**] 外注、委託作業、加工料、賃料、下請け
利子割引料 (対象外)	●借入金に対する利息の支払いや売掛金のファクタリング手数料
	[**摘要例**] 借入利息、信用保証料、売掛金譲渡損
地代家賃 (課税)	●土地や建物を借りるための支払い
	[**摘要例**] 事務所家賃、店舗家賃、倉庫料、駐車場代、トランクルーム ▲青空駐車場代は対象外
賃借料 (課税)	●土地・建物以外を借りるための支払い
	[**摘要例**] イベント機材レンタル料、レンタカー代、貸金庫代
支払手数料 (課税)	●銀行振込や専門家などに対する手数料の支払い
	[**摘要例**] 振込手数料、税理士報酬、仲介手数料、ロイヤリティ、クレジットカード加盟店手数料 ▲クレジットカード加盟店手数料は対象外
新聞図書費 (課税)	●新聞、雑誌、書籍の支払い
	[**摘要例**] 購読料、雑誌、地図、業界紙、データベース利用料金
諸会費 (対象外)	●諸団体の会費
	[**摘要例**] 組合費、同業者団体会費、通常会費、特別会費、クレジットカード年会費 ▲クレジットカード年会費、特別会費は課税

個人事業主のための よく使う勘定科目リスト

科目	用途
経費一般	

科目	用途
租税公課 （対象外）	●主に所得税、住民税以外の税金 [摘要例] 事業税、収入印紙、固定資産税、自動車税、登録免許税
荷造運賃 （課税）	●商品の梱包代、発送代 [摘要例] 運送料、宅配便、梱包材、EMS　　　　　　▲EMSは対象外
水道光熱費 （課税）	●水道、電気、ガス代 [摘要例] 水道料金、電気料金、ガス料金、灯油、電灯
旅費交通費 （課税）	●移動や宿泊などに必要な支払い [摘要例] 電車代、通勤費、宿泊代、ETC、パーキング料
通信費 （課税）	●電話、郵便など通信に関する支払い [摘要例] 電話代、切手代、インターネット料、書留料金
車両費 （課税）	●車両の維持管理に必要な支払い [摘要例] 車検料、ガソリン代、定期点検、オイル交換
広告宣伝費 （課税）	●事業や商品の宣伝に関する支払い [摘要例] 事業案内作成、ホームページ制作、SEO 対策、試供品、チラシ、見本品、ラジオ CM　　　　　▲商品券（配布用）は対象外
接待交際費 （課税）	●接待、贈答などに関する支払い [摘要例] 接待、見舞金、お中元、お歳暮、手土産、ゴルフ代、開店祝い、慶弔費（従業員以外）▲商品券、現金で渡す見舞金・慶弔費は対象外
会議費 （課税）	●打合せに関する支払い [摘要例] 貸会議室料、飲食代（会議）、商談関連費用
損害保険料 （対象外）	●保険料の支払い [摘要例] 火災保険、店舗総合保険、地震保険、PL 保険、共済掛金　　　　　　　　　　　▲社保、労保は法定福利費
修繕費 （課税）	●修理、保守、メンテナンスに関する支払い [摘要例] 定期点検、保守、修理、原状回復、外壁塗装

未払費用 （対象外）	●サービスの提供を受けたがまだ代金を支払っていない部分 [摘要例] 給料手当、賃借料、保険料、利息
未払消費税 （対象外）	●消費税の未払い [摘要例] 確定消費税
前受金 （対象外）	●売上の前受け [摘要例] 手付金、着手金、前受け、チケット販売、 回数券販売
預り金 （対象外）	●源泉所得税、社会保険料、労働保険料など [摘要例] 給与源泉、給与社保、住民税、旅行積立金
前受収益 （対象外）	●サービスに対する受取りでまだ提供していない部分 [摘要例] 賃貸料、手数料、受取利息
仮受金 （対象外）	●内容・金額が不明で一時的に使用する科目 [摘要例] 不明入金、金額未定、売掛金回収
事業主借 （対象外）	●プライベート用のお金を事業用に使った場合などの収入 [摘要例] プライベート用口座より振替え、預金利息入金、 固定資産売却代金
元入金 （対象外）	●事業の元手として使われるお金 [摘要例] 前年より繰越